Management von kleinen und mittleren Unternehmen

Herausgeber
Prof. Dr. Peter Letmathe
Prof. Dr. Peter Witt

Springer Gabler

ZfB-Special Issues

4/2009 Rational Inefficiencies
Herausgeber: Günter Fandel
136 Seiten. ISBN 3-8349-1856-3

5/2009 Entrepreneurial Finance
Herausgeber: Wolfgang Breuer/Malte Brettel
132 Seiten. ISBN 3-8349-2005-3

6/2009 Management von kleinen und mittleren Unternehmen
Herausgeber: Peter Letmathe/Peter Witt
180 Seiten. ISBN 3-8349-2139-4

1/2010 Corporate Social Responsibility and Stakeholder Dynamics
Herausgeber: Joachim Schwalbach
100 Seiten. ISBN 3-8349-1995-0

2/2010 Internationale Aspekte der Unternehmensbesteuerung
Herausgeber: Norbert Krawitz
136 Seiten. ISBN 3-8349-2006-1

3/2010 Rechnungslegung, Kapitalmärkte und Regulierung
Herausgeber: Ralf Ewert/Hans-Ulrich Küpper
164 Seiten. ISBN 3-8349-1999-3

4/2010 Mixed Methods – Konzeptionelle Überlegungen
Herausgeber: Thomas Wrona/Günter Fandel
120 Seiten. ISBN 3-8349-1998-5

5/2010 Mixed Methods in der Managementforschung
Herausgeber: Thomas Wrona/Günter Fandel
140 Seiten. ISBN 3-8349-2521-7

6/2010 Jubiläumsheft zum 80. Jahrgang
Herausgeber: Günter Fandel
184 Seiten. ISBN 3-8349-2000-2

1/2011 Unternehmensethik in Forschung und Lehre
Herausgeber: Hans-Ulrich Küpper/Philipp Schreck
94 Seiten. ISBN 3-8349-1997-7

2/2011 Kundenmanagement
Herausgeber: Oliver Götz/Ove Jensen/Manfred Krafft
94 Seiten. ISBN 3-8349-1996-9

3/2011 Human Resource Management Issues of Foreign Firms in Japan
Herausgeber: Ralf Bebenroth/Werner Pascha
142 Seiten. ISBN 3-8349-3125-X

4/2011 Beiträge zur Theorie der Unternehmung. Horst Albach zum 80. Geburtstag
Herausgeber: Günter Fandel
152 Seiten. ISBN 3-8349-3172-1

5/2011 Kundenintegration 2.0
Herausgeber: Günter Fandel/Sabine Fliess/Frank Jacob
178 Seiten. ISBN 3-8349-3392-9

6/2011 Entrepreneurial Marketing
Herausgeber: Dietmar Grichnik/Peter Witt
136 Seiten. ISBN 3-8349-3448-8

1/2012 Real Estate Finance
Herausgeber: Wolfgang Breuer/Claudia Nadler
132 Seiten. ISBN 978-3-8349-3449-9

2/2012 Managing Diversity in Organizations
Herausgeber: Barbara Beham/Caroline Straub/Joachim Schwalbach
126 Seiten. ISBN 978-3-8349-3455-0

INHALTSVERZEICHNIS

1   **EDITORIAL**

5   **Führung in Familienunternehmen: Besonderheiten der Entscheidungsfindung und Verhaltenssteuerung und deren Auswirkung auf den Unternehmenserfolg**
    Arthur Posch, Gerhard Speckbacher

25 **Die Verbreitung moderner Managementkonzepte im Mittelstand**
    Florian Scheiber, Dominika Wruk, Stefan Huppertz, Achim Oberg, Michael Woywode

71 **Innovationsverhalten in Familienunternehmen**
    Marcel Hülsbeck, Erik E. Lehmann, Dominik Weiß, Katharine Wirsching

93 **Zum Einfluss der Inhaberführung auf die Betriebsrat-Geschäftsführer-Beziehung – Eine theoretische und empirische Analyse in mittelständischen Unternehmen**
    Nadine Schlömer-Laufen, Rosemarie Kay, Arndt Werner

117 **Die Wirkung von informellen und internetbasierten Rekrutierungskanälen auf den Rekrutierungserfolg: Eine empirische Analyse in kleinen und mittleren Unternehmen**
    Matthias Baum, Rüdiger Kabst

143 **Greenfield Investment versus Akquisition: Der moderierende Einfluss wahrgenommener institutioneller Unsicherheit bei der Internationalisierung von KMU**
    Julia Eiche, Christian Schwens, Rüdiger Kabst

GRUNDSÄTZE UND ZIELE

IMPRESSUM/HINWEISE FÜR AUTOREN

HERAUSGEBER/EDITORIAL BOARD

 **Journal of Business Economics**

ZEITSCHRIFT FÜR BETRIEBSWIRTSCHAFT

CALL FOR PAPERS

The **Journal of Business Economics (JBE)** aims at encouraging research in the field of business economics and business administration. It further expands the application of the fields' research to promote the exchange of ideas between science and practice. Contributions should be based on a general approach to the theory of the firm and should fall within one of the following categories:

- accounting
- auditing
- information management
- controlling
- finance and investment
- human resources
- logistics
- marketing
- organizational management
- production
- strategic management
- supply chain management
- taxation
- technology and innovation

Besides original **theoretical** and **empirical** work, excellent **state of the art** contributions of these topics will also be considered.

The **Journal of Business Economics** was founded in 1924 by renowned business economics professors under the name **"Zeitschrift für Betriebswirtschaft (ZfB)"** and has since been counted among the leading professional journals in the business economics sector. Today, it is edited by 11 university professors who serve as Department Editors. The editorial board members are from Europe, Japan and the USA.

To further internationalize the journal, it will begin to exclusively handle English-language contributions as of April 1st, 2012. Manuscripts can be submitted at https://mc.manuscriptcentral.com/zfb. They will be subject to a double-blind review to guarantee the highest possible quality.

As of January 1st, 2013, the **JBE** will only be published in English, although it will still carry the German subtitle „Zeitschrift für Betriebswirtschaft". The goal is to create an international publication platform, allowing its publications and their authors to become internationally recognized. Since the journal will be fully incorporated into SpringerLink's international collection, its contributions will become easily accessible throughout the world. At the same time, authors, in particular young scientists can still benefit from the well-established, excellent reputation of the "Zeitschrift für Betriebswirtschaft" in the German-speaking area.

Contact us via email zfb@fernuni-hagen.de or via phone +49 2331 987 - 2652 or 2626.

ZfB-SPECIAL ISSUE 3/2012

Management von kleinen und mittleren Unternehmen

Peter Letmathe · Peter Witt

Editorial

Kleine und mittlere Unternehmen benötigen weniger formale Abstimmung, verfügen über eine konsistentere Unternehmenskultur und können in der Folge schneller und flexibler reagieren als viele größere Unternehmen. Dem steht eine schwächere Ressourcenbasis gegenüber, die bei der Erschließung neuer Märkte, bei Innovationstätigkeiten und größeren Investitionsvorhaben erhebliche Nachteile mit sich bringen kann. Ob und wie sich informelle Koordinationsmechanismen, die schwächere Ressourcenbasis und andere dem Mittelstand zugeschriebene Eigenschaften auf das Verhalten von mittelständischen Unternehmen und ihre Wettbewerbsfähigkeit auswirken, ist allerdings nach wie vor ein wichtiger Forschungsgegenstand und bedarf weiterer empirischer Überprüfungen.

Das vorliegende Special Issue der Zeitschrift für Betriebswirtschaft wendet sich genau diesem Forschungsgegenstand zu. Differenzen zwischen großen Unternehmen und KMUs werden jeweils theoretisch fundiert und anschließend einer empirischen Überprüfung unterzogen. Alle sechs Aufsätze dieses Special Issue zeichnen sich durch eine hohe praktische und theoretische Relevanz aus und liefern damit Impulse für die weitere KMU-Forschung. Zugleich ermöglicht das Special Issue wichtige Einsichten in die internen Prozesse und die angewandten Management-Methoden in kleinen und mittleren Unternehmen und trägt auf diese Weise dazu bei, die auch im Vergleich zu anderen Ländern große Bedeutung des Mittelstands für die deutsche Wirtschaft zu erklären.

© Gabler-Verlag 2012

Prof. Dr. P. Letmathe (✉)
Lehrstuhl für Controlling, RWTH Aachen,
Templergraben 64, 52062 Aachen, Deutschland
E-Mail: letmathe@controlling.rwth-aachen.de

Prof. Dr. P. Witt
Lehrstuhl für Technologie- und Innovationsmanagement, Bergische Universität Wuppertal,
Gaußstr. 20, 42119 Wuppertal, Deutschland
E-Mail: witt@wiwi.uni-wuppertal.de

Führung in Familienunternehmen: Besonderheiten der Entscheidungsfindung und Verhaltenssteuerung und deren Auswirkung auf den Unternehmenserfolg

Posch und Speckbacher untersuchen die Rolle von Kennzahlen und weiteren Daten zur Rationalitätssicherung in 230 kleinen und mittleren Unternehmen. Dabei kommen sie zunächst zu dem Ergebnis, dass Kennzahlen und sonstige formale Rationalitätssicherungs- und Abstimmungsmechanismen in Familienunternehmen weniger zum Einsatz kommen als in sonstigen KMUs. Dies ist u. a. auch mit dem geringeren Rechtfertigungs- und Professionalisierungsdruck in Familienunternehmen zu erklären. Je nach Sichtweise mehr oder weniger überraschend kommen die Autoren zu dem Ergebnis, dass sich ein vermeintlich geringerer „Professionalisierungsgrad" nicht negativ auf den Unternehmenserfolg auswirkt.

Die Verbreitung moderner Managementkonzepte im Mittelstand

Scheiber, Wruk, Huppertz, Oberg und Woywode untersuchen die Verbreitung von insgesamt 22 Managementkonzepten in 272 kleinen und mittleren Unternehmen. Als wesentlichen Einflussfaktor für die Adaption von Managementkonzepten können die Autoren nachweisen, dass sich KMUs an ihren relationalen Umwelten orientieren und damit ein systematischer Prozess des Aufgreifens neuer Erkenntnisse nicht immer gegeben ist. Zugleich kann daraus die hohe Bedeutung der Vernetzung von Unternehmen und von auf den Mittelstand zugeschnittenen Lernplattformen abgeleitet werden.

Innovationsverhalten in Familienunternehmen

Innovationen sind ein wichtiger Werttreiber für die Entwicklung von Unternehmen aller Größenordnungen. Gerade aus Ergebnissen der amtlichen Statistik geht aber hervor, dass mittelständische Unternehmen – trotz erfolgreicher Unternehmenstätigkeit – vergleichsweise geringe Aufwendungen für Innovationen ausweisen. Während viele Autoren die Ergebnisse mit Hinweis auf die unpräzise Zuordnung der Aufwendungen anzweifeln, gehen Hülsbeck, Lehmann, Weiß und Wirsching in ihrem Beitrag einen anderen Weg. Sie zeigen, dass sich, kontrolliert auf Branchenzugehörigkeit und Größe, familiäres Anteilseigentum und Inhaberführung negativ auf das Innovationsverhalten – gemessen in Patenten je 100 Mitarbeiter – auswirkt. Stimuliert wird das Innovationsverhalten hingegen, wenn sich die bisherige Investorenfamilie auf die Rolle des Kontrolleurs und Ideengebers zurückzieht.

Zum Einfluss der Inhaberführung auf die Betriebsrat-Geschäftsführer-Beziehung – Eine theoretische und empirische Analyse in mittelständischen Unternehmen

Schlömer-Laufen, Kay und Werner untersuchen den Einfluss der Inhaberführung in kleinen und mittleren Unternehmen auf die Existenz eines Betriebsrats und die Beziehungsqualität zu diesem Betriebsrat. Unter Nutzung der Stewardship-Theorie können die Autoren zeigen, dass inhabergeführte Unternehmen unter Berücksichtigung der üblichen Kontrollvariablen seltener einen Betriebsrat haben. Wenn dieser aber existiert, liegt bei inhabergeführten Unternehmen mit höherer Wahrscheinlichkeit eine bessere Beziehungsqualität zwischen Geschäftsführung und Betriebsrat vor. Neben dem Verhalten des Geschäftsführers als Steward lassen sich diese Ergebnisse durch die intensiveren informellen Abstimmungsprozesse in inhabergeführten Unternehmen und durch die emotionale Bindung des Inhabers/der Inhaberin an das Unternehmen erklären.

Die Wirkung von informellen und internetbasierten Rekrutierungskanälen auf den Rekrutierungserfolg: Eine empirische Analyse in kleinen und mittleren Unternehmen

Baum und Kabst untersuchen die vor dem Hintergrund der demografischen Entwicklung immer wichtiger werdenden Rekrutierungsprozesse von kleinen und mittleren Unternehmen. Insbesondere informelle Rekrutierungskanäle, z. B. durch persönliche Netzwerke, können die Qualität und die Passgenauigkeit der Bewerber erhöhen. Aber auch durch eine gezielte Rekrutierung über das Internet kann die Anzahl und die Qualität der Bewerber positiv beeinflusst werden. Eine auf diesen Erkenntnissen aufbauende Auswahl einer oder mehrerer Rekrutierungskanäle sowie eine zielgerichtete strategische Rekrutierungsplanung halten die Autoren für erfolgskritisch, um den Herausforderungen der demografischen Entwicklung begegnen zu können.

Greenfield Investment versus Akquisition: Der moderierende Einfluss wahrgenommener institutioneller Unsicherheit bei der Internationalisierung von KMU

Eiche, Schwens und Kabst widmen sich in ihrem Beitrag der Internationalisierung von kleinen und mittleren Unternehmen. Der Markteintritt in einen ausländischen Markt stellt für KMUs insbesondere dann eine erhebliche Herausforderung dar, wenn noch keine ausreichende Auslandserfahrung vorliegt. Der Grad der wahrgenommen institutionellen Unsicherheit spielt für die Ausgestaltung des Markteintritts, z. B. durch Akquisitionen oder dem Aufbau eigener Fertigungsstätten, eine wichtige Rolle. Als die wesentlichen Variablen, die durch die wahrgenommene institutionelle Unsicherheit beeinflusst werden, identifizieren die Autoren die erforderliche Wissensintensität, das Investitionsvolumen und das Marktwachstum.

Wir wünschen den Lesern aus der Praxis und der Wissenschaft eine interessante Lektüre der Artikel. Den Autoren, den Gutachtern und den Diskutanten des Deutschen Mittelstandsforums, das im September 2010 in der Universität Siegen stattgefunden hat und bei dem alle hier enthaltenen Beiträge vorgestellt wurden, danken wir sehr herzlich für die sehr gute Zusammenarbeit.

ZfB-SPECIAL ISSUE 3/2012

Führung in Familienunternehmen: Besonderheiten der Entscheidungsfindung und Verhaltenssteuerung und deren Auswirkung auf den Unternehmenserfolg

Arthur Posch · Gerhard Speckbacher

Zusammenfassung: Der vorliegende Beitrag untersucht anhand einer empirischen Studie, wie sich die Dominanz einer Gründerfamilie als Eigentümer und in der Geschäftsführung auf die Nutzung von Daten und Kennzahlen zur Rationalitätssicherung bei der Entscheidungsfindung auf Geschäftsführungsebene sowie auf die Verhaltenssteuerung von Mitarbeiter/inne/n auswirkt. Zudem wird untersucht, ob Familienunternehmen, deren Geschäftsführung Entscheidungen weniger intuitiv und stärker kennzahlenorientiert trifft, tendenziell erfolgreicher sind und welcher Zusammenhang zwischen der Verwendung der untersuchten Verhaltenssteuerungsinstrumente und dem Erfolg von Familienunternehmen besteht. Unsere Untersuchung liefert empirische Evidenz, dass Familienunternehmen tatsächlich Instrumente zur Entscheidungsunterstützung weniger nutzen als Nicht-Familienunternehmen und dass auch signifikante Unterschiede bei der Art der Verhaltenssteuerung von Mitarbeiter/inne/n existieren. Allerdings relativiert die vorliegende Studie die in der Literatur zu Familienunternehmen häufig zu findende Argumentation, wonach Familienunternehmen erfolgreicher sein könnten, wenn sie sich ähnlich wie Nichtfamilienunternehmen eines „professionelleren Instrumentariums" bedienten.

Schlüsselwörter: Unternehmenssteuerung · Familienunternehmen · Entscheidungsunterstützung · Verhaltenssteuerung · Führung

© Gabler-Verlag 2012

Mag. A. Posch (✉) · Prof. Dr. G. Speckbacher
Institut für Unternehmensführung, Wirtschaftsuniversität Wien,
Nordbergstraße 15 (UZA 4), 7. Stock, Kern B, 1090 Wien, Österreich
E-Mail: arthur.posch@wu.ac.at

Prof. Dr. G. Speckbacher
E-Mail: gerhard.speckbacher@wu.ac.at

JEL Classification: M49

1 Motivation

Familienunternehmen spielen sowohl in Europa als auch in den USA eine herausragende wirtschaftliche Rolle.[1] Im Sinne der klassischen Prinzipal-Agenten-Theorie gelten Familienunternehmen als Organisationsform mit besonders niedrigen Agency-Kosten für die Unternehmensüberwachung (vgl. Fama und Jensen 1983; Daily und Dollinger 1992). Wenn eine Eigentümerfamilie die Mehrheit der Eigentumsrechte am Unternehmen hält, können Eigentumsrechte effektiver wahrgenommen werden und wenn darüber hinaus auch noch Familienmitglieder selbst als Mitglieder der Geschäftsführung aktiv sind, scheint eine unmittelbare Übertragung von Eigentümerinteressen in Geschäftsführungsentscheidungen gewährleistet.

Andererseits wurde darauf hingewiesen, dass diesen Vorteilen der Leitungsstruktur (Corporate Governance) von Familienunternehmen auch gewichtige Nachteile gegenüberstehen. Unternehmen, die sich mehrheitlich im Besitz einer Familie befinden, werden weniger über den Kapitalmarkt kontrolliert und diszipliniert. Wenn die Unternehmensgeschäfte zudem durch Familienmitglieder geführt werden, ist neben der geringeren Disziplinierung durch den Kapitalmarkt auch eine geringere Disziplinierung der Geschäftsführung durch den „Arbeitsmarkt für Manager" zu erwarten (vgl. Fama und Jensen 1983). Gerade für leitende Positionen könnten Familienbande eine wichtigere Rolle spielen als die Qualifikation und bei Managementfehlern könnten Familienbande einen Schutz vor Entlassung bieten (vgl. Schulze et al. 2001). Daher wird vermutet, dass die Anreize zu rationalem und professionellem Verhalten der Geschäftsführung geringer sind und „Selbstkontrollprobleme" sowie intuitives und zu wenig kritisch reflektiertes Entscheidungsverhalten wahrscheinlicher als in Nicht-Familienunternehmen sind (z. B. Schulze et al. 2001). Es wird aber nicht nur argumentiert, dass die Geschäftsführung in Familienunternehmen weniger Gebrauch von Entscheidungsunterstützungsinstrumenten zur Sicherung rationaler Entscheidungen macht und sich stattdessen eher auf „Bauchentscheidungen" verlässt, sondern es wird in ähnlicher Weise argumentiert, dass in Familienunternehmen auch die Steuerung des Verhaltens von Mitarbeiter/inne/n weniger „professionell" erfolgt (vgl. z. B. McEachern 1978; Schulze et al. 2001).[2] Diese Besonderheiten beim Einsatz von Instrumenten zur Entscheidungsunterstützung des Top-Managements und zur Verhaltenssteuerung werden häufig als Ausdruck der geringeren Professionalität von Familienunternehmen und der geringeren Rationalität und Objektivität der Entscheidungsfindung gesehen und zumindest implizit als ein Faktor interpretiert, der den wirtschaftlichen Erfolg negativ beeinflusst (vgl. z. B. McEachern 1978; Schulze et al. 2001; Burkart et al. 2003; Hall und Nordqvist 2008).

Allerdings wird in der Literatur zu Familienunternehmen auch argumentiert, dass eine intuitivere Entscheidungsfindung und Besonderheiten bei der Verhaltenssteuerung nicht einfach auf mangelnde Professionalität im Management zurückgeführt werden können. Mintzberg und Waters (1982) weisen darauf hin, dass unternehmerische Einsichten und Visionen oft eher intuitiv als rational begründet sind und zumeist nicht (z. B. durch Kennzahlen und Berechnungen) explizit gemacht werden können. Intuitives Entscheidungsverhalten könnte vielleicht sogar ein Erfolgsfaktor für Familienunternehmen sein, weil hier leichter unternehmerische Entscheidungen getroffen werden können, deren Sinnhaftigkeit nicht im Vorhinein durch konkrete Zahlen und Daten gegenüber Außenstehenden (Kapitalgebern, Aufsichtsorganen) belegt werden kann. Familiäre Beziehungen können zudem als wertvolle Ressource („soziales Kapital") interpretiert werden, die für Familienunternehmen einen wichtigen Wettbewerbsvorteil bedeutet (vgl. Habbershon und Williams 1999; Chrisman et al. 2005; Sirmon und Hitt 2003). Insbesondere ermöglichen familiäre Beziehungen die interpersonale Übertragung impliziten Wissens über Unternehmensziele und über unternehmerische Einsichten, welches nicht explizit durch messbare Größen oder Zielvorgaben kommuniziert werden kann. Durch die Mitwirkung von Familienmitgliedern in der Geschäftsführung können derartige implizite Informationen und Einsichten in der Unternehmensführung Berücksichtigung finden und diese impliziten Einsichten und Informationen können Mitarbeiter/inne/n womöglich sogar besser durch ständige persönliche Interaktion nahegebracht werden als durch explizite Steuerungsinstrumente, wie Kennzahlen, Verhaltensvorgaben oder Anreizsysteme (vgl. Speckbacher und Wentges 2011).

Der vorliegende Beitrag untersucht anhand einer empirischen Studie, ob sich die Dominanz einer Gründerfamilie in der Eigentümerstruktur und in der Geschäftsführung auf die Nutzung von Instrumenten zur Entscheidungsunterstützung und Rationalitätssicherung der Geschäftsführung einerseits und auf die Verhaltenssteuerung andererseits auswirkt. Im Sinne des kontingenztheoretischen Ansatzes der Unternehmenssteuerung (vgl. Chenhall 2003; Donaldson 2001) wird damit die Eigentümer- und Leitungsstruktur von Unternehmen (als Charakteristikum der Corporate Governance) als Kontingenzfaktor für die Ausgestaltung von Steuerungssystemen gesehen. Zudem wird untersucht, ob Familienunternehmen, die mehr Gebrauch von Daten und Kennzahlen zur Entscheidungsunterstützung machen, tendenziell erfolgreicher (oder weniger erfolgreich) sind. Ebenso wird untersucht, ob Familienunternehmen, die sich eines „professionelleren Instrumentariums" der Verhaltenssteuerung bedienen, erfolgreicher sind. Hieraus können dann Hinweise zur Beantwortung der Frage abgeleitet werden, ob die häufig als „mangelnde Professionalität" von Familienunternehmen interpretierten Besonderheiten bei der Entscheidungsfindung und bei der Verhaltenssteuerung tatsächlich ein Nachteil sind. Unsere empirische Untersuchung basiert auf Befragungsdaten von 230 kleinen und mittleren Produktionsunternehmen (50–250 Mitarbeiter/innen) im deutschsprachigen Raum.

2 Besonderheiten der Führung von Familienunternehmen

Wenngleich keine in der einschlägigen Literatur einheitlich zugrunde gelegte Definition von Familienunternehmen existiert, haben die meisten Definitionen gemeinsam, dass als wesentliches Charakteristikum von Familienunternehmen die dominante Rolle einer (Gründer-) Familie bei der Festlegung der Unternehmensvision und der Unternehmensziele sowie in der Führung und Steuerung des Unternehmens gesehen wird (vgl. Sharma 2004). Unter den in der Literatur verwendeten Kriterien für die konkrete Identifikation und Abgrenzung von Familienunternehmen kommt den beiden Kriterien „Unternehmen ist überwiegend in Familienbesitz" und „Dominanter Einfluss von Familienmitgliedern in der Geschäftsführung" die wichtigste Bedeutung zu. Dabei wird argumentiert, dass Besonderheiten der Führung vor allem dann auftreten, wenn das Unternehmen nicht nur überwiegend im Besitz der Gründerfamilie ist, sondern wenn zusätzlich die Geschäftsführung überwiegend aus Mitgliedern der Gründerfamilie besteht (insbesondere dann, wenn der CEO Familienmitglied ist) bzw. wenn es sich um rein eigentümergeführte Unternehmen handelt (vgl. Chua et al. 1999; Daily und Dollinger 1992; Kotey 2005; Minichilli et al. 2010; Speckbacher und Wentges 2011; Tagiuri und Davis 1996). Neben dem Kriterium des überwiegenden Familienbesitzes wird im Folgenden daher der dominante Einfluss der Gründerfamilie in der Geschäftsführung als Abgrenzungsmerkmal zugrunde gelegt, wobei dominant hier sehr eng als „ausschließlich aus Familienmitgliedern bestehende Geschäftsführung" interpretiert wird („eigentümergeführtes Unternehmen").

2.1 Entscheidungsfindung der Geschäftsführung von Familienunternehmen

Mintzberg und Waters (1982) argumentieren, dass unternehmerische Einsichten und Visionen oft auf Intuition und implizitem Wissen basieren und daher kaum in Form expliziter strategischer Pläne, Messgrößen und Kennzahlen formuliert werden können. Daher sei zu erwarten, dass eigentümergeführte Unternehmen bei Entscheidungen eher intuitiv handeln und weniger auf Entscheidungsrechnungen und Kennzahlen zurückgreifen. Daily und Dollinger (1992) argumentieren in ähnlicher Weise, dass in Familienunternehmen weniger Bedarf dafür besteht, Rechenschaft gegenüber fremden und in die Unternehmensgeschäfte nicht involvierten Eigentümern abzulegen. Daher können Entscheidungsprozesse weniger formal ablaufen. Schulze et al. (2001) argumentieren hingegen, dass bei der Entscheidungsfindung in Familienunternehmen „Selbstkontrollprobleme" eine besondere Rolle spielen, d. h. Entscheidungen werden oft nicht kritisch reflektiert unter Zuhilfenahme von Entscheidungsrechnungen und Kennzahlen getroffen, sondern eher „aus dem Bauch heraus". Während die in der Corporate Governance typischerweise thematisierten Probleme der Kontrolle der Geschäftsführung durch die Eigentümer in Familienunternehmen (die überwiegend im Familienbesitz sind und durch Familienangehörige geführt werden) demnach eine wesentlich geringere Rolle spielen, sind hier „Selbstkontrollprobleme" von wesentlich höherer Bedeutung. Als entscheidender Grund hierfür wird die mangelnde Disziplinierung der Geschäftsführung von Familienunternehmen durch den Kapitalmarkt gesehen sowie die Bestellung von Geschäftsführern auf Grund der Familienzugehörigkeit anstatt der rein fachlichen Qualifikation. Geschäftsführer, die der Gründerfamilie angehören, werden auch weniger durch den Arbeitsmarkt für Manager diszipliniert (also durch andere Manager, die mit ihnen um die Geschäftsführerposition konkurrieren) und wegen der Bedeutung der Familienzugehörigkeit als Einstellungskriterium ist es wahrscheinlicher, dass die fachliche Qualifikation für die Anwendung professioneller Instrumente zur Entscheidungsunterstützung fehlt. Damit lehnen sich Schulze et al. (2001) an eine Reihe früherer Arbeiten an (vgl. z. B. McEachern 1978; Chandler 1977, 1990), die in Familienunternehmen ein weniger professionelles und weniger rational-reflektiertes Entscheidungsverhalten der Geschäftsführung vermuten. Beide in der Literatur zu findenden Argumentationslinien zu den Besonderheiten im Entscheidungsverhalten der Geschäftsführung von Familienunternehmen kommen damit – wenn auch mit sehr unterschiedlichen Argumenten – zur selben Schlussfolgerung, wonach die Geschäftsführung von Familienunternehmen Entscheidungen eher intuitiv trifft und weniger auf „objektive" Daten und Kennzahlen zur Entscheidungsunterstützung zurückgreift als die Geschäftsführung von Nicht-Familienunternehmen.

H1: Auf Geschäftsführungsebene machen Familienunternehmen weniger Gebrauch von Daten und Kennzahlen zur Entscheidungsunterstützung als Nicht-Familienunternehmen.

2.2 Verhaltenssteuerung in Familienunternehmen

Im Rahmen der kontingenztheoretischen Forschung wurde eine Reihe von Einflussfaktoren untersucht, von denen die Gestaltung von Verhaltenssteuerungssystemen in Unternehmen abhängt. Als wesentliche Einflussfaktoren wurden hierbei die Unternehmensgröße, die Organisationsstruktur, die Unternehmensstrategie, die Umfeldunsicherheit und die Unternehmenstechnologie untersucht (vgl. Chenhall 2003; Donaldson 2001). Welchen Einfluss „Governance-Charakteristika", wie etwa Eigenschaften der Eigentümerstruktur oder der Geschäftsführung, auf die Art und Weise haben, wie die Geschäftsführung nachgelagerte Manager oder Mitarbeiter/innen steuert, wurde bisher erst in Ansätzen untersucht (vgl. Geeraerts 1984; Davila 2005; Davila und Foster 2007; Speckbacher und Wentges 2011). Zur Klassifikation von Verhaltenssteuerungsinstrumenten soll im Folgenden die auf Ouchi (1979) aufbauende Klassifikation von Steuerungsinstrumenten nach Merchant und Van der Stede (2007) verwendet werden. Hierbei werden Steuerungsinstrumente danach klassifiziert, welches „Steuerungsobjekt" dem jeweiligen Instrument zugrunde liegt. Steuerungsinstrumente können demnach 1) unmittelbar an der Aufgabenverrichtung der Mitarbeiter/innen ansetzen und direkt versuchen, durch Vorgaben oder Verhaltensüberwachung erwünschtes Verhalten sicherzustellen („action controls"), sie können 2) an den Ergebnissen der Mitarbeitertätigkeit ansetzen, also beispielsweise durch Kennzahlen zur Beurteilung der Zielerreichung Mitarbeiterverhalten beeinflussen („results controls"), sie können 3) an der Organisationskultur ansetzen und versuchen, das Verhalten von Mitarbeiter/inne/n durch Etablieren einer geeigneten Organisationskultur zu beeinflussen („cultural controls") und sie können 4) an der Person ansetzen, d. h. bereits bei der Mitarbeiter/innen/auswahl und bei der Schulung und Entwicklung der Mitarbeiter/innen („personnel controls"). Der vorliegende Beitrag konzentriert sich auf die Verhaltenssteuerung im engeren Sinne und klammert Fragen der Personalauswahl und -entwicklung aus.

Wenngleich eine umfassende, theoriegeleitete Untersuchung der Besonderheiten der Verhaltenssteuerung in Familienunternehmen bisher fehlt, enthält die Literatur zu Familienunternehmen eine Reihe von Argumenten, die untermauern, dass sich (eigentümergeführte) Familienunternehmen bei der Verhaltenssteuerung von anderen Unternehmen unterscheiden. Insgesamt wird in der Literatur zu Familienunternehmen recht einheitlich argumentiert, dass sich die Geschäftsführung von Familienunternehmen im Vergleich zu Nicht-Familienunternehmen anderer Mechanismen bei der Verhaltenssteuerung bedient.

Tagiuri und Davis (1996, S. 201) charakterisieren Familienunternehmen durch die Überlappung der drei Sphären „Familie", „Eigentum" und „Geschäftsführung" und leiten daraus eine informellere, auf persönlichen Beziehungen basierende Führung und Verhaltenssteuerung ab. In ähnlicher Weise argumentieren Daily und Dollinger (1992), dass die Geschäftsführung in Familienunternehmen wegen des geringeren Bedarfs, Rechenschaft gegenüber Externen abzulegen und wegen der geringeren Bedeutung von Agency-Konflikten bei der Führung und Steuerung von Mitarbeiter/inne/n weniger formalisierte Steuerungssysteme einsetzt und dass eine informelle, persönliche Steuerung im Rahmen der Sphäre „Familie" die in anderen Unternehmen üblichen formalen Steuerungssysteme zumindest teilweise ersetzt (ähnlich auch Flamholtz 1986).

Jorissen et al. (2005) verweisen auf die Überlappung der Eigentums- und Führungsrollen und die sich daraus ergebende geringere Notwendigkeit von ergebnisbezogener Steuerung in Familienunternehmen. Zudem ist eine „faire", rein kennzahlenorientierte Leistungsbeurteilung und Steuerung schlecht vereinbar mit einer besonderen Behandlung von Familienmitgliedern (Jorissen et al. 2005). Eine kennzahlenorientierte Steuerung setzt zudem ein Instrumentenwissen voraus, über das Geschäftsführer von Familienunternehmen tendenziell seltener verfügen (Jorissen et al. 2005). Ähnlich argumentieren Schulze et al. (2001), dass Familienunternehmen bei der Verhaltenssteuerung wegen des fehlenden Marktdruckes weniger in ergebnisorientierte Überwachungs- und Anreizsysteme investieren und weniger ergebnisorientiert entlohnen.

H2a: Bei der Verhaltenssteuerung auf Mitarbeiterebene machen Familienunternehmen in geringerem Umfang Gebrauch von Kennzahlen zur ergebnisorientierten Steuerung als Nicht-Familienunternehmen.

Die Literatur zu Familienunternehmen betont nahezu einheitlich, dass die Entscheidungsstrukturen in Familienunternehmen stärker zentralisiert sind, wodurch eine größere direkte Einflussnahme der Geschäftsführung auf die Aufgabenverrichtung erfolgt (Dyer 1986; Geeraerts 1984; Daily und Dollinger 1992). Nach Dyer (1986) haben familiengeführte Unternehmen oft „paternalistische" Führungsstrukturen mit stark zentralisierten Entscheidungsstrukturen. Ähnlich charakterisieren auch Harris et al. (2004) Familienunternehmen als stark zentralisiert mit einer großen Bedeutung von direkten Verhaltensvorgaben und –eingriffen. Kets de Vries (1993) verweist darauf, dass Familienunternehmen oftmals von einer unternehmerischen Persönlichkeit geprägt werden, die eine Präferenz für zentrale Entscheidungsprozesse und die Anwendung von Verhaltensvorgaben hat. Da Eigentümer-Manager oft ihr eigenes Vermögen im Unternehmen konzentriert haben, besteht auch ein größeres Bedürfnis, Entscheidungsmacht zu zentralisieren und Mitarbeiter/innen an Verhaltensvorgaben zu binden anstatt auf Autonomie und Delegation zu setzen (Daily und Dollinger 1992).

H2b: Familienunternehmen sind durch einen geringeren diskretionären Entscheidungsspielraum von Mitarbeiter/inne/n charakterisiert als Nicht-Familienunternehmen.

Zahra et al. (2004) argumentieren, dass in Familienunternehmen die Organisationskultur als informeller Steuerungsmechanismus formale Steuerungsmechanismen ersetzen kann. Allerdings bleibt dabei unklar, ob Familienunternehmen gemeinsame Werte und Verhaltensnormen lediglich implizit (beispielsweise im Sinne einer Vorbildfunktion) einsetzen oder auch explizit formulieren und kommunizieren. Mintzberg und Waters (1982) illustrieren anhand von Fallbeispielen, dass Familienunternehmen persönliche Interaktion und persönliche Beziehungen anstatt formaler Instrumente zur Implementierung von Strategien einsetzen. Demnach werden Ziele und Normen in eigentümergeführten Unternehmen oft informell durch die Omnipräsenz der Eigentümer-Geschäftsführer im Unternehmen implementiert. In ähnlicher Weise betonen Habbershon und Williams (1999) die Bedeutung des durch die Unternehmensgründer geprägten Wertesystems und legen nahe, dass die Kultur in Familienunternehmen eher durch implizite Mechanismen, wie etwa die Vorbildfunktion der Unternehmensgründer oder der Gründerfamilie, geprägt ist. Wird also angenommen, dass die Vermittlung der Unternehmenskultur an die Mitarbeiter/innen überwiegend auf implizitem Wege durch die aktive Mitwirkung der Familienmitglieder am täglichen Geschäft des Unternehmens erfolgt, so ist zu erwarten, dass die explizite Formulierung und Kommunikation von Werten und Verhaltensnormen in Form von „Mission Statements" oder „Codes of Conduct" in Familienunternehmen eine geringere Rolle spielt.

H2c: Zur Steuerung des Mitarbeiterverhaltens setzen Familienunternehmen weniger auf explizit formulierte und kommunizierte Werte und Verhaltensnormen als Nicht-Familienunternehmen.

2.3 Erfolgswirkungen des Einsatzes von Instrumenten zur Entscheidungsunterstützung und zur Verhaltenssteuerung

Wie oben dargestellt, wird in der Literatur zu Familienunternehmen von einer Reihe von Autoren die Auffassung vertreten, dass Familienunternehmen sowohl bei der Entscheidungsfindung als auch bei der Verhaltenssteuerung weniger professionell agieren als Nicht-Familienunternehmen, wodurch verschiedene Instrumente weniger zum Einsatz kommen (vgl. McEachern 1978; Schulze et al. 2001; Burkart et al. 2003; Hall und Nordqvist 2008). Als Gründe für die geringere Professionalität werden im Wesentlichen der in Familienunternehmen geringere Druck des Kapitalmarktes, Entscheidungen zu rechtfertigen und professionelle „State-of-the-Art Methoden" bei der Entscheidungsfindung und der Verhaltenssteuerung einzusetzen genannt sowie die Besetzung von Führungspositionen nach Familienzugehörigkeit anstatt einer rein von der Qualifikation abhängigen Besetzung. Letzteres führt gemäß dieser Argumentation dazu, dass Top-Manager in Familienunternehmen tendenziell schlechter qualifiziert sind und einem geringeren Erfolgsdruck ausgesetzt sind, woraus dann auf geringere „Professionalität" geschlossen wird. Zumindest implizit wird hierbei unterstellt, dass Familienunternehmen erfolgreicher sein könnten, wenn sie bei der Entscheidungsfindung und bei der Verhaltenssteuerung „professioneller" agierten. Daraus ließe sich die Erwartung ableiten, dass Familienunternehmen, die mehr Gebrauch von Daten und Kennzahlen zur Entscheidungsunterstützung und zur Verhaltenssteuerung machen – bzw. sich beim Einsatz von Instrumenten zur Verhaltenssteuerung ähnlich wie Nicht-Familienunternehmen verhalten (also mehr Kennzahlen zur ergebnisorientierten Steuerung einsetzen, ihren Mitarbeiter/inne/n höheren Entscheidungsspielraum gewähren und stärker durch explizit formulierte und kommunizierte Werte und Normen steuern) – erfolgreicher sind.

H3: Familienunternehmen, die auf Geschäftsführungsebene mehr Gebrauch von Daten und Kennzahlen zur Entscheidungsunterstützung machen, sind tendenziell erfolgreicher als andere Familienunternehmen.

H4a: Familienunternehmen, die zur Verhaltenssteuerung auf Mitarbeiterebene mehr Gebrauch von Kennzahlen zur ergebnisorientierten Steuerung machen, sind erfolgreicher als andere Familienunternehmen.

H4b: Familienunternehmen, die ihren Mitarbeiter/inne/n einen höheren diskretionären Entscheidungsspielraum gewähren, sind erfolgreicher als andere Familienunternehmen.

H4c: Familienunternehmen, die zur Verhaltenssteuerung auf Mitarbeiterebene mehr auf explizit formulierte und kommunizierte Werte und Verhaltensnormen setzen, sind erfolgreicher als andere Familienunternehmen.

3 Vorgehen bei der Datensammlung und -auswertung

Zur Datenerhebung wurde ein strukturierter Online-Fragebogen verwendet. Dazu wurden aus der Grundgesamtheit aller in der Markus Datenbank (Bureau van Dijk Electronic Publishing) enthaltenen deutschen und österreichischen Produktionsunternehmen mit 50–250 Mitarbeiter/inne/n 1400 Unternehmen zufällig ausgewählt, von denen im Winter 2008/Frühjahr 2009 schließlich 1357 Unternehmen per E-Mail kontaktiert werden konnten (fehlende E-Mail Kontaktdaten bei 43 Unternehmen). Der Fragebogen wurde jeweils an die Geschäftsführung der Unternehmen geschickt. Aufgrund mehrmaliger Erinnerungsschreiben konnten schließlich 230 ausgefüllte Fragebögen ausgewertet werden (Antwortrate 16,9 %).

Der Fragebogen besteht insgesamt aus 90 Fragen. Zur Unterscheidung von Familienunternehmen und Nicht-Familienunternehmen wurde abgefragt, zu welchem Anteil das jeweilige Unternehmen im Besitz der Gründerfamilie ist und ob Mitglieder der Gründerfamilie die Geschäftsführung stellen. Unternehmen, die überwiegend (>50 %) in Besitz der Gründerfamilie sind und deren Geschäftsführung ausschließlich aus Mitgliedern der Gründerfamilie besteht, wurden als Familienunternehmen bzw. als familiengeführte Unternehmen klassifiziert.

Alle zentralen Konstrukte (Entscheidungsverhalten, Verhaltenssteuerungsinstrumente) wurden durch jeweils 3–4 Fragen operationalisiert, und für jede Frage wurde eine 7-Punkt-Skala zugrundegelegt (1 = nicht zutreffend und 7 = völlig zutreffend). Die Konstrukte zur Charakterisierung von Verhaltenssteuerungssystemen wurden weitgehend aus der Literatur entnommen (vgl. Widener 2007; Henri 2006; s. Anhang). Für die Erfassung des Entscheidungsverhaltens der Geschäftsführung (intuitiv vs. Verwendung von Instrumenten zur Entscheidungsunterstützung) wurde ein eigenes Konstrukt entwickelt. Zur Messung des Unternehmenserfolges wurde ein Perzeptionsmaß verwendet, d. h. eine Einschätzung der Befragten über den Unternehmenserfolg im Vergleich zu den Mitbewerbern (vgl. Anhang). Die für die einzelnen reflexiven Konstrukte verwendeten Items wurden zunächst einer explorativen Faktorenanalyse unterzogen. Neben dieser explorativen Faktorenanalyse wurde auch eine konfirmatorische Faktorenanalyse durchgeführt und die Qualität des Messmodells anhand der Kriterien Cronbach Alpha, Faktorreliabilität und durchschnittlich erfasste Varianz evaluiert. Zudem wurden die wichtigsten, in der Kontingenzforschung zu Verhaltenssteuerungssystemen (vgl. z. B. Chenhall 2003) identifizierten Einflussfaktoren der Gestaltung von Verhaltenssteuerungssystemen als Kontrollvariablen erfasst: Die Unternehmensgröße wurde mit der Anzahl der Mitarbeiter/innen gemessen, ferner wurde das Unternehmensalter als Kontrollvariable verwendet (vgl. Moores und Mula 2000; Moores und Yuen 2001). Die strategische Ausrichtung des Unternehmens wurde über die Innovationsorientierung (Explore/Exploit) gemessen (vgl. Zahra et al. 2000), bei der Messung der Umfeldunsicherheit wurde auf ein etabliertes Konstrukt von Moers (2006) zurückgegriffen (Tab. 1).

Um das Ausmaß eines möglichen Non-Response-Bias zu bestimmen, wurde in Anlehnung an Armstrong und Overton (1977) ein Vergleich zwischen früh und spät antwortenden Unternehmen auf Itemebene durchgeführt. Die Mittelwertvergleiche ergaben keine Hinweise auf einen wesentlichen Non-Response-Bias.

Tab. 1: Güte der Faktoren

Faktor	Anzahl der Items	Spannbreite der Ladungen	Cronbach's Alpha	Faktorreliabilität	Durchschnittlich erfasste Varianz
Action controls	3	0,571–0,899	0,673	0,88	0,63
Results controls	3	0,884–0,921	0,875	0,97	0,81
Cultural controls	4	0,618–0,935	0,830	0,96	0,72
Rationalitätssicherung	3	0,657–0,863	0,707	0,89	0,64
Umfeldunsicherheit	4	0,781–0,844	0,811	0,96	0,64
Exploration	4	0,580–0,873	0,754	0,92	0,59
Exploitation	3	0,704–0,801	0,615	0,89	0,55
Unternehmenserfolg	3	0,886–0,924	0,891	0,98	0,82

In Anlehnung an ähnlich geartete frühere Studien (vgl. z. B. Carrasco-Hernandez und Sanchez-Marin 2007; Kotey 2005) wurden ANCOVA-Analysen durchgeführt, um auf Unterschiede zwischen Familien- und Nichtfamilienunternehmen zu testen (vgl. Bracker et al. 1988; Garson 2008; Hair et al. 2006). Die für die ANCOVA notwendigen Voraussetzungen (Hair et al. 2006) der Daten wurden überprüft und werden hinreichend erfüllt.[3] Zur Untersuchung von Hypothesen drei und vier werden multivariate OLS-Regressionen verwendet, deren Anwendung für die Untersuchung von Performanceeffekten in bisheriger Management Control-Forschung weit verbreitet ist (Chenhall 2003; Hartmann und Moers 1999). Die Überprüfung der notwendigen Datenvoraussetzungen bestätigt die Anwendbarkeit der gewählten Methode.[4]

4 Ergebnisse

Hypothese 1 postuliert, dass Geschäftsführer von Familienunternehmen Instrumente zur Entscheidungsunterstützung in geringerem Ausmaß verwenden als Nicht-Familienunternehmen. Der Test dieser Hypothese erfolgt mittels einer Kovarianzanalyse. Im Rahmen dieser Analyse werden neben dem Faktor (Familien- vs. Nichtfamilienunternehmen) auch Kovariate/Kontrollvariable berücksichtigt (Größe, Alter, strategische Ausrichtung und Umfeldunsicherheit), um deren Einfluss zu bereinigen (vgl. Backhaus et al. 2003; Garson 2008) (Tab. 2).

Die Ergebnisse der Analyse zeigen, dass Nicht-Familienunternehmen (Mittelwert = 4,61; Standardabweichung = 1,12) im Vergleich zu Familienunternehmen (Mittelwert = 3,95; Standardabweichung = 1,32) signifikant stärker Instrumente zur Entscheidungsunterstützung in der Geschäftsführung einsetzen (F = 14,428; p < 0,01). Einen ebenfalls signifikanten Einfluss zeigen die Variablen Umfeldunsicherheit (F = 12,009; p < 0.01) sowie Exploitation (F = 3,963; p < 0.05).

Interessanterweise zeigt sich kein signifikanter Einfluss von Unternehmensgröße auf die Verwendung der untersuchten Steuerungsinstrumente. Dies widerspricht zwar Ergebnissen bisheriger kontingenztheoretischer Forschung, die einen Einfluss der Unternehmensgröße auf die Verwendung von Steuerungssystemen belegen (vgl. Chenhall 2003), lässt sich aber dadurch erklären, dass alle untersuchten Unternehmen relativ klein sind (50–250 Mitarbeiter/innen).

Tab. 2: Deskriptive Statistik für Instrumente der Unternehmenssteuerung

Instrumente der Unternehmenssteuerung	Nicht-Familienunternehmen, N = 132; Mittelwert (Standardabweichung)	Familienunternehmen, N = 98; Mittelwert (Standardabweichung)
Entscheidungsunterstützung		
Rationalitätssicherung in der Geschäftsführung (Selbstkontrolle)	4,61 (1,12)	3,95 (1,32)
Verhaltenssteuerung der Mitarbeiter/innen		
Steuerung der Aufgabenverrichtung (action controls)	2,65 (1,03)	3,15 (1,32)
Steuerung über Ergebnisse (results controls)	5,67 (1,06)	5,13 (1,33)
Kulturelle Steuerung (cultural controls)	4,92 (1,19)	4,48 (1,40)

Tab. 3: Ergebnisse der ANCOVA für H1

Faktor/Kovariate	F-Wert	p-Wert
Familien- vs. Nicht-Familienunternehmen	14,428***	0,000
Unternehmensgröße	0,119	0,731
Unternehmensalter	0,863	0,354
Exploration	0,004	0,947
Exploitation	*3,963***	*0,048*
Umfeldunsicherheit	12,009***	0,001

***p < 0,01; **p < 0,05

Konsistent mit den angeführten Argumentationslinien zeigt sich, dass Familienunternehmen von einem eher intuitiv-geprägten Entscheidungsverhalten in der Geschäftsführung Gebrauch machen (Tab. 3).

Zum Test von Hypothesen 2abc, wonach ein signifikanter Unterschied zwischen Familien- und Nicht-Familienunternehmen hinsichtlich des Einsatzes von Instrumenten der Verhaltenssteuerung besteht, erfolgt die Berechnung von univariaten Kovarianzanalysen (ANCOVA) (d. h. für jedes Instrument zur Verhaltenssteuerung wird eine separate Analyse durchgeführt). Als Kovariaten fungieren neuerlich Unternehmensgröße, Alter, strategische Ausrichtung und Umfeldunsicherheit.

Der Klassifikation von Merchant und Van der Stede (2007) folgend werden folgende Instrumente der Verhaltenssteuerung als abhängige Variablen untersucht: Steuerung der Aufgabenverrichtung (action controls), Steuerung über Ergebnisse (results controls), kulturelle Steuerung (cultural controls).

Die Analyseergebnisse zeigen, dass Familienunternehmen (Mittelwert = 4,48; Standardabweichung = 1,40) im Vergleich zu Nicht-Familienunternehmen (Mittelwert = 4,92; Standardabweichung = 1,19) signifikant weniger Gebrauch machen von kulturellen Steuerungsinstrumenten (F = 6,169; p < 0,05).

Ebenso zeigt sich, dass in Nicht-Familienunternehmen (Mittelwert = 5,67; Standardabweichung = 1,06) Mitarbeiter/innen signifikant stärker anhand von Kennzahlen/Resultaten beurteilt werden (F = 11,411; p < 0,01) als in Familienunternehmen (Mittelwert = 5,13; Standardabweichung = 1,33).

Tab. 4: Ergebnisse der ANCOVA für H2abc

Faktor/Kovariate	Steuerung der Aufgabenverrichtung (action controls)	Steuerung über Ergebnisse (results controls)	Kulturelle Steuerung (cultural controls)
Familien- vs. Nicht-Familienunternehmen	$F = 9,346^{***}$ $p = 0,003$	$F = 11,411^{***}$ $p = 0,001$	$F = 6,169^{**}$ $p = 0,014$
Unternehmensgröße	$F = 2,016$ $p = 0,157$	$F = 0,186$ $p = 0,666$	$F = 0,023$ $p = 0,880$
Unternehmensalter	$F = 2,168$ $p = 0,142$	$F = 0,946$ $p = 0,332$	$F = 0,097$ $p = 0,755$
Exploration	$F = 2,051$ $p = 0,153$	$F = 1,031$ $p = 0,311$	$F = 1,537$ $p = 0,216$
Exploitation	$F = 1,433$ $p = 0,233$	$F = 11,851^{***}$ $p = 0,001$	$F = 8,297^{***}$ $p = 0,004$
Umfeldunsicherheit	$F = 0,103$ $p = 0,748$	$F = 3,048^{*}$ $p = 0,082$	$F = 0,434$ $p = 0,511$

$^{***}p < 0,01$; $^{**}p < 0,05$; $^{*}p < 0,1$

Eine Steuerung der Aufgabenverrichtung hingegen findet in Familienunternehmen (Mittelwert = 3,15; Standardabweichung = 1,32) eine signifikant stärkere Verwendung (F = 9,346; p < 0,01) als in Nicht-Familienunternehmen (Mittelwert = 2,65; Standardabweichung = 1,03).

Während die Kontrollvariablen Unternehmensgröße und Unternehmensalter keinen signifikanten Einfluss auf die Verwendung von Steuerungsinstrumenten zeigen, sind bei den Variablen Umfeldunsicherheit und strategische Ausrichtung teilweise signifikante Effekte zu beobachten (Tab. 4).

Im letzten Teil der Analyse wird der Zusammenhang zwischen der Verwendung von Steuerungsinstrumenten in Familienunternehmen und deren Performance (gemessen durch ein Perzeptionsmaß) näher betrachtet. Der Zusammenhang zwischen dem Einsatz von Steuerungsinstrumenten zur Entscheidungsunterstützung und zur Verhaltenssteuerung und dem Erfolg von Familienunternehmen wird mithilfe einer OLS-Regressionsanalyse näher untersucht.

Das Regressionsverfahren dient dabei zur Analyse von Beziehungen zwischen einer abhängigen Variablen (Unternehmenserfolg) und mehreren unabhängigen Variablen (Einsatz der Steuerungsinstrumente) (vgl. Backhaus et al. 2003; Garson 2008; Hair et al. 2006). Als Kontrollvariablen fungieren Unternehmensgröße, Unternehmensalter und Umfeldunsicherheit.

Die Analyseergebnisse für Familienunternehmen zeigen signifikante Zusammenhänge der Performance mit der Steuerung über Ergebnisse (results controls; $\beta = 0,203$; p < 0,1), d. h. die Verwendung von Ergebniskontrollen für Mitarbeiter/innen hat in Familienunternehmen eine positive Auswirkung auf den Unternehmenserfolg. Ebenso einen positiven Zusammenhang mit der Unternehmensperformance zeigt die explizite Formulierung und Kommunikation von Werten und Verhaltensnormen ($\beta = 0,197$; p < 0,1). Die Steuerung der Aufgabenverrichtung zeigt zwar wie erwartet einen negativen Zusammenhang mit der Performance ($\beta = -0,022$), d. h. also, dass Familienunternehmen, die einen höheren diskretionären Entscheidungsspielraum gewähren, tendenziell erfolgreicher sind. Allerdings ist dieser Zusammenhang statistisch nicht signifikant und auch vom Umfang her (Regressi-

Tab. 5: Ergebnisse der Regression für Familienunternehmen (H3, H4abc)

Abhängige Variable	Unternehmenserfolg		Variance Inflation Factor
Unabhängige Variablen	β	P-Wert	VIF[a]
Konstante	*5,200****	*0,000*	
Selbstkontrolle	*− 0,236***	*0,042*	1,522
action controls	*− 0,022*	*0,822*	1,056
results controls	*0,203**	*0,065*	1,372
cultural controls	*0,197**	*0,094*	1,563
Unternehmensgröße	*0,215***	*0,029*	1,095
Unternehmensalter	*− 0,071*	*0,470*	1,100
Umfeldunsicherheit	*− 0,305****	*0,003*	1,161
R^2		0,222	
Adjusted R^2		0,162	
F-Wert		3,675***	
N		98	

***p < 0,01; **p < 0,05; *p < 0,1
[a]Da die einzelnen Varianzinflationsfaktoren den Wert 5 nicht übersteigen, sollte Mulitkollinearität kein Problem darstellen (Menard 1995; Hair et al. 2006)

onskoeffizient) unbeträchtlich. Betrachtet man hingegen die Verwendung von Steuerungsinstrumenten zur Entscheidungsunterstützung in der Geschäftsführung (Selbstkontrolle), so zeigt sich ein signifikant negativer Effekt ($\beta = -0,236$, $p < 0,05$). Anders formuliert bedeutet dies, dass gemäß dem untersuchten Datensatz eine intuitivere Entscheidungsfindung in der Geschäftsführung von Familienunternehmen signifikant mit einem höheren Unternehmenserfolg assoziiert ist. Dies deutet also darauf hin, dass die Besonderheiten der Entscheidungsfindung in der Geschäftsführung von Familienunternehmen nicht Ausdruck mangelnder Professionalität, sondern Ausdruck einer adäquaten Anpassung an die Spezifika von Familienunternehmen sind und intuitiv geprägtes Entscheidungsverhalten sogar ein Erfolgsfaktor sein kann.

Des Weiteren ergeben sich ein signifikant positiver Effekt für Unternehmensgröße ($\beta = 0,215$; $p < 0,05$) und ein signifikant negativer Effekt von Umfeldunsicherheit auf den Unternehmenserfolg ($\beta = -0,305$; $p < 0,01$) (Tab. 5).

5 Zusammenfassung und Diskussion

Unsere empirische Studie liefert Belege für folgende Zusammenhänge:

1. Familienunternehmen unterscheiden sich sowohl in ihrer Entscheidungsfindung auf Geschäftsführungsebene als auch bei der Verhaltenssteuerung auf Mitarbeiterebene signifikant von Nicht-Familienunternehmen.
2. Die intuitivere, weniger auf Daten und Kennzahlen basierende Entscheidungsfindung auf Geschäftsführungsebene geht nicht auf Kosten des Unternehmenserfolges, sondern kann sogar als Erfolgsfaktor von Familienunternehmen gesehen werden. Was gut für Nicht-Familienunternehmen ist, muss also nicht auch gut für Familienunternehmen sein. Auch hinsichtlich der Verwendung von Verhaltenssteuerungsinstrumenten ergibt sich ein differenziertes Bild. Während in unserem Sample die stärkere Zentralisierung

von Entscheidungen in Familienunternehmen keine negative Auswirkung auf den Unternehmenserfolg hat, liefern unsere Daten Indizien, dass ein vermehrter Einsatz ergebnisorientierter Kennzahlen zur Verhaltenssteuerung sowie eine explizite Formulierung und Kommunikation von Normen und Werten in Familienunternehmen vorteilhaft sein könnte.

Unsere empirischen Ergebnisse zu den Besonderheiten von Familienunternehmen sind konsistent mit bisherigen Forschungsarbeiten. Bei der Entscheidungsfindung gehen Familienunternehmen eher intuitiv vor und Entscheidungen auf Geschäftsführungsebene werden weniger durch Entscheidungsrechnungen überprüft und gerechtfertigt. Interessant ist aber, dass sich dies keineswegs negativ auf den Erfolg von Familienunternehmen auswirkt. Im Gegenteil, erfolgreichere Familienunternehmen setzen dieses intuitive Entscheidungsverhalten sogar signifikant häufiger ein als weniger erfolgreiche Familienunternehmen.

Während Familienunternehmen im Vergleich zu Nicht-Familienunternehmen (im Einklang mit Mintzberg und Waters 1982; Daily und Dollinger 1992) weniger auf formalisierte Steuerung setzen (kulturelle Steuerung und Ergebnissteuerung), setzen sie stärker auf Verhaltenskontrollen, was mit dem in früheren Arbeiten argumentierten Vorherrschen „paternalistischer"/zentralisierter Entscheidungsstrukturen in Familienunternehmen (vgl. Dyer 1986) durchaus konsistent ist. Familienunternehmen delegieren unseren Daten zufolge weniger und zentralisieren Entscheidungen stattdessen stärker. Diese stärkere Zentralisierung von Entscheidungen geht einher mit einer geringeren Verwendung ergebnisbezogener Steuerungsinstrumente und expliziter „unternehmenskulturbezogener" Steuerungsinstrumente. Unsere Daten bieten einen Ansatzpunkt, der auf ein Verbesserungspotential bei der Verhaltenssteuerung in Familienunternehmen hinweisen könnte: Tendenziell erfolgreichere Familienunternehmen setzen in größerem Umfang regelmäßig ergebnisorientierte Kennzahlen ein und setzen stärker auf eine explizite Formulierung und Kommunikation gemeinsamer Werte und Normen etwa in Form eines „Mission Statements" oder eines „Code of Conduct".

Die Ergebnisse unserer Studie untermauern, dass die geringere Nutzung von Entscheidungsunterstützungsinstrumenten auf Geschäftsführungsebene und die Besonderheiten der Verhaltenssteuerung in Familienunternehmen nicht pauschal auf mangelnde Professionalität im Management von Familienunternehmen zurückgeführt werden können. Besonderheiten von Familienunternehmen beim Einsatz von Entscheidungsunterstützungs- und Verhaltenssteuerungsinstrumenten sind durch die Überlappung der Sphären Eigentum, Führung und Familie erklärbar, wobei die besondere Art der Führung von Familienunternehmen nicht nur Nachteile, sondern auch Vorteile hat (vgl. Habbershon und Williams 1999; Chrisman et al 2005; Sirmon und Hitt 2003). Ein intuitiveres Entscheidungsverhalten und ein direkteres und persönlicheres Vorgehen bei der Umsetzung von Unternehmenszielen und Strategien können insofern durchaus als Stärke von Familienunternehmen interpretiert werden (vgl. Mintzberg und Waters 1982). Die Besonderheiten der Entscheidungsfindung und Verhaltenssteuerung in Familienunternehmen sind dann nicht Ausdruck mangelnder Professionalität, sondern Ausdruck einer adäquaten Anpassung an die besonderen Rahmenbedingungen von Familienunternehmen.

Bei der Interpretation der empirischen Befunde der Untersuchung sind allerdings verschiedene Limitationen zu beachten. Der Fragebogen wurde nur von einer Person je Unternehmen (Geschäftsführer) bearbeitet, wodurch die Gefahr besteht, dass die Antworten die „subjektive Wahrnehmung des Respondenten", nicht die „objektive Realität" widerspiegeln. Auf Grund der Tatsache, dass keine Längsschnittdaten vorliegen, sollten die empirischen Zusammenhänge nicht im Sinne von Ursache-Wirkungsbeziehungen interpretiert werden. Trotz der ergriffenen Maßnahmen zur Erhöhung der Reliabilität der Daten (randomisiertes Sample, Pre-Test des Fragebogens, Validierung der Konstrukte) kann die Messung der verwendeten Variablen/Konstrukte Verzerrungen unterliegen. Obwohl entsprechende Sensitivitätsanalysen ergaben, dass die Ergebnisse relativ stabil hinsichtlich alternativer Definitionen von Familienunternehmen sind, ist auch die spezielle gewählte Definition bei der Interpretation der Ergebnisse zu berücksichtigen.

Eine wesentliche Einschränkung stellt auch die Wahl des Maßes für die Unternehmensperformance dar. Da „objektive" Performancemaße für kleine und mittlere Unternehmen bekanntermaßen schwer erhältlich und zudem wenig reliabel sind, wurde auf ein in der Literatur etabliertes Perzeptionsmaß zurückgegriffen (vgl. dazu Chenhall 2003).

In der bisherigen Literatur wurde zudem argumentiert, dass Instrumente der Entscheidungsfindung bzw. der Verhaltenssteuerung lediglich einen mittelbaren (etwa über die Entscheidungsqualität) Einfluss auf die Unternehmensperformance zeigen (Galinsky und Kray 2004; Widener 2007). Da auf Grund mangelnder Daten lediglich ein direkter Einfluss untersucht wurde, kann eine Verzerrung aufgrund nicht berücksichtigter Variablen nicht ausgeschlossen werden (Chenhall und Moers 2007). Schließlich ist zu berücksichtigen, dass die empirischen Daten von Unternehmen einer bestimmten Branche (Produktionsunternehmen) und aus einer bestimmten Region (deutschsprachiger Raum) stammen, was die Übertragbarkeit der Ergebnisse auf andere Branchen und Regionen limitiert.

Anmerkungen

1 Sowohl in Europa als auch in den USA können etwa 80–90 % aller Unternehmen als Familienunternehmen klassifiziert werden und trotz der Dominanz kleinerer Familienunternehmen spielen diese auch als Arbeitgeber eine herausragende Rolle (vgl. etwa Astrachan und Shanker 2003; Burns und Whitehouse 1996; Chrisman et al. 2005).

2 In der Literatur zum Controlling (vgl. z. B. Ewert und Wagenhofer 2008; Weber und Schäffer 2008; Zimmerman 1997) werden die Entscheidungsunterstützung bzw. „Rationalitätssicherung" des Managements und die Steuerung des Verhaltens untergeordneter Manager und Mitarbeiter zur besseren Umsetzung der Unternehmensziele als die zwei Kernfunktionen von Controllingsystemen gesehen.

3 Die Beobachtungen sind voneinander unabhängig. Weiters folgen die verwendeten Konstrukte einer Normalverteilung, in den beiden untersuchten Gruppen (Familienunternehmen und Nicht-Familienunternehmen) herrscht Homoskedastizität, d. h. die Varianzen der verwendeten Variablen sind in beiden Gruppen nicht signifikant unterschiedlich von einander.

4 Die Voraussetzung der Linearität wurde durch Analyse der Residuen überprüft, wobei keine nicht-linearen Muster zu erkennen waren. Dementsprechend kann von der Linearität der Regressionsgleichung ausgegangen werden (Hair et al. 2006). Ebenso erfolgte dieselbe Analyse für die einzelnen unabhängigen Variablen mithilfe von partiellen Regressionsplots, neuerlich ergaben sich keine nicht-linearen Muster. Ebenso ist Heteroskedastizität kein Problem in der Analyse, zumal die Residuen einigermaßen konstant sind für unterschiedliche Niveaus der unabhängigen Variablen, ebenso ergibt eine Analyse der Residuenplots eine Normalverteilung der Residuen. Um die Unabhängigkeit der Residuen zu testen, wurde ein Durbin-Watson Test berechnet, dessen Ergebnis mit 2,171 relativ nahe bei dem Wert zwei liegt und somit von einer Unabhängigkeit der Residuen ausgegangen werden kann (Field 2009).

Anhang

Verwendete Konstrukte

Cronb. Alpha	Mean (S.D.)	Factor loading	Items
Verhaltensbeeinflussung durch Steuerung der Aufgabenverrichtung (action controls)			
0,673	2,55 (1,62)	0,571	Auch bei geringfügigen Angelegenheiten muss die endgültige Entscheidung von einem Vorgesetzten genehmigt werden
	3,12 (1,58)	0,865	Unsere Mitarbeiter haben großen Freiraum bei der Gestaltung ihres Arbeitsalltags (umkodiert)
	2,89 (1,36)	0,899	Im Rahmen ihrer zugeordneten Aufgabengebiete treffen die Mitarbeiter ihre Entscheidungen vorwiegend selbst (umkodiert)
Verhaltensbeeinflussung durch Steuerung der Ergebnisse (results controls)			
0,875	5,13 (1,54)	0,884	Kennzahlen (z. B. Umsatz, Produktqualität, etc.) werden verwendet zur laufenden Überwachung des Fortschritts der Zielerreichung
	5,67 (1,25)	0,921	Kennzahlen (z. B. Umsatz, Produktqualität, etc.) werden verwendet zur Überprüfung der Ergebnisse
	5,55 (1,29)	0,891	Kennzahlen (z. B. Umsatz, Produktqualität, etc.) werden verwendet zum Abgleich des Soll/Ist Zustands
Verhaltensbeeinflussung durch explizite kulturelle Steuerung (cultural controls)			
0,830	5,37 (1,41)	0,911	Die Unternehmensziele und die zugrundeliegende Unternehmensphilosophie (Mission Statement) werden bewusst an die Mitarbeiter kommuniziert
	5,04 (1,49)	0,935	In unserem Unternehmen wird immer wieder versucht, die Unternehmensphilosophie (Mission Statement) in das Gedächtnis der Mitarbeiter zu rufen
	4,92 (1,36)	0,881	Unsere Unternehmensphilosophie (Mission Statement) ist unseren Mitarbeitern bewusst
	3,61 (2,04)	0,618	In unserem Unternehmen werden die Unternehmenswerte und informellen Verhaltensregeln (z. B. übliche Kommunikationsweise) in einem Verhaltenskodex (Code of Conduct) definiert
Rationalitätssicherung/Entscheidungsunterstützung in der Geschäftsführung (Selbstkontrolle)			
0,707	4,34 (1,64)	0,863	Alle wichtigen Entscheidungen werden genau dokumentiert, sodass auch im Nachhinein genau nachvollziehbar ist, aufgrund welcher Daten und Kennzahlen die Entscheidung so getroffen wurde
	5,03 (1,54)	0,858	Vor jeder wichtigen Entscheidung werden alle verfügbaren Daten und Kennzahlen durch die Geschäftsführung ausführlich analysiert und diskutiert
	3,58 (1,64)	0,657	Entscheidungen auf Geschäftsführungsebene werden häufig intuitiv aufgrund langjähriger Erfahrungswerte oder anhand zahlenmäßig nicht ausdrückbarer Einschätzungen der Geschäftsführung getroffen (umkodiert)

(Fortsetzung)

Cronb. Alpha	Mean (S.D.)	Factor loading	Items
Umfeldunsicherheit			
0,811	4,00 (1,44)	0,782	Das Kaufverhalten der Kunden unseres Unternehmens ist sehr gut abschätzbar (umkodiert)
	3,38 (1,35)	0,844	Technologische Veränderungen in der Hauptbranche unseres Unternehmens sind sehr gut abschätzbar (umkodiert)
	3,39 (1,23)	0,791	Das Verhalten und/oder die Strategien der Lieferanten unseres Unternehmens sind sehr gut abschätzbar (umkodiert)
	3,89 (1,29)	0,781	Das Verhalten und/oder die Strategien der Konkurrenten unseres Unternehmens sind sehr gut abschätzbar (umkodiert)
Exploration			
0,754	4,23 (1,75)	0,795	Wir haben uns Fähigkeiten zur Produktentwicklung (z. B. Produktdesign, Prototyping, Produktanpassungen an regionale Marktbedingungen) angeeignet, die in unserer Branche absolut neu sind
	4,74 (1,41)	0,800	Wir haben unsere Innovationsfähigkeit in Bereichen stark verbessert, in denen wir bisher keine Erfahrung hatten
	3,97 (1,71)	0,873	Wir haben komplett neue Fähigkeiten entwickelt, die wichtig für Innovationen sind (z. B. Vorhersage von technologischen Entwicklungen und Änderungen im Konsumentenverhalten, Management des Produktentwicklungsprozesses)
	4,41 (1,86)	0,580	Wir haben Fertigungstechnologien umgesetzt, die für unser Unternehmen völlig neu waren
Exploitation			
0,615	4,23 (1,75)	0,713	Unser Unternehmen hat sein Wissen und seine Fähigkeiten zur Weiterentwicklung bestehender Produkte und Technologien kontinuierlich ausgebaut
	4,74 (1,41)	0,704	Wir haben große Anstrengungen unternommen, um die Produktivität unserer Prozess- und Produktinnovationen zu verbessern
	4,41 (1,86)	0,801	Wir haben große Anstrengungen unternommen, um unsere bestehenden Forschungs- und Entwicklungsprozesse effizienter zu gestalten
Unternehmenserfolg			
0,891	5,31 (1,27)	0,924	Die allgemeine Entwicklung unseres Unternehmens im Vergleich zu unseren stärksten Wettbewerbern war sehr gut
	5,17 (1,27)	0,886	Die finanzielle Entwicklung (Profitabilität) unseres Unternehmens im Vergleich zu unseren stärksten Wettbewerbern war sehr gut
	5,29 (1,26)	0,909	Die Umsatzentwicklung unseres Unternehmens im Vergleich zu unseren stärksten Wettbewerbern war sehr gut

Literatur

Armstrong JS, Overton TS (1977) Estimating nonresponse bias in mail surveys. J Mark Res 14: 396–402

Astrachan JH, Shanker MC (2003) Family businesses' contribution to the U.S. Economy: a closer look. Fam Bus Rev 16:211–219

Backhaus K, Erichson B, Plinke W, Weiber R (2003) Multivariate Analysemethoden, 10. Aufl. Springer, Berlin

Bracker JS, Keats BW, Pearson JN (1988) Planning and financial performance among small firms in a growth industry. Strat Manag J 9:591–603

Burkart M, Panunzi F, Shleifer A (2003) Family firms. J Financ 58(5):2167–2202

Burns P, Whitehouse O (1996) Family ties. Special Report of the 3rd European Enterprise Center. Milton Keynes: 3rd European Enterprise Center

Carrasco-Hernandez A, Sanchez-Marin G (2007) The determinants of employee compensation in family firms: empirical evidence. Fam Bus Rev 20(3):215–228

Chandler AD (1977) The visible hand: the managerial revolution in American business. Harvard University Press, Cambridge

Chandler AD (1990) Scale and scope: the dynamics of industrial capitalism. Harvard University Press, Cambridge

Chenhall RH (2003) Management control systems design within its organizational context: findings from contingency-based research and directions for the future. Acc Organ Soc 28(2–3):127–168

Chenhall RH, Moers F (2007) The issue of endogeneity within theory-based, quantitative management accounting research. Eur Acc Rev 16(1):173–196

Chrisman JJ, Chua JH, Sharma P (2005) Trends and directions in the development of a strategic management theory of the family firm. Entrep Theory Pract 29(5):555–575

Chua JH, Chrisman JJ, Sharma P (1999) Defining the family business by behavior. Entrep Theory Pract 23:19–39

Daily CM, Dollinger MJ (1992) An empirical examination of ownership structure in family and professionally-managed firms. Fam Bus Rev 5(2):117–136

Davila A (2005) An exploratory study on the emergence of management control systems: formalizing human resources in small growing firms. Acc Organ Soc 30(3):223–248

Davila A, Foster G (2007) Management accounting systems' adoption decisions: evidence and performance implications from startup companies. Acc Rev 80(4):1039–1068

Donaldson L (2001) The contingency theory of organizations. Sage, California

Dyer WG (1986) Cultural change in family firms: anticipating and managing business and family transactions. Jossey-Bass, San Francisco

Ewert R, Wagenhofer A (2008) Interne Unternehmensrechnung, 7. Aufl. Springer, Berlin

Fama E, Jensen M (1983) Separation of ownership and control. J Law Econ 26:301–326

Field A (2009) Discovering statistics using SPSS, 3. Aufl. Sage

Flamholtz EG (1986) Managing the transition from an entrepreneurship to a professionally managed firm. Jossey-Bass, San Francisco

Galinsky AD, Kray LJ (2004) From thinking about what might have been to sharing what we know: the effects of counterfactual mind-sets on information sharing in groups. J Exp Soc Psych 40(5):606–618

Garson DG (2008) http://faculty.chass.ncsu.edu/garson/PA765/manova.htm. Zugegriffen: 28. Okt. 2010

Geeraerts G (1984) The effect of ownership on the organization structure in small firms. Adm Sci Q 29(2):232–237

Habbershon TG, Williams ML (1999) A resource based framework for assessing the strategic advantages of family firms. Fam Bus Rev 12(1):1–25

Hair J, Black WC, Babin BJ, Anderson RE, Tatham RL (2006) Multivariate data analysis, 6. Aufl. Prentice Hall, Upper Saddle River

Hall A, Nordqvist M (2008) Professional management in family businesses: toward an extended understanding. Fam Bus Rev 21(1):51–69

Harris RID, Reid RS, McAdam R (2004) Employee involvement in family and non-family-owned businesses in Great Britain. Int J Entrep Behav Res 10(1/2):49–58

Hartmann FGH, Moers F (1999) Testing contingency hypotheses in budgetary research: an evaluation of the use of moderated regression analysis. Acc Organ Soc 24(4):291–315

Henri JF (2006) Management control systems and strategy: a resource-based perspective. Acc Organ Soc 31:529–558

Jorissen A, Laveren E, Martens R, Reheul AM (2005) Real versus sample-based differences in comparative family business research. Fam Bus Rev 18(3):229–246.

Kets de Vries MFR (1993) The dynamics of family controlled firms: the good and the bad news. Organ Dyn 21(3):59–71

Kotey B (2005) Are performance differences between family and non-family SMEs uniform across all firm sizes? Int J Entrep Behav Res 11(6):394–421

McEachern WA (1978) Corporate control and growth: an alternative approach. J Ind Econ 26(3): 257–266

Menard S (1995) Applied logistic regression analysis. Sage University Series, Thousand Oaks

Merchant K, Van Der Stede WA (2007) Management control systems, 2. Aufl. Prentice Hall, Harlow

Minichilli AG, Corbetta G, MacMillan IC (2010) Top management teams in family-controlled companies: 'Familiness', 'Faultlines', and their impact on financial performance. J Manag Stud 47(2):205–222

Mintzberg H, Waters J (1982) Tracking strategy in an entrepreneurial firm. Acad Manag Rev 25(3):465–499

Moers F (2006) Performance measure properties and delegation. Acc Rev 8(4):897–924

Moores K, Mula J (2000) The salience of market, bureaucratic, and clan controls in the management of family firm transitions: some tentative australian evidence. Fam Bus Rev 13(2):91–106

Moores K, Yuen S (2001) Management accounting systems and organizational configuration: a life-cycle perspective. Acc Organ Soc 26(4–5):351–389

Ouchi WG (1979) A conceptual framework for the design of organizational control mechanisms. Manag Sci 25(9):833–848

Schulze WS, Lubatkin MH, Dino RN, Buchholtz AK (2001) Agency relationships in family firms: theory and evidence. Organ Sci 12(2):99–116

Sharma P (2004) An overview of the field of family business studies: current status and directions for the future. Fam Bus Rev 17(1):1–36

Sirmon D, Hitt MD (2003) Managing resources: linking unique resources, management and wealth creation in family firms. Entrep Theory Pract 27(4):339–365

Speckbacher G, Wentges P (2011) The impact of family control on the use of performance measures in strategic target setting and incentive compensation: a research note. Manag Acc Res 23(1): 34–36

Tagiuri R, Davis J (1996) Bivalent attributes of the family firm. Fam Bus Rev 9(2):199–208

Weber J, Schäffer U (2008) Einführung in das Controlling, 12. Aufl. Schäffer Poeschl, Stuttgart

Widener S (2007) An empirical analysis of the levers of control framework. Acc Organ Soc 32: 757–788

Zahra SA, Hayton JC, Salvato C (2004) Entrepreneurship in family vs. non-family firms: a resource-based analysis of the effect of organizational culture. Entrep Theory Pract 28(4):363–381

Zahra SA, Ireland RD, Hitt MD (2000) International expansion by new venture firms. Acad Manag J 43(5):925–950

Zimmerman JL (1997) Accounting for decision-making and control. McGraw-Hill, Chicago

Management control in family firms: idiosyncrasies of decision-facilitating and decision-influencing roles and their effect on performance

Abstract: This paper draws on a survey design to investigate whether family ownership and leadership have an influence on the decision-facilitating and decision-influencing roles of management control. Moreover, we investigate whether the more intuitive decision making in family firms which is often said to be caused by a lack of professionalism, is indeed a disadvantage. The results indicate significant differences in the use of management controls between family firms and non-family firms. However, in contrast to the prevailing view in literature, the performance of family firms is not affected negatively by their specific way of making decisions and by their more centralized management style. According to our data, the prevailing characterization of family firms as being less professionally managed seems questionable.

Keywords: Management control · Family firms · Decision-facilitating role · Decision-influencing role

ZfB-SPECIAL ISSUE 3/2012

Die Verbreitung moderner Managementkonzepte im Mittelstand

Florian Scheiber · Dominika Wruk · Stefan Huppertz · Achim Oberg · Michael Woywode

Zusammenfassung: In der bestehenden Literatur zur Verbreitung moderner Managementkonzepte, wie Lean Management, Business Process Reengineering oder Shareholder Value Management, werden mittelständische Unternehmen meist als homogene Gruppe zurückhaltender Anwender betrachtet. Unterschiede im Adoptionsverhalten unter mittelständischen Unternehmen lassen sich somit unter Rückgriff auf bestehende Forschungsarbeiten nur begrenzt erklären. Im vorliegenden Beitrag wird argumentiert, dass sich die Heterogenität im Adoptionsverhalten mittelständischer Unternehmen bezüglich moderner Managementkonzepte auf Basis ihrer Ressourcenausstattung und ihrer Einbettung in verschiedene relationale und mediale Umwelten erklären lässt. Hierbei finden zentrale Argumente aus der organisationstheoretischen Diffusionsforschung Anwendung. Ausgehend von einer Online-Unternehmensbefragung zur Diffusion von 22 Managementkonzepten unter 272 deutschen mittelständisch geprägten Unternehmen wird argumentiert, dass Entscheidungen über den Einsatz von Managementkonzepten vor allem durch Beziehungen zu Akteuren in lokalen Umwelten beeinflusst werden, während Kontakte zu medialen Umwelten die Bekanntheit von Managementkonzepten erhöhen.

© Gabler-Verlag 2012

Dipl.-Kfm. F. Scheiber (✉) · Dipl.-Kffr. D. Wruk · Dipl.-Kfm. Dipl.-Inf. S. Huppertz ·
Dipl.-Wirt.-Inf. A. Oberg · Prof. Dr. M. Woywode
Institut für Mittelstandsforschung und Entrepreneurship,
Universität Mannheim, L9, 1–2, 68161 Mannheim, Deutschland
E-Mail: scheiber@ifm.uni-mannheim.de

Dipl.-Kffr. D. Wruk
E-Mail: wruk@ifm.uni-mannheim.de

Dipl.-Kfm. Dipl.-Inf. S. Huppertz
E-Mail: huppertz@ifm.uni-mannheim.de

Dipl.-Wirt.-Inf. A. Oberg
E-Mail: oberg@ifm.uni-mannheim.de

Prof. Dr. M. Woywode
E-mail: woywode@ifm.uni-mannheim.de

Schlüsselwörter: Managementkonzepte · Diffusion · Adoption · Mittelstand · Neoinstitutionalismus

JEL Classification: M10 · C24

1 Einleitung

Managementkonzepte wie Business Process Reengineering, Balanced Scorecard, Corporate Social Responsibility, Lean Management oder Shareholder Value Management haben in den vergangenen Dekaden weite Verbreitung in der Unternehmenspraxis gefunden (vgl. Rigby und Bilodeau 2007, 2010). Gleichzeitig fand eine verstärkte wissenschaftliche Auseinandersetzung mit dem Phänomen statt (vgl. Süß 2009a; Kieser 1997; Abrahamson 1996). Vorliegende Studien zur Diffusion von Managementkonzepten konzentrieren sich hierbei meist auf Großunternehmen (vgl. Fiss und Zajac 2004; Süß und Kleiner 2008; Abrahamson und Fairchild 1999; Fligstein 1985), unter anderem deshalb, weil diese regelmäßig die frühen Anwender entsprechender Konzepte darstellen (vgl. Davies 1979). Hierbei wird häufig ausgeblendet, dass Managementkonzepte im Zuge ihrer Verbreitung auch verstärkt unter kleineren (mittelständischen) Unternehmen Anwendung finden (vgl. Larson et al. 1991; Ghobadian und Gallear 1995; Lay et al. 2009).

Die wenigen existierenden Forschungsarbeiten, die sich der Verbreitung von Managementkonzepten im Mittelstand widmen, nehmen eine ausschließlich komparative Sichtweise ein: Bei der Untersuchung der Verbreitung von Managementkonzepten wird das Übernahmeverhalten großer und mittelständischer Unternehmen verglichen und meist festgestellt, dass insgesamt wenige mittelständische Unternehmen eine jeweils geringe Anzahl von Konzepten anwenden und diese signifikant später einführen als Großunternehmen (vgl. Khalifa und Davison 2006; Voss et al. 1998; Lay et al. 2009). Die Frage, warum *innerhalb* der Gruppe mittelständischer Unternehmen häufig bedeutende Unterschiede hinsichtlich des Übernahmeverhaltens von Managementkonzepten existieren, kann aufgrund ihres meist rein komparativen Erkenntnisziels auf Basis vorliegender Forschungsarbeiten nicht beantwortet werden.

Als zentraler theoretischer Erklärungsfaktor für die (Nicht)adoption moderner Managementkonzepte im Mittelstand dient den genannten Arbeiten meist die vergleichsweise geringe Ressourcenausstattung potentieller Adoptoren. Aus dieser *ressourcenorientierten* Sicht wird zum einen argumentiert, dass die Übernahme moderner Managementkonzepte ressourcenintensiv ist (z. B. monetäre und zeitliche sowie Wissensressourcen) und deshalb für einen großen Teil der kleinen und mittleren Unternehmen aufgrund betriebswirtschaftlicher Erwägungen häufig nicht in Frage kommt (vgl. Rodwell und Shadur 1997). Zum anderen liegt entsprechenden Arbeiten die Annahme zugrunde, dass moderne Managementkonzepte häufig Lösungen für organisationale Probleme anbieten, die gerade aus einer durch wachsende Unternehmensgröße resultierenden erhöhten Organisationskomplexität entstehen (vgl. Kieser und Walgenbach 2008). Von daher benötige der Mittelstand die modernen Managementkonzepte nicht.

Diese ressourcenorientierte Sicht auf Managementkonzepte greift jedoch vermutlich zu kurz. Denn aus einer *organisationssoziologischen* Sicht wird überzeugend argumentiert, dass sich Unternehmen unabhängig von ihrer Ressourcenausstattung hinsichtlich ihrer Einbettung in die sie umgebenden sozialen Umwelten unterscheiden und dass sich diese soziale Einbettung auf die Adoptionswahrscheinlichkeit moderner Managementkonzepte auswirken sollte (vgl. Strang und Soule 1998). In den sozialen Umwelten existieren zum einen spezifische Erwartungen an „rationales, gutes Management", die durch die Einführung moderner Managementkonzepte häufig überzeugend bedient werden können (vgl. Meyer und Rowan 1977). Zum anderen ist es möglich, über diese unterschiedlichen sozialen Umwelten Zugang zu (Erfahrungs)wissen über Managementkonzepte zu erhalten (vgl. Yli-Renko et al. 2001). Die Wahrscheinlichkeit der Übernahme eines Managementkonzeptes steigt aus dieser theoretischen Perspektive – unabhängig von der internen Ressourcenverfügbarkeit – folglich mit der Existenz entsprechender Umwelterwartungen bzw. mit der Verfügbarkeit relevanten (Erfahrungs)wissens. Diese Sichtweise sozialer Diffusionsprozesse unterstützend argumentiert beispielsweise Nooteboom (1994), dass bei der Betrachtung der Verbreitung von Innovationen unter kleinen und mittleren Unternehmen gerade solche theoretische Ansätze zusätzliches Erklärungspotential entfalten, die bei der Konzeptualisierung von Diffusionsprozessen neben einer rein ressourcenorientierten Argumentation die Einbettung von Unternehmen in die sie umgebenden Umwelten berücksichtigen.

Im vorliegenden Beitrag wird daher auf Basis einer Kombination beider theoretischen Argumentationslinien – ressourcenbasiert und aufbauend auf der Idee der sozialen Einbettung – eine neuartige Konzeptualisierung für die Erklärung der Verbreitung von Managementkonzepten im Mittelstand entwickelt. Hierbei wird zum einen untersucht, welche Faktoren die Kenntnis von Managementkonzepten unter mittelständischen Unternehmen beeinflussen und wie zum anderen die Entscheidung für den konkreten Einsatz dieser Konzepte erklärt werden kann. Die Kombination beider Sichtweisen in einem theoretischen Modell ermöglicht Erkenntnisse, die über den bisherigen Wissensstand deutlich hinausgehen. So kann in unserem Modell eine begrenzte Ressourcenausstattung im mittelständischen Unternehmen (z. B. Wissensstand des Managements) durch die Verfügbarkeit von Erfahrungswissen in den Umwelten des Unternehmens (z. B. durch bestehende Kontakte zu Unternehmensverbänden oder Beratern) kompensiert werden. Oder es ist möglich, dass sich zwei Unternehmen, die eine weitgehend identische Ressourcenausstattung aufweisen, mit unterschiedlichen Erwartungen ihrer Anspruchsgruppen an „rationale, gute" Unternehmensführung (z. B. Kunden, Mitarbeiter) konfrontiert sehen und sich deshalb hinsichtlich der Wahrscheinlichkeit der Übernahme eines Managementkonzepts signifikant voneinander unterscheiden.

Um unser theoretisches Modell empirisch zu überprüfen, werden Daten aus einer aktuellen Online-Befragung unter 272 Geschäftsführern deutscher mittelständisch geprägter Unternehmen verschiedener Größen- und Branchenklassen herangezogen. Die Geschäftsführer wurden nach ihrer Kenntnis und dem Einsatz von insgesamt 22 modernen Managementkonzepten befragt und es wurden Fragen zu zentralen Unternehmensmerkmalen (z. B. Größe, Eigentumsverhältnisse, Branchenzugehörigkeit), zur Einbettung des jeweiligen Unternehmens in verschiedene lokale Umwelten (z. B. Mitgliedschaft in Verbänden, Konsultierung von Unternehmensberatern) sowie zum Kontakt zu globalen Diskursen über aktuelles Managementwissen (z. B. Management-Fachbücher) gestellt. Die erwarteten theoretischen Zusammenhänge werden mittels multivariater quantitativer Analysemethoden überprüft.

Im Folgenden wird nach einer definitorischen Abgrenzung sowie einer vertiefenden Aufarbeitung des Forschungsstandes zur Verbreitung von Managementkonzepten im Mittelstand eine organisationstheoretische Konzeptualisierung des Phänomens entwickelt und es werden überprüfbare Hypothesen abgeleitet. Das Hypothesenmodell wird anschließend empirisch überprüft. Zum Abschluss werden die zentralen Untersuchungsergebnisse vor dem Hintergrund der vorgestellten Konzeptualisierung und vor dem Stand der bestehenden Forschung diskutiert.

2 Definitorische Abgrenzung und Stand der Forschung: Diffusion von Managementkonzepten im Mittelstand

Definitorische Abgrenzung. Mit Blick auf vorliegende Forschungsarbeiten zur Verbreitung von Managementkonzepten finden sich eine hohe Begriffsvielfalt und zum Teil uneinheitliche Definitionen des Begriffs Managementkonzept (vgl. Süß 2009b). Im vorliegenden Beitrag wird eine an die Arbeit von Süß (2009b) angelehnte Definition von Managementkonzepten verwendet: Managementkonzepte können demnach definiert werden als

Kombinationen von Regeln zur Lösung von Managementproblemen, die auf Voraussetzungen und Grundannahmen ihrer Entwickler beruhen und potentiellen Anwendern in kodifizierter Form (z. B. Bücher) zur Verfügung stehen.

Entsprechende Regeln müssen nicht zwingend wissenschaftlich fundiert sein. Es kann sich auch um Prinzipien handeln, die sich im betrieblichen Rahmen herausgebildet und im spezifischen Kontext bewährt haben und anschließend in Form anwendbarer Regeln unter einem wiedererkennbaren Oberbegriff – beispielsweise in Form von Buchveröffentlichungen – kodifiziert wurden. Dieser Definition folgend werden neben weithin bekannten Konzepten, wie Lean Management, Shareholder Value Management oder Business Process Reengineering, beispielsweise auch Konzepte wie Joint Ventures (vgl. Child und Faulkner 2005), Outsourcing (vgl. Contractor et al. 2010) oder Corporate Social Responsibility (vgl. Kotler und Lee 2005) als Managementkonzepte verstanden.

Moderne Managementkonzepte bilden hierbei eine Unterklasse aller prinzipiell verfügbaren Managementkonzepte. Im Folgenden sollen solche Konzepte als modern bezeichnet werden,

die entweder aktuell oder in den vergangenen Jahren eine im Vergleich zu zur selben Zeit verfügbaren bzw. konkurrierenden Konzepten überdurchschnittlich starke Verbreitung in der Unternehmenspraxis gefunden haben.

Als empirische Grundlage für eine entsprechende Identifikation und Klassifikation von Managementkonzepten hinsichtlich ihrer Modernität dienen in dieser Arbeit einschlägige Studien zur globalen Verbreitung von Managementkonzepten (vgl. Rigby 2003; Rigby und Bilodeau 2010).

Hinsichtlich einer definitorischen Abgrenzung des Begriffes „*Mittelstand*" findet sich ebenfalls eine Reihe mehr oder weniger populärer quantitativer oder qualitativer Definitionsversuche. Gleichzeitig wird häufig argumentiert, dass bei der Durchführung empirischer Analysen die jeweils zugrundeliegende Fragestellung bzw. das verfolgte Erkenntnisinteresse für die Entscheidung über die Verwendung existierender Definitionen bzw.

deren Modifikation ausschlaggebend sein sollte (vgl. Nooteboom 1994). Um die Vergleichbarkeit der generierten Ergebnisse der vorliegenden Studie im nationalen und internationalen Kontext sicherzustellen, wählen wir im Folgenden einen hybriden Ansatz. Aus Vergleichbarkeitserwägungen folgen wir zum einen der populären EU-Definition kleiner und mittlerer Unternehmen (vgl. Europäische Kommission 2005). Ein mittleres Unternehmen wird somit als ein Unternehmen definiert, das weniger als 250 Mitarbeiter beschäftigt und dessen Umsatz 50 Mio. € oder dessen Jahresbilanz 43 Mio. € nicht überschreitet. Ein kleines Unternehmen wird als ein Unternehmen definiert, das weniger als 50 und mehr als 10 Mitarbeiter beschäftigt und dessen Umsatz oder Jahresbilanz 10 Mio. € nicht über- und 2 Mio. € nicht unterschreitet. Gleichzeitig wird diese Definition im Rahmen der empirischen Analyse graduell erweitert (bis 1.000 Mitarbeiter). Diese Erweiterung ermöglicht zum einen Aussagen über spezifische Zusammenhänge für KMU im Vergleich zu größeren Unternehmen und stellt zum anderen die Vergleichbarkeit mit und Anschlussfähigkeit an Studien im internationalen (insbesondere außereuropäischen) Forschungskontext sicher, in denen nicht selten abweichende KMU Definitionen Verwendung finden (vgl. U.S. Small Business Administration 2010). Durch die Verwendung entsprechender unabhängiger Variablen in den späteren empirischen Schätzungen bleibt jedoch jederzeit ersichtlich, inwiefern sich die gemachten Aussagen auf Unternehmen beziehen lassen, die in die genannte EU-Mittelstandsdefinition fallen.

Stand der Forschung. Zentrales Ergebnis vorliegender Studien zur Verbreitung von Managementkonzepten ist, dass sich kleine und mittlere Unternehmen bei der Übernahme moderner Managementkonzepte zögerlich verhalten – sowohl bezogen auf den Zeitpunkt der Übernahme als auch auf die Anzahl der eingesetzten Konzepte. Entsprechend wurde empirisch regelmäßig ein positiver Zusammenhang zwischen Unternehmensgröße und dem Einsatz moderner Managementpraktiken nachgewiesen (vgl. Fligstein 1985, 1990; Süß und Kleiner 2008). So kommen Briscoe et al. (2005) in ihrer empirischen Studie unter kleinen und mittleren Unternehmen aus dem produzierenden Gewerbe zu dem Ergebnis, dass die Umsetzung der ISO 9000 Qualitätsmanagementpraktik insbesondere kleinere Unternehmen vor bedeutende Herausforderungen stellte. Weiterhin zeigen Rodwell und Shadur (1997) in einer Studie unter australischen KMU im IT-Sektor, dass sowohl Personal- als auch Qualitätsmanagementkonzepte stärker unter mittleren als unter kleinen Unternehmen verbreitet sind. Ähnliche Befunde existieren zur Diffusion einzelner Praktiken wie Strategische Planung (vgl. Clark 1997; Frost 2003), Just-in Time (vgl. White et al. 1999), Projektmanagement (vgl. Larson et al. 1991) oder Total Quality Management (vgl. Kuratko et al. 2001; Ghobadian und Gallear 1995; Lay et al. 2009).
Neuere Studien kommen zudem zum Ergebnis, dass unabhängig von der Unternehmensgröße häufig die innerhalb des Unternehmens existierenden Fähigkeiten zur Absorption von Wissen über administrative oder technologische Innovationen eine zentrale Rolle spielen (vgl. Liao et al. 2003). So zeigen Spanos und Voudouris (2009), dass bestehende Fähigkeiten hinsichtlich einer effizienten Ausgestaltung von Verwaltungs- und Entscheidungsprozessen unter griechischen KMU aus dem produzierenden Gewerbe eine wichtige Rolle bei der Entscheidung zur Übernahme neuer Produktionstechnologien spielten. Kumar und Antony (2008) identifizieren neben zu geringen finanziellen Ressourcen insbesondere einen Mangel an unternehmensinternem Implementierungswissen als

zentralen Grund für die Nicht-Adoption von Qualitätsmanagementpraktiken in britischen KMU. Insgesamt kommen bestehende Studien jedoch nicht zu dem Ergebnis, dass Managementkonzepte keine Anwendung unter mittelständischen Unternehmen finden, sondern weisen vielmehr eine hohe Heterogenität und Bedingtheit im Hinblick auf das beobachtbare Adoptionsverhalten nach (vgl. Clark 1997). Hinsichtlich potentieller Erklärungen für Unterschiede im Adoptionsverhalten von Managementkonzepten unter mittelständischen Unternehmen mit gleicher oder ähnlicher (materieller und/oder immaterieller) Ressourcenausstattung stoßen existierende empirische Arbeiten und theoretische Erklärungsmodelle aufgrund ihres vorwiegend komparativen Erkenntnisinteresses jedoch meist an ihre Grenzen (vgl. Rogers 2003; Nooteboom 1994).

Eine Ausnahme stellt die Studie von Darnall et al. (2010) zur Verbreitung von Nachhaltigkeitspraktiken dar. Die Autoren können zeigen, dass nicht zwingend die Größe des Unternehmens, sondern die Intensität der von der Umwelt an das Unternehmen herangetragenen unterschiedlichen Erwartungen die Übernahme von Nachhaltigkeitspraktiken erklären kann. In eine ähnliche Richtung argumentiert auch Nooteboom (1994), der zu dem Schluss kommt, dass bei der Untersuchung der Diffusionsprozesse von Innovationen unter kleinen und mittleren Unternehmen neben ihrer internen Ausstattung mit Ressourcen und Fähigkeiten eine Betrachtung der sozialen Einbettung des Unternehmens wichtig ist, weil Defizite in der Ressourcenausstattung häufig durch die Nutzung externer Ressourcen und Fähigkeiten zumindest teilweise kompensiert werden können.

Bereits klassische sozialwissenschaftliche Diffusionsstudien haben gezeigt, dass, unabhängig von den Charakteristika potentieller Adoptoren bzw. deren betriebswirtschaftlicher Passung mit der diffundierenden Praktik, die Beziehungen von Adoptoren zu Akteuren aus ihrer Umwelt bei der Diffusion innovativer organisationaler Praktiken eine zentrale Rolle spielen. So zeigen Ryan und Gross (1943) in ihrer wegweisenden Studie zur Diffusion von Mischkulturen im Agrarwesen, dass zentrale Treiber bei der Verbreitung dieser neuen Anbausorte relationale Verbindungen zu benachbarten Bauern und fahrenden Händlern sowie die Verfügbarkeit von Vertriebsinformationen im Radio und in „Farm Journals" waren. Zu einem ähnlichen Ergebnis kommen auch Coleman et al. (1966) in ihrer Untersuchung der Verbreitung neuer Medikamente unter Ärzten. Sie identifizieren Medien und bestehende Verbindungen zu anderen Ärzten als zentrale Diffusionskanäle. Schließlich gelangte Davis (1991) zu dem Schluss, dass bei strategischen Entscheidungen, zu denen auch die Übernahme innovativer Managementpraktiken zählt, besonders häufig Informationen herangezogen werden, die die Entscheider über persönliche Kontakte und soziale Beziehungen erhalten.

Ein weiteres Ergebnis der klassischen Diffusionsstudien, das in der Literatur zur Diffusion von Managementpraktiken unter mittelständischen Unternehmen bisher weitgehend unberücksichtigt geblieben ist, bezieht sich auf die untersuchten Dimensionen der Diffusion. So unterscheiden sowohl Ryan und Gross (1943) als auch Coleman et al. (1966) zwischen den Dimensionen der Kenntnis und des Einsatzes organisationaler Praktiken. Beide Studien kommen hierbei zu dem Ergebnis, dass sich Verbreitungsprozesse von Praktiken in den Dimensionen Kenntnis und Einsatz signifikant unterscheiden und durch unterschiedliche Einflussfaktoren erklärt werden können. Während organisationale Praktiken häufig über Medien Bekanntheit erlangen, hängt die Entscheidung über den Einsatz dieser Praktiken häufig von der Existenz und Qualität relationaler Verbindungen zu anderen Akteuren in den sozialen Umwelten potentieller Adoptoren ab. Ryan und Gross (1943, S. 21) fassen die Erkenntnisse folgendermaßen zusammen: „*The spread of knowledge and the spread of ‚conviction' are, analytically at least, distinct processes, and in this case have appeared to operate in part through different although complementary channels*". Auch Rogers (2003) weist darauf hin, dass eine Unterscheidung der Dimensionen Kenntnis und Einsatz für ein umfassendes Verständnis der Verbreitungsmechanismen organisationaler Praktiken von zentraler Bedeutung ist. In Anlehnung an den von Rogers (2003) konzeptualisierten „innovation-decision process" werden in dieser Arbeit die beiden zentralen Konstrukte *Kenntnis von Managementkonzepten* („knowledge") und *Einsatz von Managementkonzepten* („implementation") unterschieden und wie folgt definiert:

> *Knowledge* occurs when an individual (or other decision making unit) learns of the innovation's existence and gains some understanding of how it functions.[...]
> *Implementation* occurs when an individual (or other decision making unit) puts an innovation into use. (Rogers, 2003, S. 20, Hervorhebung nicht im Original)

Zusammenfassend lässt der soeben umrissene Stand der Forschung zwei Schlussfolgerung zu: **Erstens** ermöglicht eine *Ergänzung* bestehender theoretischer Argumente zur Passung von Organisationscharakteristika und diffundierenden Managementkonzepten um Argumente aus der organisationssoziologischen Diffusionsforschung differenziertere Erklärungen für die beobachtbare Heterogenität des Adoptionsverhaltens von Managementkonzepten im Mittelstand als bisher. **Zweitens** scheint die Unterscheidung der beiden Dimensionen Konzeptkenntnis und Konzepteinsatz für ein tiefgehendes Verständnis der sozialen Prozesse, die der Diffusion organisationaler Praktiken zugrunde liegen, von zentraler Bedeutung zu sein (vgl. für eine Übersicht entsprechender empirischer Erkenntnisse auch (vgl. Valente 1993; Rogers 2003)).

3 Ableitung von Hypothesen zur Kenntnis und zum Einsatz von Managementkonzepten

Wie im Kapitel zum Stand der Forschung aufgezeigt wurde, nehmen bestehende Forschungsarbeiten bei der Entwicklung von Erklärungen für die (Nicht-)Diffusion von Managementkonzepten unter mittelständischen Unternehmen zumeist eine klassisch betriebswirtschaftliche Sicht ein und greifen in ihren Erklärungen auf Unternehmensmerkmale bzw. theoretische Argumente zur Passung zwischen zentralen Charakteristika potentieller Adoptoren und der diffundierenden Praktik zurück (vgl. Mohr 1969; Rogers 2003). Aus dieser *ressourcenbasierten* Sicht wird argumentiert, dass Praktiken dann übernommen werden, wenn eine durch Unternehmensmerkmale begründbare Fähigkeit (z. B. Ressourcenverfügbarkeit) und Notwendigkeit (z. B. Bewältigung von Organisationskomplexität) zur Übernahme der Praktik besteht. Gleichzeitig findet sich in Arbeiten, die der *organisationssoziologischen* Diffusionsforschung zuzurechnen sind, eine stärkere Betonung verschiedener Dimensionen der Einbettung von Unternehmen in relationale und mediale Umwelten als potentielle Erklärungsfaktoren für die Übernahme managerieller Praktiken. Im Folgenden werden auf Basis beider Theorierichtungen Hypothesen abgeleitet, deren anschließende empirische Überprüfung Aufschluss über den Erklärungsbeitrag der jeweiligen Theorierichtung geben soll. Den Ausführungen des vorherigen Abschnitts folgend, differenzieren wir hierbei stets zwischen erwarteten Einflüssen auf die Kenntnis (Hxa) und den Einsatz (Hxb) moderner Managementkonzepte.

Ressourcenverfügbarkeit und betriebliche Notwendigkeit. Die Implementierung von Managementkonzepten und administrativen Innovationen ist regelmäßig mit hohen Kosten und Risiken verbunden (vgl. Teece 1980) und absorbiert einen signifikanten Teil der Aufmerksamkeit bzw. Zeit des Managements (vgl. Ghobadian und Gallear 1995). Größere Unternehmen sind aufgrund ihrer monetären und personellen Ressourcenausstattung typischerweise besser als kleinere Unternehmen in der Lage, entsprechende Einführungsinvestitionen finanziell und personell zu leisten bzw. mögliche Risiken der Implementierung zu absorbieren (vgl. Briscoe et al. 2005). Folglich sollten Großunternehmen die präferierte Zielgruppe bei der Vermarktung moderner Managementkonzepte durch ihre Erfinder oder Unternehmensberater darstellen und daher umfassender als kleinere Unternehmen über das bestehende Angebot an Managementkonzepten informiert sein. Darüber hinaus sind viele Managementpraktiken und administrative Innovationen, wie Lean Management, Customer Relationship Management, Business Intelligence oder Enterprise Resource Planning, mit dem Versprechen entstanden, die mit zunehmender Unternehmensgröße steigende Komplexität der Organisation – erkennbar z. B. an einer Zunahme von Delegation und Spezialisierung oder an einem zunehmenden Bedarf an formalen Koordinationsinstrumenten – zu handhaben (vgl. Stern und Stalk 1998; Hutchinson und Quintas 2008; Pfohl 1997). Managementkonzepte werden folglich häufig explizit für große Unternehmen bzw. deren spezifische Problemstellungen entwickelt und weisen daher a priori eine hohe Relevanz und Passung mit den Eigenschaften dieser Großunternehmen auf. Bei der Übernahme entsprechender Konzepte durch kleinere Unternehmen entsteht dann regelmäßig ein erhöhter Bedarf der Anpassung bzw. Übersetzung (vgl. Czarniawska und Joerges 1996). Diese Zusatzkosten der Übersetzung fallen bei der Adoption von Managementkonzepten durch Großunternehmen nicht an. Neben der Wahrscheinlichkeit ihrer Kenntnis sollte daher auch die Einsatzwahrscheinlichkeit moderner Managementkonzepte bei Großunternehmen höher liegen als bei kleinen Unternehmen. Somit stellen wir folgende Hypothesen auf:

H1a: Je größer ein mittelständisches Unternehmen ist, desto mehr moderne Managementkonzepte sind in der Geschäftsführung *bekannt*.

H1b: Je größer ein mittelständisches Unternehmen ist, desto mehr moderne Managementkonzepte werden im Unternehmen *eingesetzt*.

Managementkonzepte enthalten häufig aus der Managementforschung gewonnenes, kodifiziertes Wissen (z. B. Shareholder Value Management (vgl. Rappaport 1986)), das typischerweise mit einiger Zeitverzögerung auch Bestandteil der wissenschaftlichen Ausbildung an Hochschulen wird. Wissen über moderne Managementpraktiken wird vermutlich sehr häufig im Rahmen einer wissenschaftlichen Ausbildung an (zukünftige) Geschäftsführer und Manager vermittelt und beeinflusst in der Folge die in der betrieblichen Praxis vorhandenen Kenntnisse und Fähigkeiten zur Auswahl und zum Einsatz von Managementkonzepten. Wie eine Studie zur Diffusion der multidivisionalen Form von Palmer et al. (1993) zeigt, waren Manager mit MBA-Abschluss zentrale Treiber der Verbreitung dieses

Ansatzes in US-amerikanischen Unternehmen in den 1960ern. Insbesondere im Kontext mittelständischer Unternehmen, die häufig stark von ihren Geschäftsführern geprägt sind (vgl. Miller und Toulouse 1986), kann erwartet werden, dass sich das Wissen, das der Geschäftsführer im Rahmen seiner Ausbildung erworben hat, nachhaltig in dem von ihm geführten Unternehmen niederschlägt. Wir vermuten, dass Geschäftsführer mit einem wirtschaftswissenschaftlichen Ausbildungshintergrund im Rahmen ihrer Ausbildung sowohl besonders viele Managementkonzepte kennengelernt als auch ein überdurchschnittlich hohes Wissen über relevante Implementierungsstrategien in Bezug auf Managementkonzepte erlangt haben. Daher stellen wir folgende Hypothesen auf.

H2a: In einem mittelständischen Unternehmen, dessen Geschäftsführer einen wirtschaftswissenschaftlichen Ausbildungshintergrund besitzt, sind mehr moderne Managementkonzepte in der Geschäftsführung *bekannt* als in einem Unternehmen, dessen Geschäftsführer einen anderweitigen Ausbildungshintergrund besitzt.

H2b: In einem mittelständischen Unternehmen, dessen Geschäftsführer einen wirtschaftswissenschaftlichen Ausbildungshintergrund besitzt, werden mehr moderne Managementkonzepte *eingesetzt* als in einem Unternehmen, dessen Geschäftsführer einen anderweitigen Ausbildungshintergrund besitzt.

Ein weiterer häufig diskutierter Einflussfaktor im Hinblick auf managerielle Entscheidungen in KMU liegt in der Eigentumsstruktur des Unternehmens und betrifft insbesondere die Frage, ob es sich bei dem Unternehmen um ein Familienunternehmen handelt oder nicht. In diesem Zusammenhang wird erstens argumentiert, dass mit einer ausgeprägten Familienbeteiligung häufig eine höhere Risikoaversion bei unternehmerischen Entscheidungen einhergeht, weil Entscheidungen in Familienunternehmen in stärkerem Maße als bei Nicht-Familienunternehmen die wirtschaftliche Existenzgrundlage der Unternehmenseigentümer berühren (vgl. Nooteboom 1994). Die Einführung eines neuen Managementkonzepts setzt häufig einen radikalen Wandel grundlegender Strukturen und Prozesse der Organisation voraus (vgl. Kieser und Walgenbach 2008) und ist potentiell mit höheren Risiken verbunden als inkrementelle Anpassungen bestehender Praktiken (vgl. Teece 1980). Weiterhin zeigt sich, dass innerhalb von Familienunternehmen häufig ein geringerer Grad der Formalisierung und Professionalisierung des Managements anzutreffen ist – beispielsweise hinsichtlich formaler Kontrollmechanismen (vgl. Daily und Dollinger 1992). Damit wird die Implementierung von Managementkonzepten, welche häufig formalisierte Lösungsansätze für organisationale Herausforderungen bereitstellen, in Familienunternehmen im Vergleich zu Nicht-Familienunternehmen weniger wahrscheinlich. Aufgrund der vermuteten fehlenden Passung von Managementkonzepten und Familienunternehmen kann zudem erwartet werden, dass Geschäftsführer von Familienunternehmen ein weniger aktives Informationsbeschaffungsverhalten hinsichtlich moderner Managementkonzepte aufweisen als Geschäftsführer von Nicht-Familienunternehmen. Wir stellen daher folgende Hypothesen auf:

H3a: Je höher der Eigentumsanteil in mittelständischen Unternehmen, der sich in Familienbesitz befindet, desto weniger Managementkonzepte sind in der Geschäftsführung *bekannt*.

H3b: Je höher der Eigentumsanteil in mittelständischen Unternehmen, der sich in Familienbesitz befindet, desto weniger Managementkonzepte werden im Unternehmen *eingesetzt*.

Einbettung in relationale und mediale Umwelten. Aus Sicht der organisationssoziologischen Diffusionsforschung stellen Organisationen nicht autarke, auf Charakteristika wie Größe oder Eigentumsverhältnisse reduzierbare Einheiten dar. Vielmehr findet hier zusätzlich die Tatsache Berücksichtigung, dass Organisationen in sozialen Umwelten operieren, in denen zum einen bestimmte Vorstellungen von rationalem und angemessenem organisationalem Verhalten existieren (vgl. Meyer und Rowan 1977; DiMaggio und Powell 1983) und die zum anderen wichtige Ressourcen für managerielles (Erfahrungs)wissen darstellen (vgl. Yli-Renko et al. 2001). Innerhalb dieser Forschungsrichtung lassen sich drei komplementäre Argumentationslinien in Bezug auf den Zusammenhang zwischen der sozialen Einbettung eines Unternehmens und der Tendenz zur Adoption diffundierender organisationaler Praktiken unterscheiden: Unternehmen unterscheiden sich in dieser Sicht hinsichtlich 1) der Verfügbarkeit von Vorbildern und Erfahrungswissen, 2) der Komplexität bestehender Umwelterwartungen sowie 3) hinsichtlich des Zugangs zu Arenen für modernes Managementwissen. Im Folgenden werden aus jeder der drei Argumentationslinien überprüfbare Hypothesen abgeleitet.

(1) Verfügbarkeit von Vorbildern und Erfahrungswissen
Bereits in der frühen Diffusionsforschung wird die Verbreitung von Ideen und Praktiken als sozialer Interaktionsprozess konzeptualisiert. So können Ryan und Gross (1943) zeigen, dass Bauern sich dann für den Einsatz eines neuen Saatguts entscheiden, wenn sie über soziale Beziehungen zu Bauern verfügen, die diese neue Form bereits einsetzen. Die Entscheidung zum Einsatz von Praktiken ist somit häufig durch die Verfügbarkeit mehr oder weniger verlässlicher Informationen geprägt, etwa in Form von direkten Empfehlungen von Organisationen, die die Innovation bereits übernommen haben (soziales Lernen) (vgl. Yli-Renko et al. 2001) oder durch die Beobachtung erfolgreicher Vorbilder in den Umwelten einer Organisation (mimesis) (vgl. DiMaggio und Powell 1983; Strang und Soule 1998). Umgekehrt wird häufig argumentiert, dass nicht existierende Beziehungen (so genannte „disconnectedness") zu potentiellen Trägern von Wissen über administrative Innovationen die Wahrscheinlichkeit der Übernahme entsprechender Praktiken signifikant verringert: „*Disconnected organizations should learn less from adopters and should be more immune to imitating the adopters' decisions*" (vgl. Abrahamson 1991, p. 598). Gleichzeitig konnte gezeigt werden, dass über entsprechende soziale Beziehungen zu anderen Adoptoren vor allem ein Austausch von Erfahrungswissen stattfindet, während sich die Kenntnis von Innovationen über andere, hier insbesondere mediale Kanäle verbreitet (vgl. Coleman et al. 1966). Im Kern wird folglich häufig argumentiert, dass Entscheidungen über den Einsatz neuer organisationaler Praktiken von der Verfügbarkeit von Erfahrungswissen bestehender Adoptoren (z. B. Wettbewerber, Partnerunternehmen) abhängen, dass diese jedoch keinen Einfluss auf die Kenntnis neuer Praktiken hat.

H4a: Die Intensität des Erfahrungsaustauschs eines mittelständischen Unternehmens mit anderen Adoptoren moderner Managementkonzepte (z. B. Wettbewerber, Partnerunternehmen) hat keinen Einfluss auf die Zahl der in der Geschäftsführung *bekannten* Managementkonzepte.

H4b: Je intensiver der Erfahrungsaustausch eines mittelständischen Unternehmens mit anderen Adoptoren moderner Managementkonzepte (z. B. Wettbewerber, Partnerunternehmen), desto mehr Managementkonzepte werden im Unternehmen *eingesetzt*.

Interessanterweise zeigen Ergebnisse aus der sozialen Netzwerkforschung (vgl. Granovetter 1974; Burt et al. 2000), dass diejenigen sozialen Akteure an mehr für sie innovative Informationen gelangen, die mehr „schwache Beziehungen" besitzen. Analog können verschiedene Arbeiten zeigen, dass so genannte „Interlocking Directorates", also Beziehungsgeflechte, die durch personelle Überschneidungen in Führungs- und Kontrollgremien von Organisationen entstehen, häufig Kanäle für die Verbreitung von Managementkonzepten darstellen (vgl. Mizruchi 1996; Davis 1991; Davis und Greve 1997). Eine ähnliche Funktion könnten für KMU Unternehmensverbände erfüllen. Hier wird aktuelles Branchen- und Managementwissen generiert, gesammelt und einer großen Zahl an Mitgliedern bereitgestellt. Verbände informieren ihre Mitglieder über neue Entwicklungen in der relevanten Umwelt, bieten Weiterbildungsmöglichkeiten an, erstellen und veröffentlichen Studien und Artikel über neue Arbeits- und Managementpraktiken und organisieren Verbandstreffen für ihre Mitglieder. Auf diese Weise fungieren Verbände sowohl als Aufbereiter und Verbreiter relevanten Managementwissens als auch als Plattformen für den Austausch zwischen ihren Mitgliedern (vgl. Swan und Newell 1995). Sowohl Informationen über neue Managementkonzepte als auch Implementierungswissen bezüglich bestehender Konzepte sollten somit für Verbandsmitglieder schneller und in größerem Umfang verfügbar sein als für Nicht-Verbandsmitglieder. Daraus folgt:

H5a: Je höher die Anzahl der Unternehmensverbände, in denen ein mittelständisches Unternehmen Mitglied ist, desto mehr moderne Managementkonzepte sind in der Geschäftsführung *bekannt*.

H5b: Je höher die Anzahl der Unternehmensverbände, in denen ein mittelständisches Unternehmen Mitglied ist, desto mehr moderne Managementkonzepte werden im Unternehmen *eingesetzt*.

(2) Komplexität bestehender Umwelterwartungen
In der Umwelt von Unternehmen bestehen überdies Erwartungen an angemessenes Management, denen sich Unternehmen nur begrenzt entziehen können, da sie in ihrem Überleben auf die von verschiedenen Akteuren verliehene Legitimität angewiesen sind. Meyer und Rowan (1977) zeigen, dass häufig nicht Effizienzkriterien, sondern vielmehr institutionalisierte Umwelterwartungen zur Herausbildung von Organisationsstrukturen und zum Einsatz von Praktiken führen. Die Übernahme etablierter bzw. bekannter Managementkonzepte kann Organisationen helfen, Erwartungen relevanter Anspruchsgruppen (Kunden, Mitarbeiter, Lieferanten, Eigentümer, Fremdkapitalgeber, Wettbewerber) zu befriedigen, wenn sich bestimmte Konzepte aus Sicht der relevanten Anspruchsgruppen zu besonders legitim (vgl. Suchman 1995) wahrgenommenen Lösungen für typische organisationale Herausforderungen entwickelt haben. Erwartungen von Anspruchsgruppen, mit denen sich Organisationen konfrontiert sehen sind jedoch nicht zwingend homogen, sondern häufig

vielfältig oder gar widersprüchlich (vgl. Meyer und Rowan 1977; Scott und Meyer 1991; Duncan 1972). So haben Mitarbeiter häufig andere Anforderungen an Unternehmen als Eigentümer, Fremdkapitalgeber, Wettbewerber, Kunden oder Lieferanten. Der Einsatz eines Konzeptes wie Outsourcing kann dazu beitragen, dass das Unternehmen die Bedeutung von Effizienz und Effektivität gegenüber Wettbewerbern und Kunden demonstriert; der Einsatz bestimmter Corporate Social Responsibility Praktiken kann einem Unternehmen dagegen helfen, Erwartungen von Kunden und Mitarbeitern zu befriedigen; Konzepte wie Just-in-time oder Qualitätsmanagement werden von Anspruchsgruppen aus der Lieferkette (z. B. Lieferanten, Kunden) nicht selten explizit gefordert. Berücksichtigt ein Unternehmen bei wichtigen unternehmerischen Entscheidungen die Erwartungen einer besonders großen Zahl verschiedener Anspruchsgruppen, steigt somit zum einen die Wahrscheinlichkeit, über eine große Vielzahl moderner Managementkonzepte informiert zu sein, weil Anspruchsgruppen Wissen über neue Konzepte an das Unternehmen herantragen (vgl. Briscoe et al. 2005). Zum anderen steigt die Wahrscheinlichkeit der Übernahme entsprechender Konzepte, weil moderne Managementkonzepte durch ihre Bekanntheit häufig eine höhere Signalwirkung hinsichtlich der als adäquat bzw. legitim wahrgenommenen Befriedigung von Umwelterwartungen haben als organisationsindividuelle Praktiken (vgl. Staw und Epstein 2000). Wir stellen daher folgende Hypothesen auf:

H6a: Je mehr Anspruchsgruppen (Kunden, Mitarbeiter, Lieferanten, Eigentümer, Fremdkapitalgeber, Wettbewerber) mittelständische Unternehmen bei wichtigen unternehmerischen Entscheidungen berücksichtigen, desto mehr moderne Managementkonzepte sind in der Geschäftsführung *bekannt*.

H6b: Je mehr Anspruchsgruppen (Kunden, Mitarbeiter, Lieferanten, Eigentümer, Fremdkapitalgeber, Wettbewerber) mittelständische Unternehmen bei wichtigen unternehmerischen Entscheidungen berücksichtigen, desto mehr moderne Managementkonzepte werden im Unternehmen *eingesetzt*.

(3) Zugang zu Arenen für modernes Managementwissen

Eine Reihe prominenter Forschungsarbeiten zur Verbreitung von Managementkonzepten argumentiert, dass Rationalitätsvorstellungen in den Umwelten gewinnorientierter Unternehmen insbesondere von Normen der Modernität und des Fortschritts geprägt sind (vgl. Abrahamson 1996; Meyer und Rowan 1977). Um diesen Normen gerecht werden zu können, fragen Manager regelmäßig neue Managementkonzepte nach. So haben sich – folgt man der Argumentation entsprechender Arbeiten – so genannte Arenen für Managementkonzepte (vgl. Kieser 1997) etabliert, in dem verschiedene Akteursgruppen in regelmäßigen Abständen neues Managementwissen kreieren und vermarkten: Wissenschaftler erlangen nicht selten durch die Erzeugung neuer Managementtechniken Prominenz (z. B. Porter, Norton & Kaplan, Womack & Jones), Verlage und Veranstalter von Managementseminaren profitieren von der Vermarktung neuer Konzepte und Unternehmensberatungen sind auf eine regelmäßige Erneuerung ihres „Produktportfolios" angewiesen (vgl. Kieser 1997; Abrahamson 1996; Abrahamson 1991). Unternehmen, die regelmäßig Kontakt zu Akteuren aus diesen Arenen haben oder deren Entscheider einschlägige Medien konsumieren, müssten überdurchschnittlich gute Kenntnisse über moderne Managementkonzepte besitzen. Weiterhin sollten sie in der Folge bei der Bewältigung organisationaler Probleme eher auf dort angebotene Lösungen in Form von Managementkonzepten zurückgreifen als

Geschäftsführer, die keinen Zugang zu den Diskursen innerhalb der Managementarenen besitzen (vgl. Abrahamson 1996).

Unternehmensberatungen werden häufig als wichtige Akteure innerhalb dieser Arenen beschrieben, da sie ein vitales Interesse an der Vermarktung neuen Managementwissens haben (vgl. Engwall und Kipping 2003). Ein wichtiger Teil ihres Geschäftsmodells basiert auf der regelmäßigen Identifikation und Aufbereitung neuer Managementkonzepte (vgl. Ernst und Kieser 2002; Clark und Greatbatch 2003; Faust 2003). Weiterhin sammeln Unternehmensberatungen bei ihren Klienten häufig Implementierungswissen hinsichtlich bestehender Managementkonzepte, das sie in anderen Kundenprojekten gegen Bezahlung weiter vermitteln (vgl. Abrahamson 1996; Kieser 1997; Werr 2003). Unternehmensberatungen sind demnach sowohl Verbreiter existierender als auch Entwickler neuer Managementkonzepte. Es kann zudem davon ausgegangen werden, dass Unternehmensberatungen während laufender Projekte dem Kunden auch andere als die aktuell verkauften „Produkte" anbieten (z. B. zur Lösung von Problemen in projektfernen Bereichen der Organisation), weil die Generierung von Folgeaufträgen mit deutlich geringeren Akquisitionskosten verbunden ist als die Gewinnung neuer Kunden (vgl. Armbrüster und Kipping 2002, 2003). Die Interaktion mit Unternehmensberatungen sollte deshalb auch die Wahrscheinlichkeit erhöhen, Informationen über Managementkonzepte zu erhalten, die nicht Gegenstand des laufenden Beratungsprojekts sind. Daraus folgt:

H7a: Je häufiger mittelständische Unternehmen bei unternehmerischen Entscheidungen von Unternehmensberatern unterstützt werden, desto mehr moderne Managementkonzepte sind in der Geschäftsführung *bekannt*.

H7b: Je häufiger mittelständische Unternehmen bei unternehmerischen Entscheidungen von Unternehmensberatern unterstützt werden, desto mehr moderne Managementkonzepte werden im Unternehmen *eingesetzt*.

Unabhängig von ihrem formalen Ausbildungshintergrund können Geschäftsführer Zugang zu besonders aktuellem bzw. modernem Managementwissen über Weiterbildungsseminare erhalten (vgl. Kieser 1997). Nicht selten sind die Referenten Unternehmensberater oder so genannte Managementgurus (vgl. Huczynski 1993; Clark und Salaman 1998), denen Seminare eine gute Plattform bieten, neue Konzepte und Erfolgsgeschichten über ihren Einsatz vorzustellen (vgl. Sturdy 2002). Auf diese Weise gelangen Geschäftsführer mittelständischer Unternehmen – unabhängig von ausbildungsbezogenem Vorwissen – potentiell mit neuen Konzepten in Kontakt und erlangen teilweise auch entsprechendes Implementierungswissen. Im Unterschied zum Erwerb eines wirtschaftswissenschaftlichen Hochschulabschlusses handelt es sich bei Managementseminaren jedoch um einen vorwiegend passiven und meist auf einzelne Konzepte konzentrierten Wissenserwerb, weil entsprechende Seminare in der Regel keine formalen Abschlüsse bieten und somit auch keine Prüfungsleistungen beinhalten. Zudem beinhalten Managementseminare in aller Regel einen direkten Kontakt mit Promotoren von Managementkonzepten. Die Wissensvermittlung geschieht somit ohne die im Rahmen einer Hochschulausbildung typische Aufbereitung, Filterung und kritische Hinterfragung entsprechender Wissensinhalte durch per definitionem unabhängige Wissensvermittler. Es kann daher erwartet werden, dass eine regelmäßige Teilnahme an Managementseminaren die Kenntnis und den Einsatz von

Managementkonzepten signifikant erhöht. Diese Überlegungen führen zu den folgenden Hypothesen:

H8a: Je häufiger Geschäftsführer mittelständischer Unternehmen Managementseminare besuchen, desto mehr moderne Managementkonzepte sind in der Geschäftsführung *bekannt*.

H8b: Je häufiger Geschäftsführer mittelständischer Unternehmen Managementseminare besuchen, desto mehr moderne Managementkonzepte werden im Unternehmen *eingesetzt*.

Berichte über die gelungene Implementierung einer neuen Managementpraktik – insbesondere in erfolgreichen Unternehmen – werden häufig in Zeitungen und Magazinen publiziert; Erkenntnisse betriebswirtschaftlicher Studien werden für ein Massenpublikum übersetzt und diesem in Form von Zeitschriftenartikeln zugänglich gemacht (vgl. Abrahamson 1991); Sogenannte Managementgurus verfassen Bücher, in denen sie ihre Lösungsansätze für organisationale Probleme in Form von Managementkonzepten publik machen (vgl. Huczynski 1993; Clark und Salaman 1998). An eine breite Leserschaft adressiert, können Veröffentlichungen in diesen Medien dazu beitragen, einen hohen Grad an Aufmerksamkeit für Managementkonzepte zu wecken und die Kenntnis über ihre Existenz zu steigern (vgl. Hirsch 1972). Sind Geschäftsführer in mittelständischen Unternehmen entsprechenden Diskursen ausgesetzt, so erwarten wir deshalb, dass sie eine überdurchschnittlich hohe Anzahl an Managementkonzepten kennen. In empirischen Studien von Burns und Wholey (1993) zur Erklärung der Diffusion der Matrix Form in US Unternehmen sowie von Haunschild und Beckman (1998) zur Begründung von Merger & Akquisition-Wellen in den USA konnte weiterhin gezeigt werden, dass Diskurse in spezifischen Medien die tatsächliche Verbreitung des Einsatzes bestimmter managerieller Konzepte in der Unternehmenspraxis beschleunigen können. Entsprechend zeigen Abrahamson und Fairchild (1999), dass sich der in der Wirtschaftspresse beobachtbare Diskurs über Qualitätszirkel in der Adoption dieses Konzepts in der Unternehmenspraxis widerspiegelt. Der Zugang von Geschäftsführern mittelständischer Unternehmen zu entsprechenden Diskursen kann somit auch als Erklärungsfaktor für den Einsatz von Managementkonzepten herangezogen werden.

H9a: Je häufiger die Geschäftsführer mittelständischer Unternehmen einschlägige Managementfachliteratur und Wirtschaftsmagazine konsumieren, desto mehr moderne Managementkonzepte sind in der Geschäftsführung *bekannt*.

H9b: Je häufiger die Geschäftsführer mittelständischer Unternehmen einschlägige Managementfachliteratur und Wirtschaftsmagazine konsumieren, desto mehr moderne Managementkonzepte werden im Unternehmen *eingesetzt*.

4 Daten und Methoden

4.1 Datenerhebung und Sample

Zur empirischen Überprüfung der erwarteten Zusammenhänge wurde eine internetbasierte Befragung mittelständischer Unternehmen in Deutschland durchgeführt. Hierfür wurde ein Online-Fragebogen entwickelt und der entsprechende Link zum Fragebogen wurde per E-Mail an die Geschäftsführer einer nach Unternehmensgröße und Branche geschichteten Zufallsstichprobe von 6.000 mittelständischen Unternehmen versendet.[1] Für die Ziehung der Stichprobe wurde die Unternehmensdatenbank Amadeus herangezogen, in der die Adressangaben von 1,5 Mio. Unternehmen in Deutschland enthalten sind und die die Grundgesamtheit mittelständischer Unternehmen in befriedigender Weise abbildet. In der Grundgesamtheit wurden Unternehmen mit 10 bis 1.000 Mitarbeitern berücksichtigt. Die Entscheidung, Unternehmen mit über 250 Mitarbeitern ebenfalls in die Untersuchung aufzunehmen, wurde – wie bereits ausgeführt – unter anderem mit dem Ziel getroffen, die Ergebnisse für mittelständischer Unternehmen mit denjenigen für große Unternehmen abgleichen zu können sowie die Ergebnisse der vorliegenden Studie im internationalen KMU Forschungskontext vergleichbar zu machen.

Zur Validierung der Verständlichkeit des Fragebogens wurde ein Pretest mit 10 Geschäftsführern mittelständischer Unternehmen durchgeführt. Diese entsprachen alle, wie auch Atteslander (2008) empfiehlt, den Kriterien der tatsächlich zu untersuchenden Stichprobe. Im Rahmen des Pretests wurden Inhalt und Anwenderfreundlichkeit des Online-Fragebogens getestet (vgl. Evans und Mathur 2005). Weiterhin wurden – soweit verfügbar – Namen und E-Mail Adressen der Geschäftsführer ermittelt, um eine personalisierte Ansprache im Anschreiben zu gewährleisten.

Insgesamt wurden 313 Fragebögen vollständig ausgefüllt. Auf Basis einer anschließend durchgeführten Analyse aller von Empfänger-Emailadressen an die Versender-Emailadresse zurückgesendeten E-Mails konnte hierbei festgestellt werden, dass 1.153 (ca. 19 %) der 6.000 kontaktierten E-Mailadressen nicht erreichbar waren (so genannte „Undelivered Mails Returned to Sender"). Unter Berücksichtigung dieser 1.153 Unternehmen, die unsere Anfrage nie erhalten haben, ergibt sich eine finale Rücklaufquote von 6,5 %. Obgleich diese geringe Rücklaufquote im Kontext von Onlinebefragungen nicht unüblich erscheint (vgl. Baruch und Holtom 2008), wurde eine telefonische Non-Response Analyse unter 60 zufällig ausgewählten Unternehmen durchgeführt. Hierbei konnten keine Hinweise auf ein systematisches Nichtantwortverhalten identifiziert werden. Vielmehr stellte sich heraus, dass die Anfrage trotz nicht defekter E-Mailadressen den Adressaten in ca. 60 % der Fälle nicht erreicht hatte. Wir führen diesen hohen Anteil zum einen auf die zum Teil unbefriedigende Qualität der in vielen populären Unternehmensdatenbanken verfügbaren E-Mailadressen zurück. Zum anderen löschen viele Sekretariate Email-Anfragen zu Unternehmensbefragungen routinemäßig oder es kommen in Unternehmen vermehrt automatisierte Filter zum Einsatz, die E-Mails mit bestimmten Schlagworten (z. B. „Unternehmensbefragung") aussortieren, bevor diese den intendierten Empfänger oder weiterleitungsberechtigte Personen erreichen. Dennoch gehen wir davon aus, dass das im Rahmen der vorliegenden Studie gewählte Verfahren bei der Stichprobenziehung und Ansprache systematische Vorteile gegenüber einer gezielten Stichprobenziehung und Ansprache (z. B. über Datenbanken von Unternehmensverbänden oder Branchenverzeichnissen, eigenhändige selektive Recherche von Kontaktdaten) birgt. So sind bei dem in der vorliegenden Studie beschriebenen Vorgehen geringere Verzerrungen durch Selbstdarstellungseffekte zu erwarten als bei einer Stichprobenziehung und Ansprache über Branchenverzeichnisse oder Internetselbstdarstellungen. Ebenso sind geringere Verzerrungen hinsichtlich einer

Vorselektion anhand potentiell zentraler erklärender Variablen zu erwarten als bei einer Stichprobenziehung und Ansprache über Datenbanken von Branchenverbänden.

Fragebögen, die nicht von Geschäftsführern selbst ausgefüllt wurden (die Position des Antwortenden wurde erfragt) wurden ebenso ausgeschlossen wie Unternehmen, die angaben, mehr als 1.000 Mitarbeiter zu beschäftigen, so dass die endgültige Arbeitsstichprobe 272 Unternehmen umfasste. In dieser Stichprobe haben 18 % der Unternehmen zwischen 10 und 49 Mitarbeiter, 27 % fallen in die Größenkategorie „50–99 Mitarbeiter" und 37 % der Unternehmen beschäftigen „100–249 Mitarbeiter". In die Kategorie „250–1000 Mitarbeiter" fallen 18 % der Unternehmen.

4.2 Definition der Variablen

Abhängige Variablen
Ziel der vorliegenden Studie ist es, die Verbreitung der Kenntnis und des Einsatzes moderner Managementkonzepte unter mittelständischen Unternehmen zu untersuchen. In einem mehrstufigen Verfahren sollten hierzu vor Durchführung der Studie diejenigen Managementkonzepte identifiziert werden, die folgende Kriterien erfüllen: 1) Modernität: Es werden nur solche Konzepte in die Studie einbezogen, die ein vergleichsweise hohes Maß an Bekanntheit und Verbreitung aufweisen, weil sich zentrale theoretische Annahmen insbesondere auf die prinzipielle globale Verfügbarkeit entsprechender Konzepte beziehen. 2) Heterogenität der Geltungsbereiche: Es sollte darauf geachtet werden, dass die auszuwählenden Konzepte unterschiedlichste organisationale Themen und Geltungsbereiche adressieren, weil im Lichte der theoretischen Annahmen insbesondere das Ausmaß der Durchdringung des Unternehmens mit Konzepten und weniger die Professionalisierung durch Konzepte hinsichtlich einzelner organisationaler Themen und Geltungsbereiche im Fokus des Forschungsinteresses steht. 3) Anwendbarkeit: Es sollten nur solche Konzepte ausgewählt werden, die sich in ihrer Anwendbarkeit nicht auf spezielle Branchen oder Technologiezweige beschränken, um entsprechende Verzerrungen zu vermeiden.

Um Konzepte zu identifizieren, die die genannten Kriterien erfüllen, wurde zunächst auf Basis aller seit 1992 von Bain & Company regelmäßig durchgeführten Befragungen zur Anwendung von Managementkonzepten eine Liste mit zunächst 82 Managementkonzepten erstellt (vgl. Rigby und Bilodeau 2003, 2005; 2007, 2010). Diese Konzepte wurden auf Basis einer inhaltlichen Analyse zentraler Veröffentlichungen zum jeweiligen Konzept (z. B. (vgl. Child und Faulkner 2005; Contractor et al. 2010; Rappaport 1986; Womack et al. 1991) hinsichtlich ihrer organisationalen Geltungsbereiche klassifiziert, wobei acht Geltungsbereiche identifiziert werden konnten (vgl. Tab. 1). Anschließend wurden alle Konzepte aus der Liste einer bibliografischen Analyse mittels der Literatursuche Google-Scholar unterzogen, um eine Rangfolge der in den vergangenen zehn Jahren am häufigsten diskutierten (und damit nach der obigen Definition „modernen") Konzepte zu erhalten. Nach einer Bereinigung um solche Konzepte, deren prinzipielle Anwendbarkeit als zu spezifisch eingeschätzt wurde und die somit den obigen Kriterien nicht entsprachen, resultierte eine Liste mit 22 Managementkonzepte aus 8 verschiedenen organisationalen Themen und Geltungsbereichen. Das Set der im Fragebogen berücksichtigten Konzepte ist in Tab. 1 dargestellt.[2]

Tab. 1: Im Fragebogen berücksichtigte Konzete nach Geltungsbereichen

Qualität	Generelle Organisation	Produktion	Personal
ISO 9000	Balanced Scorecard	Just-in-Time	Management by
Qualitätsmanagement	Business Process	Lean Management	Objectives
Six Sigma	Reengineering		Work-Life Balance
Qualitätszirkel	Change Management		Knowledge Management
Marketing	*IT*	*Öffentliche Beziehungen*	*Partnerbeziehungen*
Customer Relationship Management	Enterprise Resource Planning System	Corporate Social Responsiblity	Strategische Allianzen
Key Account Management	Business Intelligence System	Shareholder Value	Joint Venture Outsourcing Benchmarking

Zur Operationalisierung der Kenntnis („knowledge") und des Einsatzes („implementation") von Managementkonzepten wurde im versendeten Online-Fragebogen für jedes der 22 genannten Konzepte erfragt, ob das entsprechende Konzept bekannt ist und ob es aktuell im Unternehmen eingesetzt wird. Hierbei wurde den Befragten neben dem Konzeptnamen eine kurze, mehrzeilige Beschreibung des Konzepts vorgelegt, die von den Autoren der Studie auf Basis einschlägiger Veröffentlichungen zum jeweiligen Konzept erstellt wurden. Eine beispielhafte Auswahl der im Online-Fragebogen verwendeten Konzeptbeschreibungen findet sich in Tab. 4.

Insbesondere bezogen auf das Konstrukt Kenntnis wurde mit diesem Vorgehen das Ziel verfolgt, Verzerrungen durch potentiell vorhandene Unterschiede im Verständnis dessen, was sich aus Sicht der Antwortenden hinter dem bloßen Konzeptnamen verbirgt, zu vermeiden. Zudem wurde hiermit der in Abschn. 2 eingeführten Definition des Begriffs Konzeptkenntnis („knowledge") von Rogers (2003) Rechnung getragen, innerhalb derer Kenntnis nicht nur Wissen über die *Existenz* einer Praktik beinhaltet, sondern die darüber hinaus verlangt, dass die Person ein zumindest rudimentäres *Verständnis* hinsichtlich zentraler Funktionsweisen bzw. hinsichtlich der Kerninhalte einer Praktik besitzt.

Zur Erstellung der beiden abhängigen Variablen „Anzahl bekannter Konzepte" und „Anzahl eingesetzter Konzepte" wurde zunächst die Summe der betrieblichen Themen und Geltungsbereiche gebildet, aus denen Managementkonzepte bekannt sind oder aus denen entsprechende Konzepte eingesetzt werden. Das Zählen der Geltungsbereiche und nicht der einzelnen Konzepte hat hierbei mehrere Vorteile, die sich insbesondere auf den Einsatz der Konzepte beziehen. So kann davon ausgegangen werden, dass Konzepte, die einem Geltungsbereich zugeordnet werden können, durch die jeweils anderen aus der Gruppe zumindest teilweise substituierbar sind (z. B. Lean Management versus Just-in-Time (vgl. Womack et al. 1991)). Da die Implementierung von Managementkonzepten sehr ressourcenintensiv sein kann, ist der Einsatz mehrerer Konzepte aus einem Bereich weniger wahrscheinlich. Weiterhin sind Managementkonzepte zumeist nicht abschließend definiert, sondern weisen eine gewisse Mehrdeutigkeit auf und lassen für ihre Anwender Interpretationsspielräume zu. Aufgrund dieser „interpretative viability" oder „pragmatic ambiguity" (vgl. Benders und Van Veen 2001; Giroux 2006) sind Managementkonzepte nicht zwingend trennscharf, sondern weisen Überschneidungen im Hinblick auf die von ihnen bereit gestellten organisationalen Regeln auf. Somit besteht beispielsweise die Gefahr, dass einige Befragte angeben, Customer Relationship Management einzusetzen und andere angeben, Key Account Management implementiert zu haben, wobei beide möglicherweise sehr ähnliche Tätigkeiten im Rahmen des Einsatzes dieser Konzepte durchführen. Die Betrachtung von Konzeptgruppen und nicht von Einzelkonzepten kann dieser Einschränkung entgegenwirken.

Schließlich ist zu berücksichtigen, dass gemäß den zugrundeliegenden theoretischen Annahmen die Durchdringung des gesamten Unternehmens mit Managementkonzepten von Bedeutung ist und der Fokus nicht auf einzelnen Geltungsbereichen liegt. Vergleicht man vor diesem Hintergrund z. B. zwei Unternehmen, die beide vier Konzepte einsetzen, wobei es sich bei einem der Unternehmen um vier Qualitätsmanagementkonzepte, bei dem anderen um vier Konzepte aus verschiedenen Geltungsbereichen handelt, so kann die Durchdringung im zweiten Unternehmen als stärker eingestuft werden. Die abhängigen Variablen *Kenntnis* und *Einsatz* geben die Anzahl der Geltungsbereiche an, aus denen mindestens ein Konzept bekannt ist bzw. eingesetzt wird. Beide Variablen sind somit auf einen Wertebereich von 0 bis 8 beschränkt.

Unabhängige Variablen
Ressourcenverfügbarkeit und betriebliche Notwendigkeit

- Zur Operationalisierung der *Unternehmensgröße* werden die Mitarbeiterzahl sowie der Jahresumsatz der befragten Unternehmen verwendet. Beide Kennzahlen wurden auf einer Ordinalskala (Mitarbeiter:[1] < 20,[2] 20–49,[3] 50–99,[4] 100–249,[5] 250–1.000; Jahresumsatz:[1] < 5 Mio.,[2] 5 bis < 10 Mio.,[3] 10 bis < 25 Mio.,[4] 25 bis < 50 Mio.,[5] 50 bis 100 Mio.,[6] > 100 Mio.) erfasst. Um im Rahmen der Schätzmodelle für Effekte verschiedener Größenklassen gemäß der verwendeten EU-Mittelstandsdefinition kontrollieren zu können, wurden diese ordinal skalierten Variablen in drei Dummy Variablen transformiert: Die Variable „EU-Definition kleines Unternehmen" nimmt den Wert 1 an, wenn ein Unternehmen weniger als 50 Mitarbeiter beschäftigt und einen Jahresumsatz von weniger als 10 und mehr als 2 Mio. € erwirtschaftet (0 sonst). Die Variable „EU-Definition mittleres Unternehmen" nimmt den Wert 1 an, wenn ein Unternehmen weniger als 250 Mitarbeiter beschäftigt und weniger als 50 Mio. Jahresumsatz erwirtschaftet und nicht in die Gruppe „EU-Definition kleines Unternehmen" fällt (0 sonst) und die Variable „Größer EU-Definition" nimmt den Wert 1 an, wenn ein Unternehmen zwischen 250 und 1.000 Mitarbeiter beschäftigt und/oder mehr als 50 Mio. Jahresumsatz erwirtschaftet (0 sonst).
- Zur Operationalisierung des *Familienbesitzanteils* wurde im Rahmen des Fragebogens mittels einer Ordinalskala ([1] 0 %,[2] 1 % bis < 25 %,[3] 25 % bis < 50 %,[4] 50 % bis < 75 %,[5] 100 %) nach der Höhe des Anteils gefragt, zu dem sich das Unternehmen in Familienbesitz befindet. Die in den Schätzmodellen verwendete Variable *Familienbesitzanteil* ist folglich ordinal skaliert und auf einen Wertebereich von 1 bis 5 beschränkt.

- Der Ausbildungshintergrund des Geschäftsführers wurde mittels verschiedener Fragen zur Ausbildungshistorie (Hochschulstudium, Fachrichtung) erfragt. Aus den hierbei erhobenen Informationen wurde die binäre Variable *Geschäftsführer mit Wirtschaftsstudium* konstruiert, die den Wert 1 annimmt, wenn der Geschäftsführer ein wirtschaftswissenschaftliches Hochschulstudium (z. B. Betriebswirtschaftslehre, Volkswirtschaftslehre, Wirtschaftsingenieurwesen) absolviert hat und 0 andernfalls.

Einbettung in relationale und mediale Umwelten
Verfügbarkeit von Vorbildern und Erfahrungswissen

- Die *Interaktion mit bestehenden Adoptoren* wurde mittels einer Frage danach operationalisiert, wie gut das befragte Unternehmen über den Einsatz von Konzepten bei anderen Unternehmen in seiner Umwelt (z. B. Wettbewerber, Partnerunternehmen) informiert ist (vgl. auch Anhang 1). Die entsprechende Einschätzung wurde mittels einer 5-stufigen Likert-Skala erfasst und wird in den Schätzmodellen als ordinal skalierte Variable mit den Ausprägungen 1 („stimme gar nicht zu") bis 5 („stimme voll zu") aufgenommen.
- Im Rahmen der Befragung wurde die *Anzahl der Unternehmensverbände*, in denen das befragte Unternehmen Mitglied ist, direkt mittels einer Ordinalskala (1–5 und 6[mehr als 5]) erfasst und als solche in die Schätzmodelle aufgenommen.

Umwelterwartungen

- Um die *Komplexität der relevanten Umwelterwartungen* zu erfassen, wurde auf einer 5-stufigen Likert Skala erfragt, wie intensiv Erwartungen konkret benannter Anspruchsgruppen (Kunden, Lieferanten, Mitarbeiter, Eigentümer, Fremdkapitalgeber und Wettbewerber) bei strategischen unternehmerischen Entscheidungen jeweils berücksichtigt werden. Für die Generierung der unabhängigen Variable Komplexität der relevanten Umwelterwartungen wurde die Anzahl der Anspruchsgruppen herangezogen, für die eine der beiden höchsten Ausprägungen angegeben wurde. Der Wertebereich der Variable liegt zwischen 0 (keine der Anspruchsgruppen stark berücksichtigt) und 6 (alle Anspruchsgruppen werden stark berücksichtigt). Hierbei handelt es sich um eine an das etablierte Vorgehen von Duncan (1972) zur Operationalisierung der Umweltkomplexität von Unternehmen angelehnte Vorgehensweise, bei der jedoch eine Reduktion auf konkret identifizierbare Anspruchsgruppen vorgenommen wurde.

Zugang zu Arenen für Managementwissen

- Zur Operationalisierung der Intensität der Interaktion mit *Unternehmensberatern* wurde erfragt, wie häufig das Unternehmen bei strategischen unternehmerischen Fragen die Unterstützung durch Unternehmensberater in Anspruch nimmt. Die in den Schätzmodellen verwendete Variable *Unternehmensberater* ist ordinal skaliert und auf einen Wertebereich von 1 („gar nicht") bis 5 („sehr häufig") beschränkt.
- Die Variable *Managementseminare* ist ebenfalls ordinal skaliert. Sie gibt die Häufigkeit an, mit der der Geschäftsführer Managementseminare und -kongresse besucht. Die Variable besitzt einen Wertebereich von 1 („nie, so gut wie nie") bis 5 („häufiger als sechs Mal pro Jahr").

- Einflussfaktoren auf diskursiver Ebene wurden über den Konsum von Wirtschaftsmedien durch den befragten Geschäftsführer operationalisiert. Hierbei wurde nach der Regelmäßigkeit gefragt, mit der *Management-Fachbücher* und *Wirtschaftsmagazine* gelesen werden. Die resultierende Variable ist wiederum ordinal skaliert und besitzt einen Wertebereich von 1 („nie, so gut wie nie") bis 5 („täglich").

Kontrollvariablen
In allen Modellen wird für mögliche Einflüsse der *Branche* und der *Rechtsform* der befragten Unternehmen kontrolliert. Da viele mittelständische Unternehmen nicht nur strategische Managementberatungen konsultieren, sondern häufig auch *Steuer- oder Rechtsberater* bei strategischen Entscheidungen heran ziehen, wurde auch erfragt, inwiefern der Rat von Steuer- und Rechtsberatern bei *strategischen* unternehmerischen Entscheidungen gesucht wird (vgl. Vohl 2004). Sämtliche hier beschriebenen Fragen, Variablen und Skalen finden sich auch in Tab. 5.

5 Ergebnisse

5.1 Deskriptive Statistiken und Korrelationen

Mit Blick auf die deskriptiven Statistiken zur Kenntnis und zum Einsatz aller 22 untersuchten Managementkonzepte wird deutlich, dass insbesondere Konzepte aus dem Geltungsbereich „Qualität" (z. B. Qualitätszirkel, ISO 9000) einen besonders hohen Bekanntheitsgrad aufweisen und im Vergleich auch relativ häufig eingesetzt werden. Die vergleichsweise hohen Bekanntheits- und Einsatzwerte für das Konzept Key-Account Management deuten darauf hin, dass ein hoher Grad der Professionalisierung in der Zusammenarbeit mit besonders wichtigen Kunden oder Lieferanten angestrebt wird. Dieser Befund ist konsistent mit der im Mittelstand häufig zu beobachtenden Abhängigkeit kleiner und mittlerer Unternehmen von einzelnen Großunternehmen. Gleichzeitig zeigt sich, dass zum Teil bedeutende Unterschiede hinsichtlich der Kenntnis und dem Einsatz von Managementkonzepten bestehen (vgl. Abb. 1). Insbesondere Konzepte wie Outsourcing, Benchmarking Management by Objectives, Shareholder Value Management und Joint Ventures sind den Geschäftsführern der befragten Unternehmen zwar sehr häufig bekannt, die entsprechenden Konzepte werden hingegen nur selten eingesetzt. Am wenigsten bekannt und zudem selten eingesetzt sind die Managementkonzepte Business Process Reengineering, Business Intelligence und Six Sigma.

Für die weiteren Analysen ist zu beachten, dass die beiden abhängigen Variablen *Kenntnis* und *Einsatz* von Managementkonzepten eine spezifische logische und simultane Abhängigkeit aufweisen. Ein Unternehmen kann grundsätzlich nur diejenigen Konzepte einsetzen, die es auch kennt, und kennt mindestens so viele Konzepte wie es auch einsetzt. Somit sind die Ausprägungen, die die Variable *Einsatz* von Konzepten annehmen kann, durch die *Kenntnis* der Konzepte nach oben begrenzt. Umgekehrt beschränkt *Einsatz* die möglichen Ausprägungen von *Kenntnis* nach unten. Bei der Untersuchung der Faktoren, die den Einsatz von Konzepten beeinflussen, ist somit der Kenntnisstand zu berücksichtigen. Aufgrund des logischen, simultanen Zusammenhangs und der damit einhergehenden hohen Korrelation (0,612) der beiden Variablen kann die *Kenntnis* jedoch nicht als Kontrollvariable in den Schätzmodellen für *Einsatz* herangezogen werden (vgl. Tab. 2). Um der

Die Verbreitung moderner Managementkonzepte im Mittelstand

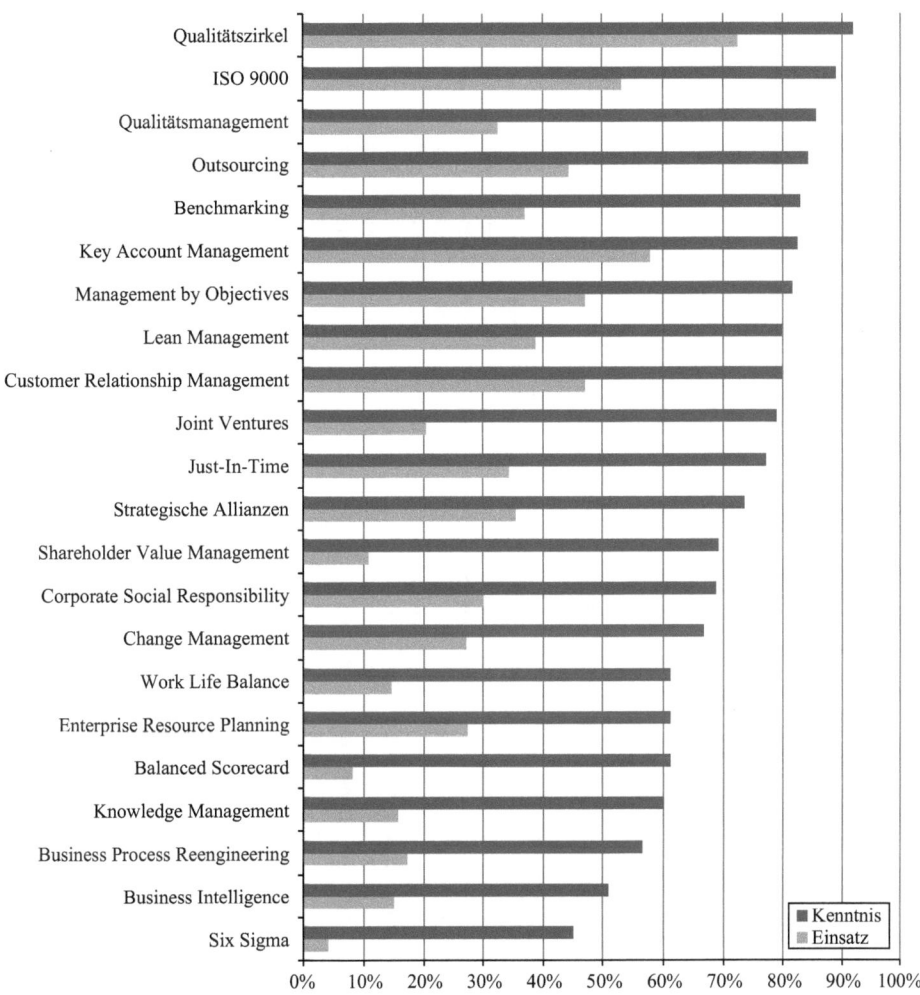

Abb. 1: Kenntnis und Einsatz der 22 untersuchten Managementkonzepte

Tatsache der logischen Abhängigkeit trotzdem gerecht zu werden, werden Unterschiede im Einsatz von Konzepten nur bei Unternehmen untersucht, die jeweils über den gleichen Kenntnisstand verfügen. Grundsätzlich kann der *Einsatz* also unter neun Gruppen von Unternehmen untersucht werden (neun Ausprägungen von *Kenntnis*). Hierbei ist jedoch die Gruppe von Unternehmen, die Konzepte aus allen acht Gruppen kennen, die einzige, die mit 153 Unternehmen für statistische Auswertungen ausreichend groß ist. Die nächstgrößere Gruppe (*Kenntnis* = 7) umfasst lediglich 32 Unternehmen. Um einen konservativen Test der Hypothesen vorzunehmen, wird der *Einsatz* von Konzepten deshalb lediglich unter Unternehmen analysiert, die angaben, alle abgefragten Konzepte zu kennen. Die Stichprobengröße für die weiterführenden Analysen zum Einsatz von Managementkonzepten verkleinert sich demzufolge von 272 auf 153 (56 %) Unternehmen.

Tab. 2: Deskriptive Statistiken und Korrelationen

		Komplettes Sample (n = 272)				Nur „gut informierte" Unternehmen (n = 153)				-1	-2	-3	-4	-5	-6	-7	-8
		Mean	S.D.	Min	Max	Mean	S.D.	Min	Max								
-1	Kenntnis	6,777	1,890	0,000	8,000	8,000	0,000	8,000	8,000	1,000							
-2	Einsatz	4,504	2,134	0,000	8,000	5,430	1,780	0,000	8,000	0,612 (0,000)	1,000						
-3	EU_Definition kleines Unternehmen	0,076	0,265	0,000	1,000	0,046	0,211	0,000	1,000	-0,141 (0,022)	-0,249 (0,000)	1,000					
-4	EU Definition mittleres Unternehmen	0,674	0,470	0,000	1,000	0,662	0,475	0,000	1,000	-0,061 (0,324)	-0,037 (0,553)	-0,412 (0,000)	1,000				
-5	Größer als EU Definition	0,250	0,434	0,000	1,000	0,291	0,456	0,000	1,000	0,152 (0,014)	0,192 (0,002)	-0,165 (0,007)	-0,831 (0,000)	1,000			
-6	Geschaeftsfuehrer mit Wirtschaftsstudium	0,379	0,486	0,000	1,000	0,444	0,498	0,000	1,000	0,233 (0,000)	0,219 (0,000)	-0,017 (0,783)	-0,024 (0,701)	0,036 (0,560)	1,000		
-7	Familienbesitz	4,723	0,904	1,000	5,000	4,768	0,852	1,000	5,000	0,050 (0,414)	0,019 (0,755)	0,008 (0,892)	-0,025 (0,687)	0,022 (0,724)	0,066 (0,284)	1,000	
-8	Interaktion mit bestehenden Adoptoren	2,470	1,130	1,000	5,000	2,570	1,036	1,000	5,000	0,035 (0,570)	0,105 (0,089)	-0,018 (0,775)	0,053 (0,391)	-0,047 (0,451)	-0,090 (0,146)	-0,073 (0,235)	1,000
-9	Anzahl der Verbaende	3811	1,252	1,000	6,000	3841	1,239	1,000	6,000	0,131 (0,033)	0,187 (0,002)	-0,117 (0,058)	-0,079 (0,198)	0,157 (0,010)	0,093 (0,130)	0,027 (0,657)	-0,085 (0,170)
-10	Komplexitaet der relevanten Umwelterwartungen	2,731	1293	0,000	6,000	2,755	1291	0,000	6,000	0,050 (0,419)	0,148 (0,016)	-0,129 (0,036)	0,005 (0,930)	0,073 (0,238)	0,018 (0,777)	-0,074 (0,233)	0,118 (0,056)
-11	Unternehmensberater	2,053	1,172	1,000	5,000	2,225	1,161	1,000	5,000	0,083 (0,181)	0,156 (0,011)	-0,013 (0,834)	-0,100 (0,106)	0,116 (0,060)	0,118 (0,055)	0,136 (0,027)	0,001 (0,984)
-12	Managementseminare	2,723	0,937	1,000	5,000	2,848	0,862	1,000	5,000	0,158 (0,010)	0,195 (0,001)	-0,084 (0,175)	-0,015 (0,803)	0,068 (0,272)	0,089 (0,149)	-0,046 (0,459)	0,127 (0,040)

Tab. 2: (Fortsetzung)

		Komplettes Sample (n = 272)				Nur „gut informierte" Unternehmen (n = 153)					−9	−10	−11	−12	−13	−14	−15	−16
		Mean	S.D.	Min	Max	Mean	S.D.	Min	Max									
−1	Kenntnis	6,777	1,890	0,000	8,000	8,000	0,000	8,000	8,000									
−2	Einsatz	4,504	2,134	0,000	8,000	5,430	1,780	0,000	8,000									
−3	EU_Definition kleines Unternehmen	0,076	0,265	0,000	1,000	0,046	0,211	0,000	1,000	0,161 (0,048)	0,223 (0,006)	0,166 (0,042)	0,121 (0,138)	0,161 (0,049)	0,196 (0,016)	−0,084 (0,308)	0,144 (0,078)
−4	EU Definition mittleres Unternehmen	0,674	0,470	0,000	1,000	0,662	0,475	0,000	1,000	−0,074 (0,369)	−0,007 (0,932)	0,066 (0,421)	0,076 (0,355)	0,152 (0,063)	0,066 (0,422)	−0,018 (0,828)	−0,056 (0,498)
−5	Größer als EU Definition	0,250	0,434	0,000	1,000	0,291	0,456	0,000	1,000	−0,115 (0,161)	−0,060 (0,466)	−0,127 (0,120)	−0,159 (0,051)	−0,061 (0,460)	−0,162 (0,047)	−0,079 (0,334)	0,002 (0,977)
−6	Geschaeftsfuehrer mit Wirtschaftsstudium	0,379	0,486	0,000	1,000	0,444	0,498	0,000	1,000	0,153 (0,060)	0,065 (0,424)	0,102 (0,213)	0,131 (0,110)	−0,007 (0,930)	0,138 (0,092)	0,091 (0,269)	0,023 (0,777)
−7	Familienbesitz	4,723	0,904	1,000	5,000	4,768	0,852	1,000	5,000	0,158 (0,052)	0,004 (0,958)	0,149 (0,068)	0,096 (0,240)	−0,012 (0,881)	−0,070 (0,395)	0,047 (0,565)	−0,112 (0,170)
−8	Interaktion mit bestehenden Adoptoren	2,470	1,130	1,000	5,000	2,570	1,036	1,000	5,000	0,098 (0,234)	−0,040 (0,627)	0,168 (0,040)	−0,085 (0,301)	−0,009 (0,917)	−0,004 (0,960)	0,054 (0,511)	0,069 (0,402)
−9	Anzahl der Verbaende	3811	1,252	1,000	6,000	3841	1,239	1,000	6,000	−0,080 (0,331)	0,140 (0,087)	−0,035 (0,667)	0,165 (0,043)	0,089 (0,276)	0,052 (0,527)	0,065 (0,427)	−0,058 (0,482)
−10	Komplexitaet der relevanten Umwelterwartungen	2,731	1293	0,000	6,000	2,755	1291	0,000	6,000	1,000	0,292 (0,000)	0,095 (0,248)	0,258 (0,001)	0,101 (0,218)	0,135 (0,098)	0,015 (0,857)	−0,036 (0,665)
−11	Unternehmensberater	2,053	1,172	1,000	5,000	2,225	1,161	1,000	5,000	0,173 (0,005)	1,000	0,064 (0,437)	0,038 (0,642)	0,009 (0,916)	0,044 (0,593)	0,124 (0,128)	−0,083 (0,314)
−12	Managementseminare	2,723	0,937	1,000	5,000	2,848	0,862	1,000	5,000	0,110 (0,073)	0,115 (0,063)	1,000	0,068 (0,408)	0,243 (0,003)	0,211 (0,009)	0,338 (0,000)	0,072 (0,381)
										0,260 (0,000)	0,058 (0,351)	0,058 (0,344)	1,000	0,209 (0,010)	0,151 (0,063)	−0,149 (0,068)	−0,020 (0,803)

Tab. 2: (Fortsetzung)

		Komplettes Sample (n = 272)				Nur „gut informierte" Unternehmen (n = 153)				–17	–18	–19	–20	–21	–22	–23
		Mean	S.D.	Min	Max	Mean	S.D.	Min	Max							
–1	Kenntnis	6,777	1,890	0,000	8,000	8,000	0,000	8,000	8,000	–0,041	0,084	–0,133	0,083	0,076	0,062	–0,077
										(0,619)	(0,303)	(0,104)	(0,312)	(0,352)	(0,449)	(0,348)
–2	Einsatz	4,504	2,134	0,000	8,000	5,430	1,780	0,000	8,000	0,086	0,278	–0,076	0,082	–0,036	–0,076	–0,056
										(0,295)	(0,001)	(0,355)	(0,318)	(0,658)	(0,354)	(0,498)
–3	EU_Definition kleines Unternehmen	0,076	0,265	0,000	1,000	0,046	0,211	0,000	1,000	–0,250	–0,141	–0,048	–0,079	0,031	0,155	0,061
										(0,002)	(0,083)	(0,561)	(0,335)	(0,709)	(0,058)	(0,453)
–4	EU Definition mittleres Unternehmen	0,674	0,470	0,000	1,000	0,662	0,475	0,000	1,000	0,221	0,019	0,085	0,044	–0,015	–0,126	–0,038
										(0,006)	(0,819)	(0,301)	(0,588)	(0,855)	(0,123)	(0,640)
–5	Größer als EU Definition	0,250	0,434	0,000	1,000	0,291	0,456	0,000	1,000	0,173	–0,182	–0,097	0,068	0,102	–0,004	0,057
										(0,033)	(0,026)	(0,237)	(0,407)	(0,214)	(0,958)	(0,489)
–6	Geschaeftsfuehrer mit Wirtschaftsstudium	0,379	0,486	0,000	1,000	0,444	0,498	0,000	1,000	0,036	0,056	–0,016	0,075	0,045	0,069	–0,063
										(0,658)	(0,498)	(0,848)	(0,357)	(0,583)	(0,402)	(0,442)
–7	Familienbesitz	4,723	0,904	1,000	5,000	4,768	0,852	1,000	5,000	–0,062	–0,014	–0,030	–0,040	0,109	0,081	–0,247
										(0,452)	(0,867)	(0,718)	(0,622)	(0,184)	(0,323)	(0,002)
–8	Interaktion mit bestehenden Adoptoren	2,470	1,130	1,000	5,000	2,570	1,036	1,000	5,000	0,113	0,163	–0,119	0,065	–0,012	–0,130	0,168
										(0,168)	(0,045)	(0,146)	(0,427)	(0,882)	(0,112)	(0,039)
–9	Anzahl der Verbaende	3811	1,252	1,000	6,000	3841	1,239	1,000	6,000	0,159	–0,067	0,051	–0,096	0,031	0,116	–0,083
										(0,051)	(0,416)	(0,536)	(0,243)	(0,702)	(0,157)	(0,314)
–10	Komplexitaet der relevanten Umwelterwartungen	2,731	1293	0,000	6,000	2,755	1291	0,000	6,000	0,134	0,019	0,005	0,143	–0,032	–0,067	–0,001
										(0,102)	(0,817)	(0,948)	(0,081)	(0,696)	(0,414)	(0,994)
–11	Unternehmensberater	2,053	1,172	1,000	5,000	2,225	1,161	1,000	5,000	0,034	0,154	–0,131	–0,121	0,221	0,036	0,045
										(0,677)	(0,058)	(0,108)	(0,140)	(0,006)	(0,661)	(0,586)
–12	Managementseminare	2,723	0,937	1,000	5,000	2,848	0,862	1,000	5,000							

Die Verbreitung moderner Managementkonzepte im Mittelstand

Tab. 2: (Fortsetzung)

		Komplettes Sample (n = 272)				Nur „gut informierte" Unternehmen (n = 153)				-1	-2	-3	-4	-5	-6	-7	-8
		Mean	S.D.	Min	Max	Mean	S.D.	Min	Max								
-13	Management-Fachbuecher	1,981	0,797	1,000	5,000	2,146	0,828	1,000	5,000	0,224 (0,000)	0,254 (0,000)	0,025 (0,688)	-0,027 (0,666)	0,014 (0,824)	0,058 (0,349)	-0,013 (0,839)	0,124 (0,044)
-14	Wirtschaftsmagazine	2,386	1,037	1,000	5,000	2,556	1,011	1,000	5,000	0,201 (0,001)	0,247 (0,000)	-0,010 (0,871)	-0,084 (0,173)	0,097 (0,115)	-0,005 (0,938)	0,041 (0,503)	0,091 (0,139)
-15	Steuer- und Rechtsberater	3110	1195	1000	5,000	3099	1232	1000	5,000	-0,055 (0,376)	-0,047 (0,446)	0,010 (0,876)	-0,031 (0,618)	0,027 (0,657)	-0,013 (0,834)	-0,056 (0,363)	0,139 (0,024)
-16	Aktiengesellschaft	0,049	0,217	0,000	1,000	0,060	0,238	0,000	1,000	0,092 (0,136)	0,152 (0,014)	-0,065 (0,292)	-0,029 (0,644)	0,071 (0,252)	-0,069 (0,261)	0,070 (0,259)	-0,017 (0,781)
-17	GmbH & Co. KG	0,273	0,446	0,000	1,000	0,258	0,439	0,000	1,000	0,055 (0,378)	-0,041 (0,507)	0,018 (0,777)	-0,155 (0,012)	0,157 (0,011)	0,188 (0,002)	0,065 (0,292)	-0,051 (0,405)
-18	Personengesellschaft	0,061	0,239	0,000	1,000	0,040	0,196	0,000	1,000	-0,096 (0,119)	-0,053 (0,395)	0,227 (0,000)	-0,094 (0,126)	-0,037 (0,553)	-0,166 (0,007)	0,078 (0,207)	0,049 (0,427)
-19	Verarbeitendes Gewerbe	0,379	0,486	0,000	1,000	0,457	0,500	0,000	1,000	0,175 (0,004)	0,087 (0,161)	-0,047 (0,452)	0,010 (0,877)	0,018 (0,771)	-0,046 (0,453)	0,006 (0,927)	-0,062 (0,315)
-20	Handel	0,273	0,446	0,000	1,000	0,265	0,443	0,000	1,000	-0,040 (0,516)	-0,045 (0,466)	0,082 (0,185)	-0,082 (0,181)	0,039 (0,525)	0,065 (0,290)	0,065 (0,292)	0,024 (0,698)
-21	Transportgewerbe	0,030	0,172	0,000	1,000	0,026	0,161	0,000	1,000	0,044 (0,473)	0,072 (0,242)	-0,051 (0,413)	0,029 (0,644)	-0,000 (-1000)	0,090 (0,146)	0,054 (0,381)	0,044 (0,477)
-22	Dienstleistungen	0,117	0,323	0,000	1,000	0,106	0,309	0,000	1,000	-0,007 (0,914)	0,041 (0,509)	0,029 (0,639)	-0,023 (0,714)	0,007 (0,913)	0,031 (0,622)	0,034 (0,587)	0,057 (0,358)
-23	Sonstige Branche	0,064	0,246	0,000	1,000	0,060	0,238	0,000	1,000	0,031 (0,615)	-0,011 (0,855)	-0,075 (0,224)	0,051 (0,413)	-0,009 (0,885)	0,018 (0,773)	-0,108 (0,081)	-0,123 (0,046)

Tab. 2: (Fortsetzung)

	Komplettes Sample (n=272)				Nur „gut informierte" Unternehmen (n=153)				−9	−10	−11	−12	−13	−14	−15	−16
	Mean	S.D.	Min	Max	Mean	S.D.	Min	Max								
−13 Management-Fachbuecher	1,981	0,797	1,000	5,000	2,146	0,828	1,000	5,000	0,145 (0,018)	0,013 (0,827)	0,217 (0,000)	0,192 (0,002)	1,000	0,596 (0,000)	0,182 (0,025)	0,057 (0,485)
−14 Wirtschaftsmagazine	2,386	1,037	1,000	5,000	2,556	1,011	1,000	5,000	0,180 (0,003)	0,013 (0,839)	0,174 (0,005)	0,118 (0,055)	0,603 (0,000)	1,000	0,170 (0,037)	0,111 (0,175)
−15 Steuer- und Rechtsberater	3110	1195	1000	5,000	3099	1232	1000	5,000	0,027 (0,666)	0,127 (0,039)	0,311 (0,000)	0,020 (0,741)	0,134 (0,030)	0,039 (0,525)	1,000	0,048 (0,558)
−16 Aktiengesellschaft	0,049	0,217	0,000	1,000	0,060	0,238	0,000	1,000	0,034 (0,577)	−0,061 (0,323)	0,124 (0,043)	0,030 (0,629)	0,049 (0,424)	0,084 (0,172)	0,038 (0,542)	1,000
−17 GmbH & Co. KG	0,273	0,446	0,000	1,000	0,258	0,439	0,000	1,000	0,079 (0,200)	0,121 (0,050)	0,074 (0,231)	0,090 (0,144)	0,057 (0,353)	0,067 (0,276)	0,015 (0,810)	−0,139 (0,024)
−18 Personengesellschaft	0,061	0,239	0,000	1,000	0,040	0,196	0,000	1,000	0,064 (0,301)	−0,021 (0,736)	0,029 (0,637)	−0,027 (0,665)	0,066 (0,286)	0,059 (0,343)	−0,037 (0,553)	−0,058 (0,350)
−19 Verarbeitendes Gewerbe	0,379	0,486	0,000	1,000	0,457	0,500	0,000	1,000	−0,094 (0,127)	−0,025 (0,688)	−0,015 (0,804)	−0,120 (0,052)	−0,080 (0,197)	−0,027 (0,657)	−0,144 (0,019)	−0,069 (0,261)
−20 Handel	0,273	0,446	0,000	1,000	0,265	0,443	0,000	1,000	−0,002 (0,968)	0,016 (0,801)	0,110 (0,073)	−0,092 (0,137)	0,036 (0,561)	0,010 (0,875)	0,129 (0,036)	−0,061 (0,325)
−21 Transportgewerbe	0,030	0,172	0,000	1,000	0,026	0,161	0,000	1,000	0,027 (0,665)	0,020 (0,750)	−0,046 (0,459)	0,123 (0,046)	−0,051 (0,406)	−0,002 (0,975)	0,076 (0,216)	−0,040 (0,515)
−22 Dienstleistungen	0,117	0,323	0,000	1,000	0,106	0,309	0,000	1,000	−0,058 (0,350)	0,094 (0,127)	−0,006 (0,917)	0,045 (0,467)	−0,021 (0,735)	−0,045 (0,464)	−0,004 (0,948)	0,080 (0,194)
−23 Sonstige Branche	0,064	0,246	0,000	1,000	0,060	0,238	0,000	1,000	0,114 (0,065)	−0,101 (0,102)	−0,025 (0,685)	0,078 (0,209)	0,064 (0,297)	0,006 (0,917)	−0,011 (0,856)	0,154 (0,012)

Tab. 2: (Fortsetzung)

		Komplettes Sample (n = 272)				Nur „gut informierte" Unternehmen (n = 153)				-17	-18	-19	-20	-21	-22	-23
		Mean	S.D.	Min	Max	Mean	S.D.	Min	Max							
-13	Management-Fachbuecher	1,981	0,797	1,000	5,000	2,146	0,828	1,000	5,000	0,079 (0,334)	0,211 (0,009)	-0,146 (0,074)	0,130 (0,110)	-0,029 (0,723)	-0,035 (0,672)	0,023 (0,776)
-14	Wirtschaftsmagazine	2,386	1,037	1,000	5,000	2,556	1,011	1,000	5,000	0,095 (0,248)	0,191 (0,019)	-0,084 (0,304)	0,130 (0,111)	-0,009 (0,911)	-0,126 (0,123)	0,055 (0,500)
-15	Steuer- und Rechtsberater	3110	1195	1000	5,000	3099	1232	1000	5,000	0,088 (0,284)	-0,044 (0,591)	-0,063 (0,439)	0,110 (0,177)	0,054 (0,511)	-0,045 (0,580)	-0,020 (0,804)
-16	Aktiengesellschaft	0,049	0,217	0,000	1,000	0,060	0,238	0,000	1,000	-0,149 (0,069)	-0,051 (0,532)	-0,062 (0,446)	-0,088 (0,284)	-0,042 (0,613)	0,095 (0,245)	0,173 (0,034)
-17	GmbH & Co. KG	0,273	0,446	0,000	1,000	0,258	0,439	0,000	1,000	1,000	-0,120 (0,142)	0,005 (0,947)	0,023 (0,780)	-0,003 (0,970)	-0,105 (0,200)	0,043 (0,599)
-18	Personengesellschaft	0,061	0,239	0,000	1,000	0,040	0,196	0,000	1,000	-0,156 (0,011)	1,000	-0,119 (0,147)	0,185 (0,023)	-0,034 (0,683)	-0,070 (0,393)	0,092 (0,261)
-19	Verarbeitendes Gewerbe	0,379	0,486	0,000	1,000	0,457	0,500	0,000	1,000	-0,075 (0,225)	-0,133 (0,031)	1,000	-0,551 (0,000)	-0,151 (0,064)	-0,316 (0,000)	-0,231 (0,004)
-20	Handel	0,273	0,446	0,000	1,000	0,265	0,443	0,000	1,000	0,045 (0,465)	0,201 (0,001)	-0,478 (0,000)	1,000	-0,099 (0,226)	-0,207 (0,011)	-0,151 (0,064)
-21	Transportgewerbe	0,030	0,172	0,000	1,000	0,026	0,161	0,000	1,000	-0,009 (0,884)	0,048 (0,440)	-0,138 (0,025)	-0,108 (0,079)	1,000	-0,057 (0,489)	-0,042 (0,613)
-22	Dienstleistungen	0,117	0,323	0,000	1,000	0,106	0,309	0,000	1,000	-0,012 (0,846)	-0,093 (0,133)	-0,285 (0,000)	-0,223 (0,000)	-0,064 (0,297)	1,000	-0,087 (0,290)
-23	Sonstige Branche	0,064	0,246	0,000	1,000	0,060	0,238	0,000	1,000	0,082 (0,185)	-0,002 (0,975)	-0,205 (0,001)	-0,161 (0,009)	-0,046 (0,453)	-0,096 (0,121)	1,000

Im folgenden Abschnitt werden die entwickelten Hypothesen auf Basis einer multivariaten Analyse überprüft. Ob die Kollinearität zwischen unabhängigen Variablen bei den weiteren Analysen zu Problemen führen kann, wurde durch Berechnung des Variations-Inflations-Faktors geprüft. Dieser ist für alle unabhängigen Variablen kleiner als zwei und liegt somit weit unter dem kritischen Wert von zehn (vgl. Hoang und Rothaermel 2005).

5.2 Regressionsmodelle

Da die beiden abhängigen Variablen *Kenntnis* und *Einsatz* auf einen Wertebereich von 0 bis 8 beschränkt sind, werden die erwarteten Einflüsse anhand von Tobit-Regressionen untersucht (vgl. Tobin 1958). Bei der Ausgabe der Ergebnisse ist zu berücksichtigen, dass das bei dieser Art von Regressionsanalysen ausgegebene McFadden R^2 eine sehr geringe Aussagekraft hat und nur vergleichend interpretiert werden kann. Um ein verständlicheres Maß für die Modellgüte bereit zu stellen, wird zusätzlich das $r(rho)^2$ als der quadrierte Korrelationskoeffizient zwischen den tatsächlich beobachteten Werten und den Werten, die durch das Modell geschätzt wurden, berechnet (vgl. Long und Freese 2006). Die Ergebnisse der Tobit-Regression sind in Tab. 3 dargestellt.

5.2.1 Kenntnis von Managementkonzepten

Die Modelle 1 bis 5 geben die Schätzergebnisse für die *Kenntnis* von Managementkonzepten wieder. Hierbei wird schrittweise der Zusammenhang zwischen allen oben beschriebenen unabhängigen Variablen sowie Kontrollvariablen und der abhängigen Variablen *Kenntnis von Managementkonzepten* überprüft, die die Anzahl (0–8) der dem Geschäftsführer des befragten Unternehmens bekannten Gruppen von Managementkonzepten angibt.

In den Modellen 1 und 2 werden zunächst alle Kontrollvariablen sowie die Variablen zur Ressourcenverfügbarkeit und betrieblichen Notwendigkeit (vgl. Hypothesen 1–3) aufgenommen. Mit Blick auf die Kontrollvariablen zeigt sich, dass weder die Inanspruchnahme betriebswirtschaftlicher Beratungsleistungen durch *Steuer- und Rechtsberater* noch die *Rechtsform* signifikant mit der dem Geschäftsführer bekannten Anzahl von Managementkonzeptgruppen zusammenhängt. Weiterhin ist in Modell 1 ersichtlich, dass Geschäftsführer von Unternehmen aus dem *verarbeitenden Gewerbe,* dem *Handel* und dem *Dienstleistungssektor* eine signifikant höhere Anzahl von Konzeptgruppen kennen als solche aus dem *Baugewerbe,* die hier als Referenzkategorie dienen.

Mit Blick auf die beschriebenen Dummy Variablen zur *Unternehmensgröße* zeigt sich, dass Geschäftsführer kleiner (< 50 Mitarbeiter und < 10 Mio. Umsatz) und mittlerer (< 250 Mitarbeiter und < 50 Mio. Umsatz) Unternehmen signifikant weniger Konzepte kennen als Geschäftsführer größerer (> 250 Mitarbeiter und/oder > 50 Mio. Umsatz) Unternehmen (Referenzkategorie). Gleichzeitig kennen Geschäftsführer kleiner Unternehmen signifikant weniger Konzepte als Geschäftsführer mittlerer Unternehmen (vgl. Modell 2). Diese Ergebnisse sind konsistent mit Hypothese 1a und deuten darauf hin, dass Geschäftsführer mittelständischer Unternehmen erst ab einer bestimmten Ressourcenausstattung ihres Unternehmens verstärkt beginnen, sich über moderne Managementkonzepte zu informieren bzw. systematischer über die Konzepte informiert werden. Weiterhin ist erkennbar,

Tab. 3: Tobit Regressionsmodelle für Kenntnis (Modelle 1–5) und Einsatz (Modelle 6–10)[a]

Variablen	(1) Kenntnis	(2) Kenntnis	(3) Kenntnis	(4) Kenntnis	(5) Kenntnis	(6) Einsatz	(7) Einsatz	(8) Einsatz	(9) Einsatz	(10) Einsatz
Ressourcenverfügbarkeit und betriebliche Notwendigkeit										
Unternehmensgröße										
EU Definition kleines Unternehmen	−2,406*** (0,006)	−1,367* (0,077)	−2,124** (0,016)	−2,106** (0,019)	−1,891** (0,028)	−1,264** (0,073)	−0,418 (0,541)	−1,083 (0,124)	−1,219* (0,075)	−1,306** (0,049)
EU Definition mittleres Unternehmen	−1,040* (0,074)		−1,000* (0,085)	−0,999* (0,086)	−0,960* (0,089)	−0,846** (0,014)		−0,776** (0,021)	−0,788** (0,016)	−0,768** (0,017)
Größer EU Definition (bis 1.000 Mitarbeiter)		1,040* (0,074)					0,846** (0,014)			
Ausbildung des Geschäftsführers										
Geschaeftsfuehrer mit Wirtschaftsstudium	1,640*** (0,001)	1,640*** (0,001)	1,654*** (0,001)	1,654*** (0,001)	1,415*** (0,004)	0,664** (0,032)	0,664** (0,032)	0,669** (0,031)	0,755** (0,012)	0,735** (0,013)
Eigentumsverhältnisse										
Familienbesitzanteil	0,158 (0,493)	0,158 (0,493)	0,165 (0,468)	0,167 (0,464)	0,149 (0,497)	0,175 (0,298)	0,175 (0,298)	0,160 (0,332)	0,212 (0,187)	0,161 (0,307)
Einbettung in relationale und mediale Umwelten										
Verfügbarkeit von Vorbildern und Erfahrungswissen										
Interaktion mit bestehenden Adoptoren			0,508** (0,030)	0,505** (0,032)	0,305 (0,182)			0,375** (0,028)	0,308* (0,063)	0,301* (0,065)
Anzahl der Verbaende			0,350 (0,149)	0,345 (0,159)	0,035 (0,885)			0,285* (0,075)	0,073 (0,664)	0,044 (0,790)
Umwelterwartungen										
Komplexitaet der relevanten Umwelterwartungen				0,023 (0,899)	0,043 (0,807)				0,386*** (0,002)	0,372*** (0,002)
Zugang zu Arenen für Managementwissen										
Unternehmensberater					0,246 (0,316)					0,364** (0,022)
Managementseminare					0,577** (0,015)					−0,179 (0,315)
Management-Fachbuecher					0,803*** (0,008)					0,112 (0,515)
Wirtschaftsmagazine					0,322 (0,236)					0,271 (0,120)

Tab. 3: (Fortsetzung)

Variablen		(1) Kenntnis	(2) Kenntnis	(3) Kenntnis	(4) Kenntnis	(5) Kenntnis	(6) Einsatz	(7) Einsatz	(8) Einsatz	(9) Einsatz	(10) Einsatz
Kontrollvariablen	Steuer- und Rechtsberater	−0,060 (0,799)	−0,060 (0,799)	−0,135 (0,568)	−0,137 (0,562)	−0,306 (0,208)	−0,206 (0,150)	−0,206 (0,150)	−0,231* (0,100)	−0,285** (0,039)	−0,464*** (0,002)
Rechtsform (Referenz: GmbH)											
	Aktiengesellschaft	1,733 (0,155)	1,733 (0,155)	1,641 (0,169)	1,647 (0,168)	1,270 (0,277)	1,314** (0,045)	1,314** (0,045)	1,426** (0,026)	1,539** (0,013)	1,210** (0,045)
	GmbH & Co. KG	−0,150 (0,787)	−0,150 (0,787)	−0,178 (0,745)	−0,186 (0,736)	−0,434 (0,416)	−0,230 (0,523)	−0,230 (0,523)	−0,239 (0,498)	−0,378 (0,273)	−0,507 (0,130)
	Personengesellschaft	−0,199 (0,836)	−0,199 (0,836)	−0,432 (0,652)	−0,436 (0,649)	−0,781 (0,401)	0,816 (0,307)	0,816 (0,307)	0,609 (0,438)	0,922 (0,230)	0,865 (0,254)
Branche (Referenz: Baugewerbe)											
	Verarbeitendes Gewerbe	2,782*** (0,000)	2,782*** (0,000)	2,964*** (0,000)	2,961*** (0,000)	3,331*** (0,000)	−0,797 (0,150)	−0,797 (0,150)	−0,423 (0,446)	−0,666 (0,222)	−0,876 (0,108)
	Handel	1,513** (0,040)	1,513** (0,040)	1,622** (0,027)	1,616** (0,028)	2,145*** (0,003)	−0,421 (0,475)	−0,421 (0,475)	−0,065 (0,912)	−0,158 (0,782)	−0,494 (0,390)
	Transportgewerbe	1,608 (0,270)	1,608 (0,270)	1,641 (0,257)	1,639 (0,257)	2,229 (0,115)	0,404 (0,703)	0,404 (0,703)	0,545 (0,601)	0,274 (0,787)	0,435 (0,659)
	Dienstleistungen	1,433 (0,104)	1,433 (0,104)	1,488* (0,089)	1,476* (0,094)	1,721** (0,041)	−0,282 (0,675)	−0,282 (0,675)	0,051 (0,940)	−0,425 (0,524)	−0,457 (0,481)
	Sonstige Branche	1,598 (0,142)	1,598 (0,142)	1,783* (0,098)	1,796* (0,097)	1,830* (0,075)	−1,320 (0,101)	−1,320 (0,101)	−0,852 (0,295)	−0,849 (0,281)	−1,047 (0,173)
	Konstante	6,953*** (0,000)	5,913*** (0,000)	6,820*** (0,000)	6,760*** (0,000)	6,584*** (0,000)	6,296*** (0,000)	5,450*** (0,000)	5,886*** (0,000)	5,018*** (0,000)	5,232*** (0,000)
	Beobachtungen	272	272	272	272	272	153	153	153	153	153
	McFadden's R²	0,050	0,050	0,057	0,057	0,091	0,036	0,036	0,049	0,065	0,086
	r(rho)²	0,177	0,180	0,216	0,217	0,278	0,102	0,106	0,163	0,167	0,210

***p < 0,01; **p < 0,05; *p < 0,1
[a]Bei Betrachtung der Anzahl der Konzepte und nicht der Geltungsbereiche ergeben sich analoge Effekte

dass Geschäftsführer mit *wirtschaftswissenschaftlichem Studium* signifikant mehr Managementkonzepte kennen als Geschäftsführer mit einem anderen Ausbildungshintergrund. Dieses Ergebnis steht im Einklang mit Hypothese 2a. Bei einer differenzierteren Unterscheidung der Studiengänge in naturwissenschaftlich, technisch, wirtschaftswissenschaftlich und sonstige Fächer verändern sich übrigens die Schätzergebnisse inhaltlich nicht signifikant. Ein wirtschaftswissenschaftliches Studium ist dann weiterhin das einzige, das hier einen signifikanten Effekt auf die Kenntnis von Managementkonzepten besitzt.

In Hypothese 3a wurde angenommen, dass mit einer Zunahme des Anteils, zu der ein mittelständisches Unternehmen in *Familienbesitz* ist, die Zahl der bekannten Konzepte sinkt, weil in Familienunternehmen eine höhere Risikoaversion sowie ein Hang zu informalem Management existiert. Hinsichtlich der Zahl der bekannten Konzepte kann dieser Zusammenhang nicht bestätigt werden, denn es besteht kein signifikanter Unterschied zwischen Geschäftsführern von Familienunternehmen und Nicht-Familienunternehmen hinsichtlich des Kenntnisstands bzgl. moderner Managementkonzepte.

In den Modellen 3–5 werden die Variablen zur Verfügbarkeit von Vorbildern und Erfahrungswissen (vgl. Hypothesen 4 und 5) im Hinblick auf Managementkonzepte in das Schätzmodell aufgenommen. In den Modellen 3 und 4 ist zunächst ein signifikanter Effekt der Variablen zur *Interaktion mit bestehenden Adoptoren* beobachtbar, der jedoch bei Hinzunahme derjenigen erklärenden Variablen (vgl. Modell 5), die den Zugang zu aktuellem Managementwissen repräsentieren, nicht signifikant bleibt. Mit Blick auf die Variable zur *Anzahl der Verbände* wird deutlich, dass kein signifikanter Zusammenhang zwischen der Zahl der Unternehmensverbände, in denen ein mittelständisches Unternehmen Mitglied ist, und der Zahl der bekannten Konzepte besteht. Der nicht signifikante Einfluss der Zahl der Verbandsmitgliedschaften entspricht nicht den in der Hypothesenentwicklung formulierten Erwartungen (vgl. H5a). Ein Grund hierfür könnte sein, dass mittels der verwendeten Variablen und aufgrund der hohen Heterogenität der untersuchten Branchen nicht zwischen verschiedenen Typen von Verbänden differenziert werden konnte. Einige Verbände könnten sehr wohl spezifische Kenntnisse zu modernen Managementkonzepten vermitteln.

Der in Modell 5 nicht mehr erkennbare Einfluss der Beziehungen zu bestehenden Adoptoren steht sowohl im Einklang mit Hypothese 4a als auch mit den Erkenntnissen existierender Forschungsarbeiten. Hier konnte regelmäßig gezeigt werden, dass Informationsbeschaffungsprozesse in Bezug auf neue organisationale Praktiken häufig losgelöst von sozialen Beziehungen zu anderen Adoptoren ablaufen. Im Gegensatz dazu beeinflusst aber, wie noch gezeigt werden wird, eine hohe Interaktion mit anderen Adoptoren die Einsatzwahrscheinlichkeit neuer organisationaler Praktiken signifikant positiv. In Modell 4 wird die Variable zur Messung der *Komplexität von Umwelterwartungen* in das Schätzmodell aufgenommen. Der nicht signifikante Einfluss der Komplexität relevanter Umwelterwartungen widerspricht der in Hypothese 6a formulierten theoretischen Erwartung, dass sich Forderungen von Anspruchsgruppen in der Kenntnis von Managementkonzepten niederschlagen.

Wie in Modell 5 deutlich wird, trägt auch der Kontakt zu *Unternehmensberatern* entgegen den Erwartungen (H7a) nicht signifikant dazu bei, dass Geschäftsführer mittelständischer Unternehmen eine höhere *Kenntnis* hinsichtlich moderner Managementkonzepte haben. Die positive Effektrichtung entspricht jedoch prinzipiell den Erwartungen.

Dennoch scheinen Unternehmensberatungen während laufender Beratungsprojekte nicht zwingend Informationen über ihr „Produktportfolio" bzw. über Managementkonzepte im Allgemeinen zu vermitteln. Dagegen wird jedoch ersichtlich, dass die Anzahl der dem Geschäftsführer bekannten Managementkonzepte mit der Häufigkeit des Besuchs von *Managementseminaren* signifikant steigt. Dieser Zusammenhang deutet darauf hin, dass neben einer wirtschaftswissenschaftlichen Ausbildung auch die Wahrnehmung entsprechender Fortbildungsangebote einen signifikanten Einfluss auf die Vielzahl bekannter Managementkonzepte hat.

Analog zu den in Hypothese 8a formulierten Erwartungen scheint vor allem der Konsum einschlägiger (Fach)medien zu einer signifikant umfassenderen Informiertheit über die Existenz von Managementkonzepten zu führen. Von den betrachteten Medien scheinen hierbei *Management-Fachbücher* die wichtigste Informationsquelle zu sein. Inwiefern sich die erklärenden Variablen nicht nur auf den Kenntnisstand, sondern auch auf den Einsatz von Managementkonzepten auswirken, wird im folgenden Abschnitt untersucht.

5.2.2 Einsatz von Managementkonzepten

In den Schätzmodellen zum *Einsatz von Managementkonzepten* wird schrittweise der Zusammenhang zwischen allen oben beschriebenen unabhängigen Variablen sowie Kontrollvariablen und der abhängigen Variable *Einsatz* überprüft, die die Anzahl (0–8) der Konzeptgruppen angibt, aus welchen im befragten Unternehmen Managementkonzepte eingesetzt werden. Wie bereits ausgeführt, wird der Einsatz von Managementkonzepten auf Basis einer Teilstichprobe von Unternehmen untersucht, deren Geschäftsführer über einen *identischen Informationsstand* – hier den maximalen Kenntnisstand – hinsichtlich der untersuchten Managementkonzepte verfügen.

Aus den Resultaten der Schätzmodelle 6 bis 10 wird deutlich, dass es keinen signifikanten Zusammenhang zwischen der *Branchenzugehörigkeit* und der Anzahl der eingesetzten Konzepte gibt. Weiterhin wird bezüglich des Einflusses der Rechtsform ersichtlich, dass *Aktiengesellschaften, unter Kontrolle für die Unternehmensgröße,* signifikant mehr Managementkonzepte einsetzen als GmbHs (Referenzkategorie). Die Tatsache, dass der entsprechende Effekt auch bei Hinzunahme aller weiteren unabhängigen Variablen signifikant bleibt, lässt sich mit Verweis auf die im Falle von Aktiengesellschaften besonders hohen Erwartungen von Kapitalgebern und weiteren relevanten Stakeholdern an ein professionelles Management erklären (vgl. Julian et al. 2008). Diese Ergebnisse weichen von den Ergebnissen zur Kenntnis von Managementkonzepten deutlich ab und deuten darauf hin, dass bei der Entscheidung über den Einsatz moderner Managementkonzepte – vergleicht man Unternehmen, deren Geschäftsführer denselben Kenntnisstand haben – andere Erklärungsfaktoren eine Rolle spielen als bei der Erlangung von Wissen über entsprechende Konzepte.

Wie die Modelle 6 und 7 ebenfalls deutlich machen, setzen kleine und mittlere Unternehmen (< 250 Mitarbeiter) signifikant weniger Managementkonzepte ein als Unternehmen mit mehr als 250 Mitarbeitern. Diese größeren Unternehmen verfügen über höhere Umsetzungsressourcen und weisen aufgrund der mit der Unternehmensgröße steigenden Organisationskomplexität vermutlich auch einen höheren Bedarf an Problemlösungen auf, wie sie von Managementkonzepten häufig bereit gestellt werden (vgl. Hypothese

1b). Gleichzeitig zeigt sich jedoch kein signifikanter Unterschied zwischen kleinen und mittleren Unternehmen hinsichtlich der Anzahl der eingesetzten Managementkonzepte (Modell 7). Die weiteren Ergebnisse deuten darauf hin, dass neben der materiellen Ressourcenausstattung noch weitere Einflussfaktoren für Unterschiede im Adoptionsverhalten bei Managementkonzepten verantwortlich sind. So zeigt sich, dass in Unternehmen, deren Geschäftsführer einen *wirtschaftswissenschaftlichen* Ausbildungshintergrund besitzen, signifikant mehr Managementkonzepte zum Einsatz kommen als bei Geschäftsführern mit einem andersartigen Ausbildungshintergrund. Dieser Zusammenhang kann auf die Notwendigkeit des Vorhandenseins von immateriellen Ressourcen in Form von Implementierungswissen zur Einführung von Managementkonzepten hindeuten (vgl. H2b). Ebenso wie in den Schätzungen zur Kenntnis von Managementkonzepten bringt eine detaillierte Unterscheidung zwischen einzelnen Studienfachrichtungen für die Erklärung des Einsatzes von modernen Managementkonzepten ebenfalls keinen zusätzlichen Erkenntnisgewinn. Entgegen der formulierten Erwartung (H3b), dass Unternehmen, die sich zu einem hohen Anteil im Familienbesitz befinden, nur wenige Managementkonzepte aus den unterschiedlichen Konzeptkategorien anwenden, ist kein signifikanter Einfluss dieser Variable nachweisbar. Eine Erklärung für diesen nicht erwartungskonformen Effekt könnte in einer in den vergangenen Jahren zunehmenden Professionalisierung des Managements von Familienunternehmen liegen.

Mit Blick auf Modell 8 wird deutlich, dass ein signifikant positiver Zusammenhang zwischen der Intensität der *Interaktion mit bestehenden Adoptoren* und der Anzahl von Konzeptgruppen besteht, aus denen Managementkonzepte eingesetzt werden. Unternehmen, die angeben, besonders gut über den Einsatz von Konzepten bei Partnerunternehmen, Wettbewerbern oder anderen Unternehmen in ihrem Umfeld informiert zu sein, setzen signifikant mehr Konzepte ein als Unternehmen, die keine entsprechenden Kontakte zu anderen Adoptoren pflegen. Der entsprechende Effekt bleibt auch bei Hinzunahme aller weiteren unabhängigen Variablen signifikant und entspricht den in Hypothese 4b formulierten Erwartungen.

Zudem scheint in Modell 8 zunächst ein signifikant positiver und somit erwartungskonformer Zusammenhang zwischen den *Verbandsmitgliedschaften* und der Zahl der Konzeptkategorien zu bestehen, aus denen Managementkonzepte eingesetzt werden (vgl. H5b). Bei Aufnahme der Variable zur *Komplexität von Umwelterwartungen* (Modell 9) wird der entsprechende Effekt jedoch insignifikant zugunsten eines hoch signifikanten und positiven Effekts der *Komplexität von Umwelterwartungen*. Diese Beobachtung lässt sich durch die Tatsache erklären, dass Unternehmen, die angeben, in besonders vielen Verbänden Mitglied zu sein, auch eher über eine hohe Komplexität von Umwelterwartungen berichten. Bei der hier vorgenommenen statistischen Differenzierung wird jedoch deutlich, dass es insbesondere die wahrgenommene Komplexität von Umwelterwartungen ist, die – unabhängig von Verbandsmitgliedschaften – zu einer stärkeren Neigung führt, moderne Managementkonzepte einzusetzen. Letztere Beobachtung ist konsistent mit Hypothese 6b und deutet darauf hin, dass Konzepte nicht selten deshalb eingesetzt werden, weil damit die Erwartungen wichtiger Anspruchsgruppen (z. B. Großkunden, Lieferanten, Partnerunternehmen) befriedigt werden können.

Wie aus Modell 10 ersichtlich, steigt der Einsatz von Managementkonzepten signifikant, wenn häufig *Unternehmensberater* konsultiert werden (entsprechend H7b). Interessanterweise ist mit Blick auf die Variable zum Besuch von *Managementseminaren* im Zusammenhang mit Hypothese 8b kein signifikanter Effekt nachweisbar. Wissen, welches im Rahmen der (wirtschaftswissenschaftlichen) Ausbildung gewonnen wurde, scheint in Bezug auf die Entscheidung über den Einsatz von Managementkonzepten somit eine wichtigere Funktion zu übernehmen als Wissen, welches im Rahmen von Managementseminaren bzw. Fortbildungen gewonnen wurde. Bei den Kontrollvariablen ist ein weiterer signifikanter Effekt erkennbar: Die Beratung durch *Steuer- und Rechtsberater* bei unternehmerischen Entscheidungen weist einen signifikanten negativen Effekt auf den Einsatz von Managementkonzepten auf. Der Einfluss dieser Berufsgruppe ist somit gegenläufig zum Effekt, der durch die Inanspruchnahme von Unternehmensberatern entsteht. Dieses Ergebnis deutet darauf hin, dass Steuer- und Rechtsberater möglicherweise ein Korrektiv zum Einfluss von Unternehmensberatern hinsichtlich der *Einsatz*häufigkeit von Konzepten darstellen – insbesondere mit Blick auf die in den Schätzmodellen zur Konzeptkenntnis gewonnene Erkenntnis, dass die Konsultation von Steuer- und Rechtsberatern *keinen* signifikanten Einfluss auf die *Kenntnis* von Managementkonzepten hat.

Entgegen den Erwartungen aus Hypothese 8b hat keine der Variablen zum Kontakt mit einschlägigen *Medien* einen signifikanten Effekt auf den Einsatz von Managementkonzepten. Während also der Konsum einschlägiger Medien – insbesondere von Management-Fachbüchern – zur Verbreitung der Kenntnis über Managementkonzepte beiträgt, verlassen sich Geschäftsführer mittelständischer Unternehmen offensichtlich nicht auf entsprechende Quellen, wenn es um den tatsächlichen Einsatz eben dieser Konzepte geht.

6 Diskussion

Gewonnene Erkenntnisse. Im Rahmen der vorliegenden Studie wurde eine Konzeptualisierung der Verbreitung moderner Managementkonzepte unter mittelständischen Unternehmen entwickelt, die auf zwei häufig getrennt betrachteten Theorierichtungen basiert. Zum einen wurde eine innerhalb der betriebswirtschaftlichen Diffusionsforschung häufig eingenommene Perspektive berücksichtigt, die für die Erklärung der Verbreitung organisationaler Praktiken deren Passung mit zentralen Merkmalen potentieller Adoptoren betrachtet (vgl. Rogers 2003). Aus dieser Perspektive wurde argumentiert, dass Entscheidungen über den Einsatz von Managementkonzepten auf Basis von Erwägungen zur Ressourcenverfügbarkeit und betrieblichen Notwendigkeit getroffen werden. Zum anderen wurde jedoch auch, vor dem Hintergrund bestehender Erkenntnisse aus der organisationssoziologischen Diffusionsforschung, argumentiert, dass – insbesondere mit Blick auf KMU – eine ergänzende Berücksichtigung der Einbettung von Unternehmen in die sie umgebenden sozialen Umwelten potentiell zusätzliche Erklärungskraft birgt (vgl. Nooteboom 1994). In diesem Zusammenhang wurde argumentiert, dass soziale Umwelten von Unternehmen Quellen von Vorbildern und Erfahrungswissen zu Managementkonzepten darstellen können, gleichzeitig jedoch Erwartungen an eine adäquate Unternehmensführung bergen, denen sich Unternehmen nur begrenzt entziehen können. Auf Basis beider genannter Theorierichtungen wurden schließlich Hypothesen zu den Beziehungen zwischen Merkmalen von Unternehmen bzw. deren Umwelten und der Kenntnis bzw. dem Einsatz moderner Managementkonzepte aufgestellt. Die anschließende empirische Überprüfung der Hypothesen erfolgte auf Basis von Primärdaten einer Befragung unter 272 Unternehmen in Deutschland und birgt im Kern folgende Erkenntnisse:

Es wird deutlich, dass Geschäftsführer mittelständischer Unternehmen – unabhängig von der Unternehmensgröße – vor allem durch einschlägige Medien, durch die Teilnahme an Managementseminaren und durch ihre (wirtschaftswissenschaftliche) Ausbildung mit modernen Managementkonzepten in Berührung kommen bzw. Konzept*kenntnis* erlangen. Die Entscheidung, ob bekannte Konzepte schließlich im Unternehmen zum *Einsatz* kommen, ist neben der Unternehmensgröße jedoch vor allem von der Interaktion mit bestehenden Adoptoren und der Komplexität der Umwelterwartungen abhängig, die ein mittelständisches Unternehmen bei strategischen unternehmerischen Entscheidungen berücksichtigt. Zudem zeigt sich, dass die Intensität der Inanspruchnahme von Beratungsleistungen positiv mit der Bereitschaft zur Anwendung von Konzepten zusammenhängt. Besitzt der Geschäftsführer eines mittelständischen Unternehmens eine wirtschaftswissenschaftliche akademische Ausbildung, erhöht dies die Anzahl der eingesetzten Managementkonzepte aus unterschiedlichen Konzeptklassen, wohingegen kein analoger Zusammenhang für den Besuch von Managementseminaren nachgewiesen werden kann. Die im Rahmen der Konzeptualisierung formulierten theoretischen Erwartungen konnten somit weitgehend bestätigt werden. Abstrakt gesprochen, deuten unsere empirischen Ergebnisse darauf hin, dass sich beide theoretische Sichtweisen im Hinblick auf die Erklärung der Kenntnis und des Einsatzes von Managementkonzepten sehr gut ergänzen. Mit Blick auf bestehende Arbeiten zur Verbreitung von Managementkonzepten bergen die Ergebnisse der vorliegenden Studie eine ganze Reihe vertiefender Erkenntnisse:

Erstens wird deutlich, dass die Betrachtung mittelständischer Unternehmen als eine homogene Gruppe von Organisationen ähnlicher Größe und damit ähnlicher Verhaltensweisen hinsichtlich des Einsatzes organisationaler Praktiken zu kurz greift. Die häufig zu beobachtende Zurückhaltung mittelständischer Unternehmen hinsichtlich des Einsatzes von Managementkonzepten ist den Beobachtungen der vorliegenden Studie zufolge nicht nur Ergebnis beschränkter (materieller und immaterieller) organisationaler Ressourcen. Wie die Ergebnisse zur Interaktion mit bestehenden Adoptoren und zur Berücksichtigung von Umwelterwartungen zeigen, scheinen Implementierungsentscheidungen häufig Ergebnis zeitintensiver Prozesse des Erwartungs- und Erfahrungsaustausches mit relevanten Akteuren in den Unternehmensumwelten zu sein. Mittelständische Unternehmen könnten auf diese Weise versuchen, beschränkte organisationale Ressourcen zur Absorption von Implementierungsrisiken zumindest teilweise durch eine vorsichtige Konzeptselektion, unter Nutzung von Wissen über die Stakeholder-Erwartungen und Erfahrungen in ihrem Umfeld, auszugleichen (vgl. auch (vgl. Nooteboom 1994)).

Zweitens lassen die Ergebnisse unserer Studie den Schluss zu, dass mediale Diskurse über aktuelles Managementwissen zwar die *Kenntnis*, nicht hingegen die Entscheidung über den *Einsatz* von Managementkonzepten unter mittelständischen Unternehmen beeinflussen. Dieser Befund steht im Kontrast zu Untersuchungen, die einen direkten Zusammenhang zwischen der Verbreitung von Konzepten in global verfügbaren Diskursen und ihrem Einsatz in der Unternehmenspraxis aufzeigen (vgl. Abrahamson 1996; Abrahamson und Fairchild 1999). Beachtet man, dass in entsprechenden Studien meist der Einsatz von Konzepten unter Großunternehmen (z. B. Fortune 500) betrachtet wird, lässt sich schlussfolgern, dass mittelständische Unternehmen in Bezug auf so genannte kurzlebige Managementmoden unter Umständen weniger reagibel sind als Großunternehmen. Dieses Ergebnis birgt somit detaillierende Implikationen für konzeptionelle Annahmen hinsichtlich des Einflusses global verfügbarer medialer Diskurse über Managementwissen und deren Einsatz in der Unternehmenspraxis. Die anfängliche Verbreitung eines Konzepts unter Großunternehmen mag durch entsprechende mediale Diskurse vorangetrieben werden, die weitere Verbreitung eines Konzepts unter kleineren Unternehmen setzt jedoch offensichtlich Prozesse der interorganisationalen Interaktion und Beobachtung bzw. einen direkten Kontakt zu Akteuren aus dem Markt für Managementwissen – wie z. B. Unternehmensberatern – voraus.

Drittens bergen unsere Ergebnisse potentiell interessante Anhaltspunkte hinsichtlich solcher Faktoren, die die Verbreitung organisationaler Praktiken hemmen können. So wird mit Blick auf die Kontrollvariable zur Inanspruchnahme strategischer Managementberatungsleistungen von Steuer- und Rechtsberatern deutlich, dass diese zu einem signifikant geringeren Einsatz moderner Managementkonzepte führt. Eine potenzielle Erklärung für diese Beobachtung ergibt sich aus der Verbundenheit von Steuer- und Rechtsberatern mit einem originären institutionellen Kontext, welcher anscheinend relativ unabhängig von den zuvor beschriebenen Arenen für modernes Managementwissen operiert bzw. von divergierenden institutionellen Logiken (vgl. Friedland und Alford 1991) geleitet ist. Wie Suddaby und Greenwood (2005) zeigen können, hat diese Divergenz in Bezug auf große Beratungsgesellschaften (die vermehrt Steuer- und Rechtsberatung sowie Managementberatung aus einer Hand anbieten) in den vergangenen Dekaden zwar abgenommen, offensichtlich gilt dies jedoch nicht für die häufig von mittelständischen Unternehmen beauftragten kleineren Gesellschaften. Eine weitere Erklärung könnte in der professionell verankerten Aufgabe von Steuerberatern liegen, insbesondere solche Maßnahmen im Unternehmen anzuregen, die eine umgehende Kostensenkung bewirken. Investitionen in moderne Managementkonzepte sind allerdings häufig besonders kostenintensiv und mit einer vergleichsweise hohen Unsicherheit hinsichtlich des zu erwartenden „Return on Investment" behaftet.

Berücksichtigt man *viertens*, dass durch die aggregierte Betrachtung der Konzepte von den Spezifika der einzelnen Praktiken abstrahiert wird und dass die Entscheidung über den Einsatz eines Managementkonzeptes für ein (mittelständisches) Unternehmen eine sehr grundlegende ist, so bergen unsere Ergebnisse Einblicke in das generelle Entscheidungsverhalten mittelständischer Unternehmen. Hierbei zeigt sich, dass die relationalen Umwelten mittelständischer Unternehmen nicht nur potentielle Quellen für soziales Kapital (vgl. Yli-Renko et al. 2001) darstellen, sondern dass aus ihnen auch Erwartungen erwachsen, die die Entscheidungsspielräume von Unternehmen begrenzen können. Eine Berücksichtigung entsprechender Zusammenhänge in zukünftigen Studien birgt somit potentiell ein differenzierteres Bild der Rolle organisationaler Umwelten im Kontext von KMU.

Limitationen. Die umrissenen Erkenntnisse müssen im Lichte grundlegender Einschränkung der vorliegenden Studie betrachtet werden. Bei der Datengenerierung mittels standardisierter Fragebögen besteht das grundsätzliche Problem eines möglichen key informant bias (vgl. Kieser und Hurrle 2005). So stellt sich zum einen die Frage, ob einzelne befragte Organisationsmitglieder über eine ausreichend breite und tiefe Wissensbasis hinsichtlich solcher Fragen verfügen können, die eine Reihe von verschiedenen Gestaltungsbereichen der Organisation betreffen. In Anbetracht der Tatsache, dass in der vorliegenden Studie ausschließlich Geschäftsführer mittelständischer Unternehmen befragt wurden, denen häufig ein besonders hohes Maß an Einfluss und Kontrolle über sämtliche Gestaltungsbereiche des Unternehmens hinweg attestiert wird (vgl. Miller und Toulouse 1986), kann diesbezüglich jedoch von begrenzten Verzerrungseffekten ausgegangen werden. Des Weiteren kann ein key informant bias entstehen, wenn der Fragebogen ohne Kenntnis des Befragers nicht durch die intendierte Person innerhalb der Organisation bearbeitet wird. Entsprechenden potenziellen Verzerrungen wurde zum einen mittels direkter namentlicher Ansprache des jeweiligen Geschäftsführers entgegengewirkt. Zum anderen wurde im Fragebogen erneut nach der Position des Antwortenden im Unternehmen gefragt und all jene Fragebögen wurden aus der Analyse ausgeschlossen, die nicht von Geschäftsführern oder Vorständen selbst ausgefüllt wurden. Schließlich birgt die aggregierte Betrachtung der Diffusion vieler Konzepte zwar den Vorteil eines Verständnisses grundlegender Diffusionsmechanismen, gleichzeitig werden jedoch mögliche konzeptspezifische Besonderheiten ausgeblendet. Eine Verfeinerung der Aggregation durch die Untersuchung einzelner Konzepte und Konzeptkombinationen stellt somit einen Ansatzpunkt für weitere Forschungen dar.

Fazit. Die vorliegende Studie birgt Ergebnisse, die über den aktuellen Forschungsstand zur Verbreitung von Managementkonzepten im Mittelstand hinausgehen. Es konnte gezeigt werden, dass mittelständische Unternehmen trotz ähnlicher Ressourcenverfügbarkeit hinsichtlich ihrer Einbettung in verschiedene relationale Umwelten bedeutende Unterschiede aufweisen und dass diese Tatsache sichtbare Folgen für unternehmerische Entscheidungen zum Einsatz von Managementkonzepten hat. Die im Rahmen dieser Studie entwickelte Konzeptualisierung der Diffusion von Managementkonzepten könnte somit als Basis für die Entwicklung eines umfassenderen Verständnisses zentraler Determinanten unternehmerischer Entscheidungen bei mittelständischen Unternehmen dienen. Weiterhin wurde deutlich, dass eine kombinierte Betrachtung des Einflusses klassischer Unternehmensmerkmale und von Merkmalen der sozialen Einbettung mittelständischer Unternehmen gegenüber einer isolierten Verfolgung einer der beiden Argumentationslinien deutliche Erkenntnisgewinne birgt.

Anmerkungen

1 Aus der Grundgesamtheit wurden Unternehmensberatungen und Finanzdienstleister ausgeschlossen, da erstere nicht nur Anwender von Konzepten sein können, sondern Managementkonzepte häufig auch die „Produkte" von Unternehmensberatungen darstellen. Finanzdienstleister wurden aufgrund der Tatsache nicht berücksichtigt, dass sie zumeist sehr spezifische Managementkonzepte einsetzen.

2 Im Fragebogen wurde eine Liste aller 22 Konzepte präsentiert, so dass die Gruppierung für die Teilnehmer nicht ersichtlich war. Diese Liste wurde randomisiert, um Primacy-Effekte zu vermeiden (vgl. Dillman 2007).

Anhang

Tab. 4: Beispielhafte Darstellung der im Fragebogen verwendeten Kurzbeschreibungen von Managementkonzepten

Balanced Scorecard (BSC)
BSC bezeichnet ein auf Kennzahlen basierendes Konzept zur Messung der Erreichung verschiedener Unternehmensziele. Die BSC berücksichtigt nicht nur eine Finanzperspektive, sondern auch eine Kunden-, Prozess- und eine Mitarbeiterperspektive. Zu jeder Perspektive werden kritische Erfolgsfaktoren (KEFs) identifiziert und daraus Key Performance Indices (KPIs) abgeleitet, die den Grad der Zielerreichung angeben

Benchmarking
Der Grundgedanke des Benchmarking liegt im zielgerichteten Vergleichen und Messen der Produkte, Dienstleistungen und Prozesse eines Unternehmens mit denen anderer, führender Unternehmen. Ziel ist es, die jeweils besten Praktiken zu identifizieren und als Referenz bei der Leistungsoptimierung heranzuziehen

Business Intelligence System (BI)
Ein BI-System dient zur systemübergreifenden Analyse und Auswertung aller im Unternehmen vorhanden Geschäftsdaten. Beispiele sind: SAP Business Objects, IBM Cognos oder Microsoft Dynamics

Business Process Reengineering (BPR)/Geschäftsprozessneugestaltung
BPR bezeichnet ein Konzept zur radikalen Neugestaltung von Geschäftsprozessen, um Verbesserungen bei zentralen Zielgrößen, wie Kosten, Qualität, Service und Durchlaufzeit zu erreichen. Hierbei werden Aufgaben so zusammengelegt, dass eine konsequente Ausrichtung der Geschäftsprozesse am Kunden erfolgt

Change Management/Veränderungsmanagement
Change Management bezeichnet ein Konzept zur aktiven Gestaltung von Veränderungsprozessen in Unternehmen. Dazu gehört u. a. das Strukturieren des Veränderungsprozesses, das Einbeziehen der Betroffenen, die Kommunikation über den Wandel und das Steuern der Umsetzung

Corporate Social Responsibility (CSR)/Unternehmerische Sozialverantwortung
CSR bezeichnet ein Konzept des sozialverantwortlichen unternehmerischen Handelns. Dazu gehören Maßnahmen, die auf die Lösung sozialer und ökologischer Probleme abzielen. Die freiwillige Übernahme gesellschaftlicher Verantwortung geht hierbei über die Einhaltung gesetzlicher Bestimmungen hinaus

Customer Relationship Management (CRM)/Kundenbeziehungsmanagement
CRM bezeichnet ein Konzept zur kundenorientierten Unternehmenssteuerung. Mit Hilfe von Informations- und Kommunikationstechnologien wird hierbei versucht, auf lange Sicht profitable Kundenbeziehungen aufzubauen und zu festigen. Dazu ist eine ganzheitliche Ausrichtung aller Unternehmensaktivitäten auf die Kundenprozesse sowie die Nutzung eines CRM-Systems erforderlich, welches die relevanten Informationen sammelt und bereitstellt

Enterprise Ressource Planning System (ERP)
Ein ERP-System ist eine komplexe, integrative Anwendungssoftware zur Unterstützung der Ressourcenplanung ganzer Unternehmen. Beispiele für ein ERP-System sind: SAP ERP, Oracle ERP oder Abas

ISO 9000
Mit der Normenreihe EN ISO 9000 ff. sind Normen geschaffen worden, die die Grundsätze für Maßnahmen zum Qualitätsmanagement dokumentieren. Gemeinsam bilden sie einen zusammenhängenden Satz von Normen für Qualitätsmanagementsysteme, die das gegenseitige Verständnis auf nationaler und internationaler Ebene erleichtern sollen

Tab. 4: (Fortsetzung)

Joint Venture/Gemeinschaftsunternehmen
Ein Joint Venture ist eine gemeinsame Tochtergesellschaft von mindestens zwei rechtlich und wirtschaftlich getrennten Unternehmen. Neben dem Kapital bringen die Gründungsgesellschaften meist einen wesentlichen Ressourcenanteil an Technologie, Schutzrechten, technischem bzw. Marketing-Know-how oder Betriebsanlagen ein

Just in Time (JIT)/Fertigungs-/bedarfssynchrone Produktion
JIT bezeichnet eine Produktionsstrategie, die eine produktions- bzw. bedarfssynchrone Anlieferung von Rohstoffen und Vorprodukten vorsieht. Die Anlieferung soll genau zur richtigen Zeit, in genau der richtigen Menge und Qualität und unmittelbar am richtigen Ort erfolgen

Key-Account-Management (KAM)/Hauptkunden-Management
Das KAM befasst sich insbesondere mit der Pflege der Beziehungen zu Groß- oder Schlüsselkunden (Key Accounts) und versucht so durch den Aufbau eines systematischen Beziehungsmanagements mehr Kundennähe und -bindung zu erzeugen. Üblicherweise wird dazu jedem Schlüsselkunden ein fester Ansprechpartner zugeordnet (Key Account Manager)

Tab. 5: Fragen, Variablen und Skalen

Variable	Frage(n)	Skalierung	Ausprägungen
„EU-Definition kleines Unternehmen"	Mitarbeiter: „Wie viele Mitarbeiter beschäftigte Ihr Unternehmen zum Jahresende 2009? (inkl. Teilzeitbeschäftigte, ohne Leiharbeiter und Praktikanten)"	Binär	1: [< 50 Mitarbeiter, Jahresumsatz < 10 und > 2 Mio. €] 0: [sonst]
„EU-Definition mittleres Unternehmen"	Umsatz: „Wie hoch war der von Ihrem Unternehmen im Jahr 2009 erzielte Umsatz?"	Binär	1: [< 250 Mitarbeiter, < 50 Mio. Jahresumsatz, „EU-Definition kleines Unternehmen" = 0] 0: [sonst]
„Größer EU-Definition"		Binär	1: [> 250 < 1.000 Mitarbeiter und/oder > 50 Mio. Jahresumsatz] 0: [sonst]
Familienbesitzanteil	„Zu welchem Anteil ist das Unternehmen, in welchem Sie momentan als Geschäftsführer tätig sind, in Familienbesitz?"	Ordinal	[1] 0 %, [2] 1 % bis < 25 %, [3] 25 % bis < 50 %, [4] 50 % bis < 75 %, [5] 100 %
Geschäftsführer mit Wirtschaftsstudium	„In welcher Fachrichtung haben Sie Ihren Hoch-/Fachhochschulabschluss bzw. Ihre Promotion absolviert?" (Frage wurde nur gestellt, wenn Befragter angab, einen Universitätsabschluss zu haben)	Binär	1: [wenn „Wirtschaftswissenschaften"] 0: [sonst]

Tab. 5: (Fortsetzung)

Variable	Frage(n)	Skalierung	Ausprägungen
Interaktion mit bestehenden Adoptoren	„Wenn wichtige Unternehmen aus unserem Umfeld (z. B. Wettbewerber, Partnerunternehmen) ein neues Managementkonzept einführen, bekommt unser Unternehmen das mit."	5-Punkt Likert-Skala	Von [1] „stimme gar nicht zu" bis [5] „stimme voll zu"
Anzahl der Unternehmensverbände	„In wie vielen Berufs- und Wirtschaftsverbänden (z. B. IHK, VDA, BMI) sind Sie Mitglied?"	Ordinal	„1", „2", „3", „4", „5 und mehr"
Komplexität der relevanten Umwelterwartungen	„Bei strategischen unternehmerischen Entscheidungen berücksichtige ich ausdrücklich die Wünsche, Forderungen und das Verhalten von folgenden Gruppen: Kunden, Mitarbeitern, Lieferanten, Eigentümern, Fremdkapitalgebern, Wettbewerbern"	Ordinal	Von „0" bis „6" Summe der berücksichtigten Anspruchsgruppen
Unternehmensberater	„Wie oft werden Sie bei strategischen unternehmerischen Entscheidungen durch Unternehmensberater unterstützt?"	5-Punkt Likert-Skala	von [1] „gar nicht" bis [6] „sehr häufig"
Managementseminare	„Wie häufig nehmen Sie an Managementseminaren, Kongressen, Vorträgen oder sonstigen Fortbildungsveranstaltungen teil?"	Ordinal	[1] „Nie/so gut wie nie", [2] „seltener als 1 Mal pro Jahr", [3] „1–3 Mal pro Jahr", [4] „4–6 Mal pro Jahr", [5] „häufiger als 6 Mal pro Jahr
Management-Fachbücher	„Wie häufig lesen Sie Management-Fachbücher (z. B. „Die fünf entscheiden-den Fragen des Managements" von Peter Drucker)?"	Ordinal	[1] „Nie/so gut wie nie", [2] „seltener als 1 Mal pro Monat", [3] „mehrmals pro Monat", [4] „Mehrmals pro Woche", [5] „täglich"
Wirtschaftsmagazine	„Wie häufig lesen Sie wirtschaftswissenschaftliche Fachmagazine (z. B. Harvard Business Review, Schmalenbachs Zeitschrift für betriebswirtschaftliche Forschung, Die Betriebswirtschaft)?"		
Rechtsform	„Bitte nennen Sie die Rechtsform Ihres Unternehmens" Antworten: AG, GmbH, GmbH & Co. KG, Personengesellschaft	Vier binäre Variablen	0/1

Tab. 5: (Fortsetzung)

Variable	Frage(n)	Skalierung	Ausprägungen
Branche	„In welcher Branche ist Ihr Unternehmen hauptsächlich tätig?" Antworten: Verarbeitendes Gewerbe, Baugewerbe, Handel, Transport, Dienstleistungen	Sechs binäre Variablen	0/1
Steuer- und Rechtsberater	„Wie oft werden Sie bei strategischen unternehmerischen Entscheidungen von einem Steuer- oder Rechtsberater unterstützt? (nicht direkt auf Steuer- und Rechtsfragen bezogen)"	5-Punkt Likert-Skala	von [1] „gar nicht" bis [5] „sehr häufig"

Literatur

Abrahamson E (1996) Management fashion. Acad Manag Rev 21(1):254–285

Abrahamson E (1991) Managerial fads and fashions: the diffusion and rejection of innovations. Acad Manag Rev 16(3):586–612

Abrahamson E, Fairchild G (1999) Management fashion: lifecycles, triggers, and collective learning processes. Admin Sci Quart 44:708–740

Armbrüster T, Kipping M (2003) Strategy consulting at the crossroads – technical change and shifting market conditions for top-level advice. Int Stud Manag Organ 32(4):19–42

Atteslander P (2008) Methoden der empirischen Sozialforschung. Schmidt, Berlin

Baruch Y, Holtom BC (2008) Survey response rate levels and trends in organizational research. Hum Relat 61:1139–1161

Benders J, Van Veen K (2001) What's in a fashion? Interpretative viability and management fashions. Organization 8(1):33–53

Briscoe JA, Fawcett SE, Todd RH (2005) The implementation and impact of ISO 9000 among small manufacturing enterprises. J Small Bus Manag 43(3):309–330

Burns LR, Wholey DR (1993) Adaption and abandonment of matrix management programs: effects of organizational characteristics and interorganizational networks. Acad Manag J 36(1):105–138

Burt RS, Staw BM, Sutton RI (2000) The network structure of social capital. In: Burt RS, Staw BM, Sutton RI (Hrsg) Research in organizational behavior. Elsevier, Amsterdam, S 345–423

Child J, Faulkner DO (2005) Cooperative strategy: managing alliances, networks, and joint ventures. Oxford University Press, Oxford

Clark DN (1997) Strategic management tool usage: a comparative study. Strateg Chang 6:417–427

Clark T, Greatbatch D (2003) Collaborative relationship in the creation and fashioning of management ideas: gurus, editors, and managers. In: Kipping M, Engwall L (Hrsg) Management consulting – emergence and dynamics of a knowledge industry. Oxford University Press, New York, S 129–145

Clark T, Salaman G (1998) Telling tales: management guru's narratives and the construction of managerial identity. J Manag Stud 35(2):137–161

Coleman JS, Katz E, Menzel H (1966) Medical innovation: a diffusion study. Bobbs-Merrill Co., Indianapolis

Contractor FJ, Kumar V, Kundu SK, Pedersen T (2010) Global outsourcing and offshoring: an integrated approach to theory and corporate strategy. Cambdrige University Press, Cambridge

Czarniawska B, Joerges B (1996) Travel of ideas. In: Czarniawska B, Sévon G (Hrsg) Translating organizational change. deGruyter, Berlin, S 13–48

Daily CM, Dollinger MJ (1992) An empirical examination of ownership structure in family and professionally managed firms. Fam Bus Rev 5(2):117–136

Darnall N, Henriques I, Sadorsky P (2010) Adopting proactive environmental strategy: the influence of stakeholders and firm size. J Manag Stud 47(6):1072–1094

Davies S (1979) The diffusion of process innovations. Cambridge University Press, Cambridge

Davis GF (1991) Agents without principles? The spread of the poison pill through the intercorporate network. Admin Sci Quart 36:586–613

Davis GF, Greve HR (1997) Corporate elite networks and governance changes in the 1980s. Am J Sociol 103:1–37

Dillman DA (2007) Mail and internet survey. The tailored design method. Wiley, New York

DiMaggio PJ, Powell WW (1983) The iron cage revisited: institutional isomorphism and collective rationality in organizational fields. Am Sociol Rev 48(2):147–160

Duncan RB (1972) Characteristics of organizational environments and perceived environmental uncertainty. Admin Sci Quart 3:313–327

Engwall L, Kipping M (2003) Introduction: management consulting as a knowledge industry. In: Kipping M, Engwall, L (Hrsg) Management consulting: emergence and dynamics of a knowledge industry. Oxford University Press, New York, S 1–16

Ernst B, Kieser A (2002) In search of explanations for the consulting explosion. In: Sahlin-Andersson K, Engwall L (Hrsg) The expansion of management knowledge: carriers, flows, and sources. Stanford University Press, Stanford, S 47–73

Europäische Kommission (2005) Empfehlung 2003/361/EG der Kommission vom 6. Mai 2003 betreffend die Definition der Kleinstunternehmen sowie der kleinen und mittleren Unternehmen. Amtsblatt L124, Brüssel

Evans JR, Mathur A (2005) The value of online surveys. Internet Res 15(2):159–219

Faust M (2003) Consultancies as actors in knowledge arenas: evidence from Germany. In: Kipping M, Engwall L (Hrsg) Management consulting – emergence and dynamics of a knowledge industry. Oxford University Press, New York, S 146–163

Fiss PC, Zajac EJ (2004) The diffusion of ideas over contested terrain: the (non)adoption of a shareholder value orientation among German firms. Admin Sci Quart 49:501–534

Fligstein N (1985) The spread of the multidivisional form among large lirms, 1919–1979. Am Sociol Rev 50(3):377–391

Fligstein N (1990) The transformation of corporate control. Harvard University Press, Cambridge

Friedland R, Alford RR (1991) Bringing society back in: symbols, practices, and institutional contradictions. In: Powell WW, DiMaggio PJ (Hrsg) The new institutionalism in organizational analysis. University of Chicago Press, Chicago, S 232–266

Frost FA (2003) The use of strategic tools by small and medium-sized enterprises: an Australasian study. Strategic Change 12:49–62

Ghobadian A, Gallear DN (1995) Total quality management in SMEs. Omega 24(1):83–106

Giroux H (2006) It was such a handy term: management fashions and pragmatic ambiguity. J Manag Stud 43(6):1227–1260

Granovetter MS (1974) Getting a job: a study of contacts and careers. Harvard University Press, Cambridge

Haunschild PR, Beckman CM (1998) When do interlocks matter? Alternate sources of information and interlock influence. Admin Sci Quart 43:815–844

Hirsch PM (1972) Processing fads and fashions: an organization-set analysis of cultural industy systems. Am J Sociol 77(4):639–659

Hoang H, Rothaermel FT (2005) The effect of general and partner-specific alliance experience on joint R&D project performance. Acad Manag J 48(2):332–345

Huczynski A (1993) Management gurus. Routlege, New York

Hutchinson V, Quintas P (2008) Do SMEs do knowledge management? Or simply manage what they know? Int Small Bus J 26(2):131–154

Julian SD, Ofori-Dankwa J, Justis RT (2008) Understanding strategic responses to interest group pressures. Strategic Manag J 29:963–984

Khalifa M, Davison RM (2006) SME adoption of IT: the case of electronic trading systems. IEEE T Eng Manag 53(2):275–284

Kieser A (1997) Rhetoric and myth in management fashion. Organization 4:49–74

Kieser A, Hurrle B (2005) Sind key informants verlässliche Datenlieferanten? Die Betriebswirtsch 65(6):584–602

Kieser A, Walgenbach P (2008) Organisation. Schäffer-Pöschel, Wiesbaden

Kotler P, Lee N (2005) Corporate social responsibility: doing the most good for your company and your cause. Wiley, New Jersey

Kumar M, Antony J (2008) Comparing the quality management practices in UK SMEs. Ind Manag Data Syst 108(9):1153–1166

Kuratko DE, Goodale JC, Hornsby JS (2001) Quality practices for a competitive advantage in smaller firms. J Small Bus Manag 39(4):293–311

Larson EW, Gobeli DH, Clifford FG (1991) Application of project management by small businesses to develop new products and services. J Small Bus Manag 29(2):30–41

Lay G, Schat H-D, Jäger A (2009) Mit EFQM zu betrieblicher Exzellenz – Verbreitung, Ausgestaltung und Effekte des Qualitätsmanagementmodells. Fraunhofer ISI – Mitteilungen aus der Produktionserhebung 49:1–12

Liao J, Welsh H, Stoica M (2003) Organizational absorptive capacity and responsiveness: an empirical investigation of growth-oriented SMEs. Entrep Theory Pract 28:63–86

Long S, Freese J (2006) Regression models for categorical and limited dependent variables using Stata, 2. Aufl. Stata Press, College Station

Meyer JW, Rowan B (1977) Institutionalized organizations: formel structure as myth and ceremony. Am J Sociol 83(2):340–363

Miller D, Toulouse J-M (1986) Chief executive personality and corporate strategy and structure in small firms. Manag Sci 32(11):1389–1409

Mizruchi MS (1996) What do interlocks do? An analysis, critique and assessment of research on interlocking directorates. Annu Rev Sociol 22:271–298

Mohr LB (1969) Determinants of innovation in organizations. Am Polit Sci Rev 63(1):111–126

Nooteboom B (1994) Innovation and diffusion in small firms: theory and evidence. Small Bus Econ 6:327–347

Palmer DA, Jennings PD, Zhou X (1993) Late adoption of the multidivisional form by large U.S. corporations: institutional, political, and economic accounts. Admin Sci Quart 38:100–131

Pfohl H-C (1997) Betriebswirtschaftslehre der Mittel- und Kleinbetriebe. Schmidt, Berlin

Rappaport A (1986) Creating shareholder value: the new standard for business performance. Free Press, New York

Rigby D (2003) Management tools survey 2003. Strat Leadersh 31(5):4–11

Rigby D, Bilodeau B (2005) The Bain 2005 management tool survey. Strat Leadersh 33(4):4–12

Rigby D, Bilodeau B (2007) Bain's global 2007 management tools and trends survey. Strat Leadersh 35(5):9–16

Rigby D, Bilodeau B (2010) Management tools and trends 2009. Available via Bain&Company. http://www.bainandcosa.net. Zugegriffen: 30. Mai 2010

Rodwell J, Shadur M (1997) What's size got to do with It? Implications for contemporary management practices in IT companies. Int Small Bus J 15(2):51–62

Rogers EM (2003) Diffusion of innovations, 5. Aufl. Free Press, New York

Ryan B, Gross NC (1943) The diffusion of hybrid seed corn in two Iowa communities. Rural Sociol 8:15–24
Scott R., Meyer JW (1991) The organization of societal sectors: propositions and early evidence. In: Powell WW, DiMaggio PJ (Hrsg) The new institutionalism in organizational analysis. University of Chicago Press, Chicago, S 108–140
Spanos YI, Voudouris I (2009) Antecedents and trajectories of AMT adoption: the case of Greek manufacturing SMEs. Res Policy 38:144–155
Staw BM, Epstein LD (2000) What bandwagons bring: effects of popular management techniques on corporate performance, reputation, and CEO pay. Admin Sci Quart 45:523–556
Stern CW, Stalk G (1998) Perspectives on strategy from the Boston Consulting Group. Wiley, New York
Strang D, Soule SA (1998) Diffusion in organizations and social movements: from hybrid corn to poison pills. Annu Rev Sociol 24:265–290
Sturdy A (2002) Front-line diffusion: the production and negotiation of knowledge through training interactions. In: Clark T, Fincham R (Hrsg) Critical consulting – new perspectives on the management advise industry. Blackwell, Oxford, S 130–151
Suchman MC (1995) Managing legitimacy: strategic and institutional approaches. Acad Manag Rev 20(3):571–610
Suddaby R, Greenwood R (2005) Rhetorical strategies of legitimacy. Admin Sci Quart 50:35–67
Süß S (2009a) Die Institutionalisierung von Managementkonzepten. Eine strukturationstheoretisch-mikropolitische Perspektive. Z Betriebswirtsch 79:187–212
Süß S (2009b) Managementkonzept. Die Betriebswirtsch 69(1):113–117
Süß S, Kleiner M (2008) Dissemination of diversity management in Germany: a new institutionalist approach. Eur Manag J 26:35–47
Swan JA, Newell S (1995) The role of professional associations in technology diffusion. Organ Stud 16(5):847–874
Teece DJ (1980) The diffusion of an administrative innovation. Manag Sci 26(5):464–470
Tobin J (1958) Estimation for relationships with limited dependent variables. Econometrica 26(1):26–36
U.S. Small Business Administration (2010) Table of small business size standards. Available via SBA. http://www.sba.gov. Zugegriffen: 29. Sept. 2011
Valente T (1993) Diffusion of innovations and policy decision-making. J Commun Winter 43:30–45
Vohl H-J (2004) Balanced Scorecard im Mittelstand. Murmann, Hamburg
Voss C, Blackmon KL, Cagliano R, Hanson P, Wilson F (1998) Made in Europe: small companies. Bus Strat Rev 9(4):1–19
Werr A (2003) The internal creation of consulting knowledge: a question of structuring experience. In: Kipping M, Engwall L (Hrsg) Management consulting – emergence and dynamics of a knowledge industry. Oxford University Press, New York, S 91–108
White RE, Pearson JN, Wilson JR (1999) JIT manufacturing: a survey of implementations in small and large U.S. manufacturers. Manag Sci 45(1):1–15
Womack JP, Jones DT, Roos D (1991) The machine that changed the world: the story of lean production. Harper Collins, New York
Yli-Renko H, Autio E, Sapienza HJ (2001) Social capital, knowledge acquisition, and knowledge exploitation in young technology-based firms. Strategic Manag J 22(6):587–613

The diffusion of modern management concepts among small and medium-sized enterprises

Abstract: Within existing studies on the diffusion of modern management concepts, such as Lean Management, Business Process Reengineering or Shareholder Value Management, small and medium-sized enterprises are frequently examined as a homogeneous group of hesitant adopters. Differences among small and medium-sized companies with regard to concept adoption can thus hardly be explained by referring to existing research. In this paper, we argue that differences in adoption patterns of modern management concepts across small medium-sized companies can be explained on the basis of their resource endowment and embedment in different social environments. We thereby employ central arguments from organizational diffusion theory. Based on a multivariate analysis of online-survey data on the diffusion of 22 modern management concepts among 272 German SMEs, our results show that adoption decisions are mainly based on relationships to local organizational environments, whereas concept awareness can be best explained by media-exposure.

Keywords: Management concepts · Diffusion · Adoption · Small and Medium-sized Enterprises (SME) · Neoinstitutionalism

ZfB-SPECIAL ISSUE 3/2012

Innovationsverhalten in Familienunternehmen

Marcel Hülsbeck · Erik E. Lehmann · Dominik Weiß · Katharine Wirsching

Zusammenfassung: Familienunternehmen gelten in der öffentlichen Wahrnehmung als besonders innovativ und als „Hidden Champions" der deutschen Wirtschaft. In jüngster Zeit widmen sich Forscher vermehrt der Überprüfung dieser These und kommen zu diametral unterschiedlichen Ergebnissen. Einerseits wird Familienunternehmen ein besonderer Unternehmergeist bescheinigt, der sie besonders innovativ macht, andererseits sollen die mangelnde Trennung von Eigentum und Kontrolle sowie unzureichende Diversifikation zu deutlich geringerer Innovationsaktivität führen. In dieser Studie untersuchen wir Innovationsaktivitäten von 384 deutschen Industrieunternehmen unterschiedlicher Rechtsformen, Größe, Industrien, unterschiedlichen Alters und vor allem unterschiedlicher familiärer Beteiligung und Beeinflussung des Managements und des Aufsichtsrates. Wir kommen dabei zu differenzierten Ergebnissen. Grundsätzlich wirkt sich sowohl familiäres Anteilseigentum als auch Beteiligung der Eignerfamilie im Top Management signifikant negativ auf Innovationsaktivitäten aus. Im Gegensatz dazu hat der Grad familiärer Kontrolle im Aufsichtsrat signifikant positive Auswirkungen auf das Innovationsverhalten. Die Ergebnisse deuten darauf hin, dass inhabergeführte Unternehmen aufgrund von Risikoaversion wenig innovativ sind, während der Rückzug der Investorenfamilie in die Rolle eines Ideengebers und Kontrolleurs zu mehr Innnovationen führt.

Schlüsselwörter: Familienunternehmen · Corporate Governance · Performance · Innovation

---

© Gabler-Verlag 2012

Dr. M. Hülsbeck (✉) · Prof. Dr. E. E. Lehmann · Dipl. Vw. D. Weiß · Dipl. Kffr. K. Wirsching
Lehrstuhl für Unternehmensführung und Organisation, Universität Augsburg,
Universitätsstraße 16, 86135 Augsburg, Deutschland
E-Mail: marcel.hülsbeck@wiwi.uni-augsburg.de

Prof. Dr. E. E. Lehmann
E-Mail: erik.lehmann@wiwi.uni-augsburg.de

Dipl. Vw. D. Weiß
E-mail: dominik.weiss@wiwi.uni-augsburg.de

Dipl. Kffr. K. Wirsching
E-Mail: katharine.wirsching@wiwi.uni-augsburg.de

JEL Classification: M21 · G32 · G34

1 Einleitung

Im Gegensatz zur großen Publikumsgesellschaft nach US-amerikanischem Vorbild mit breitgestreutem Anteilsbesitz fristen Familienunternehmen nach wie vor ein Schattendasein in der quantitativen wirtschaftswissenschaftlichen Literatur. Bis heute überwiegt die von amerikanischen Wissenschaftlern vertretene Meinung, dass die „All American Corporation" im Sinne von Berle und Means (1932) andere Unternehmens- und Organisationsformen dominiert: Eine strikte Trennung von Eigentum und Kontrolle soll alternativen Verteilungs- und Besitzverhältnissen im Hinblick auf Wachstum und Erfolg überlegen sein. Diese Überlegenheit sollte zu einer positiven Selektion dieser Governance-Strukturen führen und andere Unternehmensformen verdrängen. Neuere Untersuchungen aus den USA belegen, dass so eine Verdrängung nicht zu beobachten ist. Vielmehr lässt sich zeigen, dass ein großer Teil der Forbes 1000 oder des S&P 500 in Familienbesitz ist oder durch Familien kontrolliert wird (vgl. Miller und Le Breton-Miller 2005; Anderson und Reeb 2003) und es sich bei den größten Unternehmen mitnichten um Unternehmen mit breit gestreutem Aktienbesitz handelt, sondern um Familienunternehmen (z. B. Ford, Wal Mart). Allerdings handelt es sich hier nicht unbedingt um „klassische" Familienunternehmen, wie sie bspw. in Deutschland vorherrschen. So genügt in der einflussreichsten Studie zur familiären Kontrolle von Unternehmen bereits ein durch eine Familie gehaltener Anteilsbesitz von 5 %, damit dieses Unternehmen als Familienunternehmen gilt (Anderson und Reeb 2003). Ganz anders hingegen die Vorstellung und Existenz von Familienunternehmen in Kontinentaleuropa, insbesondere Deutschland. Hier stellen Familien den dominierenden Eigentümer dar, meist mit einer kontrollierenden und bestimmenden Mehrheit und dies über mehrere Generationen und Jahrhunderte hinweg (Redlefsen und Witt 2006; Klein 2000).

Mit diesen klassischen Familienunternehmen befassen wir uns in diesem Artikel. Insbesondere interessiert uns die Frage, ob und warum diese Unternehmen sich – wie oft behauptet – in ihrem langfristigen Erfolg von breit gestreuten Publikumsgesellschaften unterscheiden. Reine „Performance-Studien"[1] scheitern vielfach am Problem der Mess- und Vergleichbarkeit des Erfolgsmaßes: Da Familienunternehmen eine andere Zeitpräferenzrate aufweisen (vgl. Neumann 1997, S. 27 f.), scheiden kurzfristige, periodische Gewinnmaße wie Aktienrenditen als Vergleichsmaßstab oftmals aus. Familien stellen als Großaktionäre oder Eigentümer keinesfalls einen monolithischen Block dar, wie bspw. Banken oder andere Unternehmen, sondern sind durch heterogene Interessen und Konflikte der Familienmitglieder gekennzeichnet, die zu Lasten des Unternehmens oder anderer Stakeholder (Tunneling) gehen können (vgl. Block 2009, S. 76 ff.). Nichtsdestotrotz sind Wissenschaftler, Politiker und Praktiker daran interessiert, ob und wie sich Familienunternehmen von „Nicht-Familienunternehmen" unterscheiden, wie sich diese Unterschiede feststellen lassen – und welche Erkenntnisse sich daraus gewinnen lassen. In einer aktuellen Übersicht über den Forschungsstand stellt Hack (2009) fest, dass sich Familienunternehmen nicht nur bezüglich ihrer Leitungs- und Kontrollstrukturen von anderen Unternehmen deutlich unterscheiden, sondern insbesondere auch hinsichtlich ihrer Strukturen, Strategien und ihres Umgangs mit Ressourcen. Eine der wenigen empirischen Arbeiten mit einem großzahligen Datensatz stellt in dieser Hinsicht Block (2009) dar. Er konzentriert sich im Wesentlichen nicht nur auf Performanceunterschiede von Familienunternehmen zu Nicht-Familienunternehmen, sondern auf Unterschiede in den Handlungen und Aktivitäten, wie Beschäftigungspolitik, Gehaltszahlungen und das Innovationsverhalten.

Diesen letzten Aspekt – das Innovationsverhalten von Unternehmen – untersuchen wir für 384 deutsche Unternehmen. Innovationen stellen eine notwendige, wenn auch nicht hinreichende, Bedingung für den Erfolg und die Existenz von Unternehmen dar. Ohne fortwährende Innovationen werden Erfolge durch den Wettbewerb erodiert oder durch alternative Innovationen substituiert. Wir untersuchen, ob und inwieweit sich Familienunternehmen hinsichtlich ihrer Innovationsaktivität von „Nicht-Familienunternehmen" unterscheiden. Dabei berücksichtigen wir multiple Dimensionen des Einflusses, welchen Familien auf Unternehmen ausüben, genauso wie Industriestrukturen und Rechtsformen. Unsere Studie folgt Untersuchungen zu familiengeleiteten Unternehmen, die sich hauptsächlich auf den Vergleich spezifischer Agency-Kosten von Familienunternehmen und Nicht-Familienunternehmen konzentrieren (Anderson und Reeb 2003; Chrisman et al. 2004). Witt (2008) argumentiert hier, dass das Zusammenfallen von Eigentum und Kontrolle gleichzeitig eine der größten Governance-Stärken als auch -Schwächen von Familienunternehmen ist. Diese stellen keinen monolithischen Eigentumsblock dar, sondern weisen vielfältige Probleme auf, die zu spezifischen Kosten führen: Altruismus gegenüber Kindern und Nachkommen, Interessenskonflikte zwischen dominanten Anteilseignern und Minderheitsaktionären, verschiedene Risikoeinstellungen und Zeithorizonte innerhalb von Familien oder schlichtweg „familiäre Konflikte" – wie sie tagtäglich in den Medien zu verfolgen sind. Die spezifischen Kosten von Familienunternehmen lassen sich theoretisch auf die nichtvorhandene Trennung von Eigentum und Kontrolle zurückführen. So zeigen Koeberle-Schmid et al. (2009) für deutsche Unternehmen, dass sich die Kontrolle des Vorstandes durch den Aufsichtsrat positiv auf das Unternehmensergebnis auswirkt und die Intensität dieser Kontrolle mit der Anzahl von Familienmitgliedern im Aufsichtsrat steigt. Gleichzeitig stellen sie einen negativen Einfluss der Pflege von Familienbeziehungen durch den Aufsichtsrat fest. Es lassen sich die international festgestellten familienspezifischen Agenturkosten, sowie die Vorteilhaftigkeit familiärer Kontrolle auch für deutsche Unternehmen zeigen. Es erscheint uns demnach notwendig bei der Untersuchung des Einflusses familiärer Kontrolle nicht nur zwischen Kosten und Nutzen dieser Kontrolle, sondern auch nach der Art der Einflussausübung zu unterscheiden. Die zentrale Frage lautet, wie sich diese Eigenschaften von Familienunternehmen auf deren Innovationstätigkeit auswirken.

Im Gegensatz zu Block (2009, S. 94 f.), der das Innovationsverhalten anhand der Ausgaben für F&E bei US-amerikanischen börsennotierten Unternehmen bestimmt, greifen wir auf Patentdaten als Indikator für das Innovationsverhalten zurück. In Deutschland sind die wenigsten Unternehmen an der Börse notiert, so dass Angaben über die Aufwendungen für Forschung und Entwicklung nur für eine geringe Anzahl von Unternehmen verfügbar sind und so eine Verzerrung hin zu börsennotierten Unternehmen vorliegt. Zudem verzerren unterschiedliche Rechnungslegungssysteme (insbes. IAS und USGAAP) die Daten. Aktuelle Untersuchungen zeigen, dass Patente als zufriedenstellender Proxy für Innovationstätigkeit gelten können (Acs et al. 2002) und mit ähnlichen Indikatoren wie z. B. den Ausgaben für F&E hoch korreliert sind (Greif und Schmiedl 2006). Trotzdem stellen Patente nur einen eingeschränkten Indikator für die Innovationstätigkeit eines Unternehmens dar; ihre Verwendung als Indikator für Innovation ist nicht unumstritten (Czarnitzki und

Kraft 2010; Griliches 1990; Griliches et al. 1988) und stellt eine Einschränkung hinsichtlich der Interpretation und Verallgemeinerung der Ergebnisse dar.

Ein weiteres Problem empirischer Studien liegt in der Definition und Abgrenzung des Untersuchungsgegenstandes „Familienunternehmen" (vgl. Hack 2009). So verdeutlicht insbesondere die Arbeit von Block (2009), dass die empirischen Ergebnisse nicht immer sehr robust sind und in hohem Maße von der zugrundeliegenden Definition von Familienunternehmen getrieben werden. Gerade für US-amerikanische Studien liegt hier in der Existenz des „One-Tier-Boards" ein Abgrenzungsproblem vor, da nicht explizit zwischen einer reinen Kontrollfunktion und einer Funktion im Management unterschieden werden kann, sondern über den prozentualen Anteil von Familienmitgliedern an Insidern bzw. Outsidern im Board geschätzt werden muss. Zudem sind – anders als in Deutschland – Großaktionäre nicht immer im Board vertreten (vgl. zu einem Überblick Adams et al. 2010). So ermittelt Block (2009, S. 94 ff.) einen positiven Einfluss der Eigentumskonzentration auf die Ausgaben für F&E, allerdings nur ab einer Höhe von ca. 30 % und darüber. Eine aktive Beteiligung der Familie im Management hingegen wirkt sich negativ auf die Bereitschaft in F&E zu investieren aus. Auch die Ergebnisse unserer Untersuchung weisen keine eindeutigen und robusten Effekte auf. Generell zeigt sich, wie bei Block (2009), ein negativer Effekt, wenn die Familie aktiv im Management des Unternehmens tätig ist. Der Eigentumsanteil einer Familie wirkt sich, weitgehend unabhängig von seiner Höhe, eher negativ auf das Innovations- bzw. Patentierungsverhalten aus. Interessanterweise und wie vermutet unterscheiden sich die Ergebnisse aber hinsichtlich der Trennung von Kontrolle und Management: Die Präsenz der Familie im Aufsichtsrat zeigt einen positiven Effekt auf.

Die Studie ist wie folgt gegliedert. Im nächsten Kapitel erfolgt eine kurze Darlegung der zentralen Argumente empirischer Studien, die für eine divergente Innovationsaktivität von Familienunternehmen sprechen. Im dritten Kapitel werden der Datensatz und die Variablen dargestellt. Empirische Ergebnisse, deren Interpretation und die Einschränkungen der Studie befinden sich im vierten Kapitel. Die Studie schließt mit einer Zusammenfassung und einem Ausblick für zukünftige Forschung in Kapitel 5.

2 Corporate Governance und Innovation in Familienunternehmen

Die Interaktion zwischen der Eignerstruktur und dem Verhalten der Geschäftsführung sowie die resultierenden Agency-Kosten, wie sie von Jensen und Meckling (1976) beschrieben werden, ist für Familienunternehmen ebenso relevant wie für andere Unternehmen. Familienunternehmen werden oftmals von Eignern in der Position des Vorstandsvorsitzenden, Geschäftsführers oder als Vorsitzende eines Aufsichtsgremiums geleitet. Demzufolge scheint in Familienunternehmen nicht die Trennung, sondern die Konzentration von Eigentum und Kontrolle das vorherrschende Agency-Problem darzustellen (La Porta et al. 1999). Der Einfluss des Familienbesitzes auf die Leistungsfähigkeit eines Unternehmens ist Bestandteil zahlreicher Studien (Chaganti und Damanpour 1991; Jacquemin und De Ghellinck 1980; Lauterbach und Vaninsky 1999; McConaughy et al. 2001; Yammeesri und Lodh 2004). Für Deutschland wurde eine höhere Profitabilität und eine günstigere Ertragsstruktur von Familienunternehmen (Lehmann und Weigand 2000) sowie eine überlegene mehrdimensionale Effizienz dieser Firmen (Lehmann et al. 2004) nachgewiesen.[2]

Studien wie Anderson und Reeb (2003), Barontini und Caprio (2006) oder Audretsch et al. (2010) untersuchen die Erfolgswirkung solcher Governance Strukturen und kontrollieren gleichzeitig für eine übermäßige Kontrolle von Stimmrechten durch Familien in großen Unternehmen. Obwohl die beiden ersten Arbeiten zwar eine robuste positive, aber indirekte Verbindung von Familieneinfluss auf die Unternehmensleistung bestätigen, bleiben ihre grobkörnigen Indikatoren der Familienkontrolle wenig aussagekräftig. Vergleichbare positive Einflüsse familiärer Kontrolle existieren für deutsche Unternehmen (Koeberle-Schmid et al. 2009; Audretsch et al. 2010). Audretsch et al. (2010) verwenden eindeutige und direkte Werte für Familienbesitz, Familienkontrolle und Familienmanagement. Sie nutzen den Vorteil des gesetzlich vorgeschriebenen zweistufigen Führungssystems in Deutschland (Two Tier Board) und untersuchen den Einfluss der Komponenten von Familienunternehmen auf verschiedene Indikatoren der finanziellen Leistungsstärke. Sie finden robuste Belege, dass weder Familienbesitz noch Familienmanagement einen positiven Einfluss auf umsatzbasierte, eigenkapitalbasierte oder gesamtinvestitionsbasierte Kennzahlen haben. Gleichzeitig sind sie in der Lage zu zeigen, dass Familienkontrolle die einzig signifikante und positive Wirkungsvariable von Familieneinfluss auf Unternehmenserfolg ist.

Durch die Ausübung einer dominanten Position generieren Familieneigner private Vorteile und maximieren ihren Nutzen. Dies geschieht, indem sie Familienmitglieder in Management und Aufsichtsrat einsetzen und Unternehmenswerte an sich reißen (Tunneling) und sich so zu Lasten anderer Share- und Stakeholder bereichern (Bertrand und Schoar 2006; Bloom und Van Reenen 2007; Breton-Miller und Miller 2009; Faccio et al. 2001). Durch die Nutzung ihrer Kontrollrechte können diese Familieneigentümer nicht nur Positionen im Topmanagement mit Familienmitgliedern – ungeachtet derer Qualifikationen und Fähigkeiten – besetzen, sondern zusätzlich private Vorteile erlangen, z. B. durch überzogene Abfindungen. Der aktuelle empirische Forschungsstand legt nahe, dass die unzureichende Trennung von Eigentum und Kontrolle in Familienunternehmen nicht nur den kurzfristigen Erfolg, sondern auch die langfristige unternehmerische Ausrichtung beeinflusst (vgl. Hack 2009).

Neben Studien zum direkten, kurzfristigen Erfolg von Familienunternehmen beschäftigt sich die empirische Forschung zunehmend mit der Untersuchung erfolgsrelevanter Unterschiede von Familienunternehmen und anderen Unternehmen. Hier ist insbesondere das Innovationsverhalten zu nennen, dessen Bedeutung für langfristige Rentabilität und das Wachstum eines Unternehmens unumstritten ist (Zahra 1991, 1996). Die wenigen bisher vorliegenden Studien lassen sich in zwei Kategorien teilen, deren Vertreter zu diametral entgegengesetzten Ergebnissen gelangen. Eine Forschungsrichtung, die sich aus der interdisziplinären Forschung zu Familienunternehmen herleitet, interpretiert Innovationserfolg als die Summe variierender Kombinationen aus individuellen, organisatorischen und umweltbedingten Faktoren. Sie kommt zu dem Schluss, dass Familienunternehmen durch einen besonderen *Unternehmergeist* geprägt sind, der sie innovativer macht. Bei dieser unternehmerischen Grundhaltung geht es weniger um spezifische Produkt- oder Innovationsstrategien als um ein Phänomen auf Unternehmensebene, welches agressives, proaktives und risikobereites Verhalten beinhaltet (Talke 2007). Eine zweite Gruppe von

Studien beruft sich auf die Argumente der Corporate Governance und Corporate Finance. Ausgehend vom zentralen Argument der fehlenden Trennung von Eigentum und Kontrolle (Berle und Means 1932; Fama und Jensen 1983; Jensen und Meckling 1976) sowie der unzureichenden *Diversifikation* der Eigentümer untersuchen sie die Einflüsse dieser Governance-Struktur auf die Risikoaversion, welche Innovationsverhalten moderiert. In dieser Forschungsrichtung existieren bisher nur wenige Studien (Aldrich und Cliff 2003); unsere Untersuchung versteht sich als Beitrag zu dieser zweiten Forschungsrichtung. Die folgenden Abschnitte skizzieren zentrale Argumente beider Forschungsrichtungen und schließen mit untersuchungsleitenden Hypothesen. Allerdings lassen sich beide Konzepte und Forschungsstränge nicht eindeutig trennen, da Unternehmergeist einerseits und das Bestreben zur Diversifizierung andererseits über das Konstrukt der Risikoaversion zusammenhängen. Zudem – analog zum Problem der Erfolgsmessung – leiden sowohl die theoretischen Argumente als auch die empirischen Untersuchungen am Konstrukt „Familienunternehmen", das sowohl Unternehmen in der ersten Gründergeneration – dem „Entrepreneur" – umfasst, als auch solche, die sich bereits seit Generationen im Eigentum der Familie befinden.

2.1 Innovation und Unternehmergeist

Ein Teil der empirischen Literatur untersucht den Zusammenhang zwischen Unternehmergeist und Langfristorientierung und die Auswirkung auf das Innovationsverhalten von Unternehmen. Hierbei wird Familienunternehmen ein Vorteil gegenüber Nicht-Familienunternehmen unterstellt, der sich in einer stärkeren Förderung von Innovationen zeigen soll (vgl. Block 2009, S. 96 f.).

Short et al. (2009) untersuchen die unternehmerische Orientierung (Habbershon und Pistrui 2002; Chrisman et al. 2005) von Familienunternehmen und stellen Unterschiede zwischen Familienunternehmen und Nicht-Familienunternehmen anhand mehrerer Dimensionen unternehmerischer Orientierung heraus. Mithilfe eines Datensatzes von 426 US-amerikanischen S&P 500 Unternehmen für die Jahre 2001–2003 zeigen sie empirisch, dass in Familienunternehmen eine stärkere unternehmerische Orientierung vorherrscht.

Dieser Unternehmergeist, der Familienunternehmen zugeschrieben wird, soll zu einer erhöhten Innovationstätigkeit führen. Aus der Gründungsforschung (vgl. Audretsch et al. 2006) ist bekannt, dass Entrepreneure oftmals eine geringe Risikoaversion aufweisen und eher durch Overconfidence geprägt sind (vgl. Schade und Burmeister-Lamp 2009). Einen solch positiven Effekt des Familieneinflusses auf die Innovationsaktivität eines Unternehmens belegen Aldrich und Cliff (2003), Rogoff und Heck (2003) oder Zahra (2005). Zahra et al. (2004) weisen nach, dass kulturelle Aspekte in Familienunternehmen einen stärkeren Einfluss auf den Unternehmergeist haben als in Nicht-Familienunternehmen. Diese stark familiär geprägte Unternehmenskultur sichert die Fähigkeit, eine Innovationsorientierung zu entwickeln und aufrecht zu erhalten (Hall et al. 2001; Nordqvist et al. 2008). Gleichzeitig lässt sich umgekehrt zeigen, dass Außenseiter (hier: Nicht-Familienmitglieder), eine innovationsfördernde strategische Ausrichtung von Unternehmen hemmen (Zahra 1996), da sie unternehmerische Aktivitäten schlechter bewerten können als Insider (hier: Familienmitglieder) (Baysinger und Hoskisson 1990; ebenso Hill und Snell 1988).

Zahra (2005) untersucht anhand von 209 US-amerikanischen Unternehmen aus dem verarbeitenden Gewerbe des S&P 500 den Einfluss familiärer Beteiligung auf die Innovationsneigung von Familienunternehmen. Seine Erkenntnis ist: je mehr Generationen einer Familie aktiv am Geschäft beteiligt sind, desto größer das Gespür für Innovationen. Dadurch, dass Innovationen stark von der Kultur der Organisation beeinflusst werden, haben Familienunternehmen gegenüber Nicht-Familienunternehmen die Möglichkeit, von ihrer Langfristorientierung zu profitieren. Um aus diesem Vorteil einen Nutzenzuwachs zu generieren, müssen sie ihr ursprüngliches Innovationsverhalten beibehalten und über Generationen „vererben" (Kellermanns et al. 2008; Naldi et al. 2007; Short et al. 2009; Zahra et al. 2004; Casillas et al. 2010; Lawless und Anderson 1996).

Block (2009, S. 94 ff.) interpretiert Aufwendungen für F&E einerseits als Ausdruck einer „entrepreneurial orientation" (S. 96) und reiht sich damit in die oben zitierte Literatur ein und andererseits als Proxy für eine längerfristige Ausrichtung eines Unternehmens. Alleine durch den Charakter der Unsicherheit von Innovationsprojekten und der großen zeitlichen Verzögerung von Investitionskosten und rückfließenden Cash flows widerspräche dies einem myopischen Verhalten. Familienunternehmen mit einer unterstellten und charakterisierenden Langfristorientierung zeigen sich entsprechend innovativer.

Hypothese 1: Familienunternehmen sind innovativer als andere Unternehmen

2.2 Innovation und mangelnde Diversifikation

Diversifikation garantiert in erster Linie die Streuung von Risiken. Für Familieneigentümer im Allgemeinen und Familienmanager im Speziellen ist die Diversifizierung nicht im selben Ausmaß möglich wie für Portfolioinvestoren. Die meisten Familieneigner haben einen großen Teil ihres Vermögens im Unternehmen investiert und bestreiten daraus ihren Lebensunterhalt. So existiert keine effektive Trennung zwischen dem persönlichen und dem ins Unternehmen investierten Vermögen. Daher ist zu erwarten, dass eine Abneigung gegen das Eingehen höherer Risiken vorherrscht. Da Innovationen stets mit einem Risiko verbunden sind, wird in Unternehmen mit familiärem Anteilsbesitz eine geringere Innovationsaktivität erwartet (Naldi et al. 2007; Zahra 2005). Sharma et al. (1997) unterstellen, dass Gründer von Familienunternehmen das Risiko des Misserfolgs unternehmerischer Wagnisse mit der möglichen Konsequenz der Vernichtung des Familienvermögens scheuen. Für kleine und mittelgroße Unternehmen in Schweden finden Naldi et al. (2007) heraus, dass Familienunternehmen verglichen mit Nicht-Familienunternehmen eine statistisch geringere Bereitschaft zur Risikoaufnahme aufweisen. Auch De Visscher (2004) weist darauf hin, dass Familien sehr kritisch gegenüber Risiken eingestellt sind und den Verlust der Unabhängigkeit bei einem möglichen Scheitern fürchten. Familienunternehmen sind eher bestrebt, die Existenz des Unternehmens zu sichern, eher geneigt in weniger riskante Projekte zu investieren (Schulze et al. 2001) und halten traditionell an Geschäftsbereichen mit geringem Risiko und damit verbundener geringerer Rentabilität fest (Sharma und Manikutty 2005). Morck et al. (2000) untersuchen das Innovationsverhalten kanadischer Familien- und Nicht-Familienunternehmen und verwenden F&E-Ausgaben, die später in ein Patent münden, als Maß für Innovation. Sie belegen, dass familiengeführte

Unternehmen weniger für Forschung und Entwicklung ausgeben und Familienkontrolle zu weniger Patentanmeldungen führt.

Gleichzeitig ist die oben diskutierte „Vererbung" von Unternehmergeist (Kellermanns et al. 2008; Naldi et al. 2007; Short et al. 2009; Zahra et al. 2004; Casillas et al. 2010; Lawless und Anderson 1996) keinesfalls ein Automatismus. Es liegen Argumente vor, dass Familienunternehmen im Zeitablauf dazu tendieren, konservativ zu werden und Risiken zu meiden (Autio und Mustakallio 2003). Da Familienunternehmen zunächst an Bestandsschutz interessiert sind, gewichten Sie Risiken überproportional und sehen sich einem schwierigeren Rendite-Risiko-Zielkonflikt gegenüber (Carney 2005; Schulze et al. 2003; Short et al. 2009). Zusätzlich verringert sich der Grenznutzen der Weiterführung der Unternehmung mit jeder weiteren Generation (dieses Phänomen ist als „Buddenbrook Syndrom" bekannt (vgl. Neumann 1997, S. 38 f.)). Dieser sinkende Grenznutzen geht mit einem geringeren Interesse an der aktiven Unternehmensführung und einer verringerten unternehmerischen Orientierung einher.[3]

Hypothese 2: Familienunternehmen sind weniger innovativ als andere Unternehmen

3 Datensatz, Variablen und Schätzmethode

Untersuchungen zu Familienunternehmen bedienen sich mehrheitlich einer willkürlichen und situativen Definition von Familienunternehmen. Unter den immer wiederkehrenden Merkmalen befinden sich die gegenseitige Abhängigkeit der Familienmitglieder (Dyer 1964; Jaffe und Lane 2004), Stimmrechte (Barnes und Hershon 1994; Barry 1989; Rue und Ibrahim 1996), die Beteiligung der Familie im operativen Management (Heck und Trent 1999; Alcorn 1986), der Anteilsbesitz einer Familie am Unternehmen (Tagiuri und Davis 1992; Giovannini 2010) oder die Führung durch den Inhaber (Donckels und Lambrecht 1999; Stern 1986). Im Gegensatz zu anderen Variablen, wie beispielsweise der Börsennotierung, kann die Abgrenzung zwischen Familienunternehmen und Nicht-Familienunternehmen nur schwer mittels einer Dummy-Variablen getroffen werden.[4] Wir verzichten daher bewusst auf die Festlegung eines singulären Unterscheidungsmerkmals anhand eines Schwellenwertes. Stattdessen beziehen wir kontinuierliche Dimensionen des familiären Einflusses in unsere Untersuchung mit ein, die in der Lage sind, unterschiedliche Aspekte dieser Beeinflussung abzubilden.

Wir untersuchen das Innovationsverhalten von Familienunternehmen und berücksichtigen dabei unterschiedliche Industrien und Industriestrukturen. Unsere empirische Erhebung stützt sich auf einen Datensatz, der Bilanzdaten (2004) von 436 deutschen Industrieunternehmen beinhaltet. Die Stichprobe berücksichtigt Großunternehmen und KMUs gleichermaßen; der Banken- und Finanzsektor wird aufgrund der unzureichenden Vergleichbarkeit im Innovationsverhalten von der Untersuchung ausgeklammert, wenngleich gerade diese Branche durch einen hohen Anteil an Familienunternehmen besticht. Informationen über Innovationsaktivitäten, Eigentumsverhältnisse, familiäre Verbindungen und die Zusammensetzung der Leitungsorgane wurden manuell aus öffentlich zugänglichen Informationsquellen wie Onlinedatenbanken der BaFin, den jeweiligen Firmenhomepages, Jahresberichten und anderen Publikationen (Pressemitteilungen und Zeitschriftendatenbanken) zusammengetragen. Diese Daten wurden zusammengeführt um die uns interessierenden Variablen zu erhalten. Vom ursprünglichen Datensatz mussten 52 Unternehmen aufgrund fehlender Variablen entfernt werden, sodass 384 Beobachtungswerte für die empirische Analyse verbleiben.

Endogene Variable: Um einen Näherungswert für das Innovationsverhalten von Unternehmen zu erhalten legen wir die Anzahl der Patente eines Unternehmens aus der Online-Datenbank des Deutschen Patentamtes zugrunde. Dabei verwenden wir als erklärende Variable die Anzahl der Patente pro Mitarbeiter (*Patente je Mitarbeiter*), die im Zeitraum zwischen 2000 und 2004 angemeldet wurden, sowie zusätzlich den bestehenden Patentbestand eines Unternehmens, um für die Pfadabhängigkeit im Innovationsverhalten zu kontrollieren. Die Anzahl angemeldeter Patente pro Mitarbeiter dient gleichzeitig zur Kontrolle für die Unternehmensgröße, da die Anzahl der Patente im Allgemeinen mit der Unternehmensgröße steigt. Die Verwendung eines gleitenden Durchschnitts für einen Fünf-Jahres-Zeitraum für die Patentanmeldungen soll einer möglichen Verzerrung durch den langwierigen Prozess der Patentierung und damit einer eher willkürlichen Allokation von Patenten in einzelnen Jahren vorbeugen.

Erklärende Variablen: Zahlreiche Studien verwenden Familieneigentum als ausschließlichen Proxy für Kontrolle und vernachlässigen die Unterscheidung zwischen Unternehmen im Familienbesitz und Unternehmen, die durch Familienmitglieder geführt werden (Chrisman et al. 2002; Chrisman et al. 2004; Daily und Near 2000; Jaskiewicz et al. 2005; Lee 2004; McConaughy et al. 1998). Um eine exaktere Analyse über die Entscheidungsstruktur von Mitgliedern in Leitungsorganen bei Innovationen zu erhalten, schlägt Zahra (1996) die Unterscheidung in aktive und passive Mitglieder vor. Nur so könne deren Beteiligung und Einfluss getrennt voneinander gemessen werden. Wir folgen dieser Aufforderung, indem wir den Einfluss von Familienbesitz, Familienkontrolle und -management gesondert betrachten. Im Gegensatz zu den angelsächsischen Ländern ist in Deutschland das Kontrollorgan des Aufsichtsrates institutionell vom Organ der Geschäftsführung, dem Vorstand, getrennt. Dies ermöglicht es uns, diese Effekte zu isolieren. Entsprechend beziehen wir uns auf mehrere Variablen, die einerseits ein Familienunternehmen charakterisieren und andererseits einen unterschiedlichen Einfluss auf die Innovationsaktivitäten aufweisen können: den Familienbesitz (*Unternehmensanteil in Familienbesitz (%)*), die Familienkontrolle (*Anteil Familie am gesamten Aufsichtsrat (%)*) und das Familienmanagement (*Anteil Familie am Gesamtvorstand (%)*). Im Gegensatz zu US-amerikanischen Studien sind wir in der Lage, den Einfluss der Kontrolle (Aufsichtsrat oder Kontrollorgan) von jenem des Managements (Vorstand oder Geschäftsführung) direkt zu trennen. Da diese Variablen unterschiedliche Aspekte eines gemeinsamen latenten Konstrukts der Governance von Familienunternehmen abbilden, kann nicht von einer Unabhängigkeit dieser drei Variablen ausgegangen werden. Wir berücksichtigen dies einerseits durch alternative Schätzmodelle und andererseits durch die Einführung von Interaktionstermen, die es uns ermöglichen, die gemeinsame und spezifische Varianz der Variablen abzubilden.

Kontrollvariablen: Die Innovationsaktivität in Unternehmen wird durch Einflussfaktoren bestimmt, die nicht in direktem Zusammenhang mit den vordergründig erklärenden Variablen oder in einer indirekten Wechselwirkung mit diesen stehen. So kontrollieren wir für industriespezifische Effekte (*Maschinenbau, Elektronik, Technik, Nahrungsmittel, Bekleidungsindustrie und Papierindustrie*). Damit tragen wir auch einem Nachteil der Verwendung von Patentdaten als Innovationsindikator Rechnung: den branchenspezifischen Unterschieden im Patentierungsverhalten (Griliches et al. 1988; ebenso Schulze et al. 2003). Zusätzlich kontrollieren wir für die Unternehmensgröße über die Mitarbeiterzahl (*Anzahl Mitarbeiter*), das Alter eines Unternehmens (*Unternehmensalter (ln)*) und über eine Notierung an der Börse (*Börsennotierung*).

Zur Schätzung des Einflusses der familienspezifischen Variablen auf die Innovationsaktivität verwenden wir einfache OLS-Schätzungen mit einem heteroskedastizitätskonsistenten Schätzer. Dabei verwenden wir sieben Schätzmodelle, die sich durch den unterschiedlichen Einbezug familienspezifischer Variablen unterscheiden. Alle Schätzmodelle weisen dieselben Kontrollvariablen (Branchendummies, Unternehmensalter, Unternehmensgröße, Börsennotierung) auf, divergieren aber nach der Berücksichtigung des Anteilsbesitzes der Familie (Modell 1), der Vertretung im Aufsichtsrat/Kontrollgremium (Modell 2), im Vorstand (Modell 3), der Interaktion von Anteilsbesitz der Familie mit der Vertretung im Aufsichtsrat/Kontrollgremium (Modell 4) und im Vorstand (Modell 5), der isolierten Berücksichtigung der Vertretung im Vorstand und Aufsichtsrat (Modell 6) und schließlich des Gesamtmodelles (Modell 7), in dem alle Variablen berücksichtigt werden.

4 Empirische Ergebnisse

Erste Ergebnisse der Studie liefert der Blick auf die deskriptiven Statistiken in Tab 1. Die durchschnittliche Patentintensität über alle betrachteten Unternehmen liegt bei ungefähr 0,09 – also 9 Patente auf 100 Mitarbeiter, ein überdurchschnittlich hoher Wert. Dabei lassen sich in einem Mittelwertsvergleich (t-Test) keine statistisch signifikanten Unterschiede zwischen Familienunternehmen und Nicht-Familienunternehmen nachweisen. Der Anteilsbesitz von Familien mit durchschnittlich 29 % übersteigt bei weitem die

Tab. 1: Deskriptive Statistik

	Mittelwert	Std.-Abw.	Minimum	Maximum
Patente je Mitarbeiter	0,087	0,247	0	3,236686
Unternehmensanteil in Familienbesitz (%)	0,290	0,404	0	1
Anteil Familie am gesamten Aufsichtsrat (%)	0,033	0,098	0	0,667
Anteil Familie am Gesamtvorstand (%)	0,118	0,271	0	1
Anzahl Mitarbeiter	6771,319	34795,940	5	419200
Unternehmensalter	82,054	70,607	2	610
Börsennotierung	0,389	0,488	0	1
Maschinenbau	0,185	0,389	0	1
Elektroindustrie	0,135	0,342	0	1
Technik	0,078	0,268	0	1
Nahrungsmittelindustrie	0,089	0,285	0	1
Bekleidungsindustrie	0,032	0,176	0	1
Papierindustrie	0,057	0,233	0	1

Beobachtungen US-amerikanischer Studien. In ungefähr 12 % der betrachteten Unternehmen befinden sich Familienmitglieder im Vorstand oder im Top Management.

Mehr als ein Drittel aller einbezogenen Unternehmen (39 %) sind an der Börse notiert. Die typischen Branchen im Datensatz stellen der Maschinenbau mit fast 19 % aller enthaltenen Unternehmen, die Elektroindustrie mit etwas über 13 % sowie die chemische Industrie und die Metallverarbeitende Industrie mit jeweils über 11 % dar. Das durchschnittliche Alter der betrachteten Unternehmen liegt bei 82 Jahren, wobei sich hier Familienunternehmen im Vergleich der Mittelwerte zwar signifikant aber nur in geringem Maße von Nicht-Familienunternehmen unterscheiden. Das älteste Unternehmen im Datensatz existiert seit 610 Jahren. Die durchschnittliche Unternehmensgröße von 6.771 Mitarbeitern weist auf die Selektion besonders großer Unternehmen hin, allerdings mit sehr hoher Standardabweichung. So beschäftigt das kleinste einbezogene Unternehmen gerade 5, das größte weit über 400.000 Mitarbeiter. Auch hier zeigen sich zwar Unterschiede in den Mittelwerten, so liegt der Durchschnitt bei Familienunternehmen bei 5.820 und bei Nicht-Familienunternehmen bei 8.220, allerdings nicht statistisch signifikant von Null verschieden.

Die Korrelationskoeffizienten der wesentlichen Variablen untereinander sind in Tab. 2 dargestellt. Die höchste Korrelation weist der Eigentumsanteil der Familie mit dem Anteil der Familienmitglieder im Vorstand auf (r = 0,502), der sich auch als statistisch signifikant von Null verschieden zeigt. Dies belegt, dass ein großer Teil der Familienunternehmen ihren Einfluss über die Vorstandstätigkeit ausübt bzw. aktiv am Management des Unternehmens teilnimmt. Dies charakterisiert das klassische oder traditionelle Familienunternehmen, bei dem ein relevanter Teil der Eigentumsanteile im Familienbesitz ist und die Familie selbst das Unternehmen führt. Ebenfalls signifikant von Null verschieden, wenngleich nicht in derselben Höhe, zeigt sich die Korrelation zwischen dem Eigentumsanteil der Familien und dem Anteil der Familienmitglieder im Aufsichtsrat (r = 0,292). Interessanterweise zeigen beide Variablen zu Familienpräsenz in Leitungsorganen eine sehr geringe und nicht von Null verschiedene Korrelation auf. Dies könnte auf die Verfolgung guter „Corporate Governance"-Richtlinien in Familienunternehmen hindeuten.[5]

Die Schätzergebnisse sind in Tab. 3 wiedergegeben und in sieben Teilmodelle untergliedert. Alle sieben Schätzmodelle gleichen sich im Einbezug der Kontrollvariablen. Im

Tab. 2: Korrelationsmatrix

		(1)	(2)	(3)	(4)	(5)	(6)
(1)	Patente je Mitarbeiter	1,000					
(2)	Unternehmensanteil in Familienbesitz (%)	−0,074	1,000				
(3)	Anteil Familie am Aufsichtsrat (%)	0,050	*0,292***	1,000			
(4)	Anteil Familie am Gesamtvorstand (%)	−0,051	**0,502***	0,050	1,000		
(5)	Anzahl Mitarbeiter	0,003	−0,004	0,018	−0,072	1,000	
(6)	Unternehmensalter	−0,013	0,042	−0,108**	−0,108**	0,082	1,000

Bravais-Pearson Korrelationskoeffizienten. Korrelationen > 0,2 kursiv; > 0,5 fett
*p < 0,1; **p < 0,05; ***p < 0,01

Tab. 3: Ergebnisse der Regressionsanalysen

	Modell 1	Modell 2	Modell 3	Modell 4	Modell 5	Modell 6	Modell 7
Unternehmensanteil in Familienbesitz (%)	−0,0608** (0,029)			−0,0664** (0,030)	−0,0509 (0,033)	0,118 (0,107)	−0,0572* (0,036)
Anteil Familie am Aufsichtsrat (%)		0,1022 (0,095)		0,6387* (0,363)		0,0797 (0,107)	0,6545* (0,349)
Anteil Familie am Gesamtvorstand (%)			−0,0449* (0,024)		0,1058 (0,103)	−0,0501** (0,024)	0,1123 (0,093)
Familienbesitz x Familienanteil Vorstand					−0,1422 (0,109)		−0,1429 (0,100)
Familienbesitz x Familienanteil Aufsichtsrat				−0,6756 (0,432)			−0,6835 (0,426)
Familienanteil Vorstand x Familienanteil Aufsichtsrat						0,1606 (0,465)	−0,1077 (0,391)
Anzahl Mitarbeiter	0,0001 (0,000)	0,0001 (0,000)	0,0001 (0,000)	0,0001 (0,000)	0,0001 (0,000)	0,0001 (0,000)	0,0001 (0,000)
Unternehmensalter (ln)	−0,0005 (0,015)	−0,0037 (0,014)	−0,0054 (0,014)	0,0021 (0,015)	0,0017 (0,016)	−0,0046 (0,014)	0,0044 (0,017)
Börsennotierung	−0,0007 (0,023)	−0,0038 (0,021)	0,0023 (0,022)	−0,0195 (0,024)	−0,0089 (0,025)	−0,0051 (0,021)	−0,0277 (0,026)
Maschinenbau	0,1019** (0,051)	0,0977* (0,050)	0,0948* (0,049)	0,1005* (0,051)	0,1001* (0,051)	0,0954* (0,050)	0,0984* (0,051)
Nahrungsmittelindustrie	−0,0835*** (0,021)	−0,0762*** (0,019)	−0,0753*** (0,019)	−0,0826*** (0,021)	−0,0842*** (0,022)	−0,0751*** (0,020)	−0,0817*** (0,022)
Bekleidungsindustrie	−0,0722*** (0,017)	−0,0798*** (0,017)	−0,0742*** (0,016)	−0,0640*** (0,017)	−0,0716*** (0,017)	−0,0763*** (0,017)	−0,0635*** (0,017)
Papierindustrie	−0,0620** (0,026)	−0,0586** (0,024)	−0,0578** (0,024)	−0,0685** (0,028)	−0,0690** (0,028)	−0,0592** (0,024)	−0,0760*** (0,029)
Weitere Branchendummies				Ja, insignifikant			
Konstante	0,1035* (0,058)	0,0962* (0,057)	0,1091* (0,058)	0,0979* (0,058)	0,0968 (0,062)	0,1071* (0,058)	0,0906 (0,062)
Adj. R²	0,033	0,024	0,024	0,038	0,029	0,005	0,032
F	7,64	8,23	7,77	6,50	6,44	6,66	5,21

Lineare Regressionen mit robusten Standardfehlern (in Klammern)
*p < 0,1; **p < 0,05; ***p < 0,01

ersten Schätzmodell (Modell 1) wird zu den Kontrollvariablen nur der Eigentumsanteil der Familie als erklärende Variable einbezogen. Dieser Koeffizient weist einen signifikant negativen Wert auf ($p < 0{,}001$) und belegt unsere zweite Hypothese, wonach Familienunternehmen ein eher geringes Innovationsverhalten aufweisen. Dieser Befund deckt sich mit den Ergebnissen anderer Untersuchungen und könnte ein Indiz für die mangelnde Risikodiversifikation und daraus resultierendes risikoaverses Innovationsverhalten sein. Im nächsten Schätzmodell (Modell 2) wird der Einfluss der Familie im Aufsichtsrat hinsichtlich des Innovationsverhaltens isoliert getestet. Der prozentuale Anteil der Familienmitglieder im Aufsichtsrat zeigt sich dabei nicht statistisch signifikant von Null verschieden. Anders, wenn der Anteil der Familienmitglieder am Gesamtvorstand als erklärende Variable einbezogen wird (Modell 3). Hier zeigt sich erneut ein negativer Einfluss auf das Innovationsverhalten. Die Analogie zwischen dem ersten und dritten Modell ist im Rahmen der vorhandenen Korrelation der beiden erklärenden Variablen zu erwarten gewesen.[6] Dieses Ergebnis deckt sich mit vorliegenden internationalen Studien, welche mehrheitlich Eigentum als Proxy für Familienmanagement verwenden.

Da davon ausgegangen wird – und die deskriptiven Statistiken belegen dies – dass sowohl der Anteil der Familienmitglieder im Aufsichtsrat (oder Kontrollgremium) als auch im Vorstand mit einem Anteilsbesitz der Familie am Unternehmen verbunden ist, werden diese Variablen im folgenden als Interaktionsvariable berücksichtigt (Modelle 4 und 5). Neben dem Anteil des Eigentums der Familie, der wie zuvor statistisch signifikant und negativ in die Schätzgleichung eingeht, erweist sich der Anteil der Familienmitglieder im Aufsichtsrat als statistisch signifikant – allerdings mit positivem Vorzeichen. Unternehmen, bei denen die Kontrolle über Familienmitglieder im Aufsichtsrat erfolgt, weisen eine höhere Patentintensität auf. Führt man diese Schätzung mit dem Anteil der Familienmitglieder im Vorstand, also dem aktiven Management, durch, zeigt sich wie zuvor ein negativer Einfluss. In Modell 6 sind beide institutionellen Machtebenen – Vorstand und Aufsichtsrat – berücksichtigt, ohne expliziten Einbezug des Familienanteils. Hier zeigt sich kein statistisch signifikanter Einfluss durch den Aufsichtsrat, während der Einfluss der Familie im Vorstand nach wie vor negativ bleibt.

In Modell 7 werden schließlich alle Variablen berücksichtigt. Wiederum weist sich die Auswirkung des Anteilsbesitzes der Familie als signifikant (negativ) auf die Patentintensität aus, während der Anteil der Familie im Aufsichtsrat einen signifikant positiven Effekt auf die Patentintensität auszuüben scheint.

In allen sieben Schätzungen geben die Kontrollvariablen ein sehr homogenes Bild wieder. Es können keine Unterschiede hinsichtlich der Unternehmensgröße – gemessen an der Zahl der Mitarbeiter – und des Alters eines Unternehmens belegt werden. Die Vermutung, dass größere Unternehmen eine höhere Patentintensität aufweisen als kleinere, findet in diesem Datensatz keine Bestätigung. Interessant hingegen ist das in allen Schätzmodellen konsistente Ergebnis, dass sich die Börsennotierung nicht signifikant auf die Patentintensität ausübt. Die Notierung an der Börse ist mit einer – mehr oder weniger großen – Streuung der Anteile auf mehrere Eigner verbunden. Dadurch wird das Risiko der unternehmerischen Entscheidungen auf mehrere Schultern verteilt mit der Konsequenz, dass höhere Risiken (mit höheren erwarteten Erträgen) eingegangen werden können. Demzufolge müsste bei diesen Unternehmen ein signifikant positives Vorzeichen erwartet werden. Dies scheint für den vorliegenden Datensatz nicht der Fall zu sein. Die Branchenvariablen zeigen den erwarteten Effekt auf die Patentintensität. Während im Maschinenbau die Patentintensität signifikant höher ist als in der Kontrollgruppe weisen die Nahrungsmittelindustrie, die Bekleidungsindustrie oder die Papierindustrie eine signifikant geringere Patentintensität auf. Die Schätzgleichungen weisen ein adjustiertes Bestimmtheitsmaß mit einem Erklärungsgehalt von ungefähr 5 % auf, vergleichbar mit anderen Studien auf der Basis von Querschnittsdaten.

In allen Schätzungen aber zeigt sich, dass letztendlich der Eigentumsanteil einer Familie ausschlaggebend für die Innovationsaktivität eines Unternehmens ist. Der Kanal der „Machtausübung" von Entscheidungen oder der Einfluss auf das Innovationsverhalten zeigt sich in unseren Daten als signifikant. In Unternehmen mit aktiver Beteiligung der Familienmitglieder im Vorstand können wir einen signifikant negativen Effekt auf die Patentintensität feststellen. Dieser Befund zeigt sich auch in den Ergebnissen von Block (2009, S. 94 ff.) für US-amerikanische Unternehmen.[7] Hierbei könnte es sich um die „klassischen" Familienunternehmen mit aktiver Beteiligung der Familie im Unternehmen – mit all ihren eingangs skizzierten Vor- aber auch Nachteilen handeln. Im Gegensatz dazu scheint ein Teil der Familienunternehmen über die Kontrolle im Aufsichtsrat geführt zu werden, diese weisen eine signifikant höhere Patentintensität auf. Die geringe Korrelation zwischen Präsenz im Vorstand und im Aufsichtsrat lässt darauf schließen, dass ein Teil der Eignerfamilien sich auf die Rolle des Kontrolleurs konzentriert. Der signifikante und positive Einfluss könnte darauf hinweisen, dass es sich bei diesen Unternehmen um eine Art „Familien-Portfoliounternehmung"[8] handelt.

Die Ergebnisse dieser Untersuchung deutscher Unternehmen sind mit den theoretischen Erkenntnissen der Corporate Governance Forschung (Jensen und Meckling 1976; Demsetz 1983) und den empirischen Ergebnissen zur Governance von Familienunternehmen nur teilweise vereinbar (De Visscher 2004; Morck et al. 2000; Naldi et al. 2007; Schulze et al. 2001; Sharma und Manikutty 2005; Sharma et al. 1997; Zahra 2005). Jene Studien belegen, dass eignergeführte Unternehmen aufgrund mangelnder Diversifikation und einer geringen Trennung von Eigentum und Kontrolle risikoaverser handeln als managergeführte Unternehmen mit diversifizierten Anteilseignern. Für die vorliegende Untersuchung deutscher Familienunternehmen kann dies so nicht bestätigt werden. Familienkontrollierte Unternehmen (Präsenz im Aufsichtsrat) weisen sogar eine signifikant höhere Patentaktivität auf. Dies spricht für die Argumentation der Forscher, die den positiven Einfluss des familiären „Unternehmergeists" auf das Innovationsverhalten eines Unternehmens untersuchen (beispielsweise Casillas et al. 2010; Kellermanns et al. 2008; Lawless und Anderson 1996; Naldi et al. 2007; Short et al. 2009; Zahra et al. 2004). Die Isolation der Effekte des Familieneigentums, Familienmanagements und der Familienkontrolle führt so zu einer differenzierten Aussage über die Innovationstätigkeit in Familienunternehmen. Insbesondere lässt sich feststellen, dass neben dem Ausmaß familiärer Beteiligung die Art der Einflussnahme durch die Familie ein wichtiger moderierender Effekt ist.

Eine geringere Innovationsaktivität darf aber nicht als grundsätzliche Innovationsfeindlichkeit gewertet werden. Die Ergebnisse decken sich vielmehr mit weitläufigen Aussagen und Beobachtungen, wonach Familienunternehmen ein Garant wirtschaftlicher Beständigkeit sind. Die geringere Innovationsrate kann – ebenso wie die oft kolportierten geringeren Schwankungen in Unternehmensergebnis und Anzahl der Beschäftigten (vgl.

Block 2009, S. 133 ff.) – als ein Indiz für diese Beständigkeit gewertet werden. So stellt Kock (2007) im Rahmen einer Metaanalyse über den Zusammenhang von Innovationsgrad und Innovationserfolg eine negative Korrelation des organisationalen Innovationsgrads mit dem Innovationserfolg fest. Im Licht dieser Ergebnisse könnte die geringere Innovationsaktivität auch als eine gezieltere Projektauswahl in Familienunternehmen interpretiert werden. Allerdings muss hier berücksichtigt werden, dass Patente ein Maß für gelungene Innovationsprojekte – nicht aber für die gesamte Aktivität – darstellen.

Die Ergebnisse unserer Studie decken sich bezüglich des Einflusses von Familienmitgliedern im Management mit jenen von Block (2009) für US-amerikanische Unternehmen. Nicht wenige Unternehmen, insbesondere aus dem Maschinenbau, sind von Ingenieuren gegründet worden, die ihre persönliche Innovationskraft und -aktivität in einem eigenen Unternehmen höher bewerten. Die Entscheidung, sich selbständig zu machen, beruhte auf der Einschätzung der eigenen Persönlichkeit. Familienmitglieder als Nachfolger im Management weisen nicht unbedingt diesen „Spirit" und diese außergewöhnlichen Fähigkeiten auf. Stattdessen könnte sich eine Konzentration auf die Kontrolle des Unternehmens anbieten und als vorteilhaft erweisen. Allerdings sind Handlungsempfehlungen diesbezüglich im Einzelfall zu entscheiden und nicht aufgrund einer eher großzahligen Untersuchung mit sehr heterogenen Unternehmen möglich.

Der Erkenntnishorizont empirischer Forschung ist immer durch die Verfügbarkeit von Daten und den Stand der Theoriebildung begrenzt. So weist diese Studie, wie andere empirische Studien aus dem Bereich der Corporate Governance, eine Reihe von Problemen auf, welche die Interpretation der Ergebnisse einschränken. Das aus unserer Sicht größte Problem stellt die Qualität der Daten dar, insbesondere Selektionseffekte. Während viele Studien einen sogenannten „Selection Bias" aufgrund der Selektion des gesamten Datensatzes aufweisen, sehen wir eher ein Selektionsproblem von Familienunternehmen, das eng im Zusammenhang mit dem Innovationsverhalten verbunden sein kann. Unternehmen mit hoher Patentintensität werden vorwiegend in sogenannten „High-Tech"-Branchen zu finden sein. Ein großer Teil der Familienunternehmen in Deutschland wurde zu einer Zeit gegründet, in der diese Branchen noch nicht existierten. Somit dominieren Familien in Branchen wie Handel, Textil, Nahrungsmittel oder auch Banken (welche nicht berücksichtigt wurden), die sich tendenziell durch eine geringere Innovationsaktivität auszeichnen. Dies lässt sich auch damit begründen, dass Familienunternehmen einen Vorteil in der Weitergabe und Vermittlung eher standardisierter Prozesse innerhalb der Familie besitzen, was wiederum für Branchen mit längeren Produktlebenszyklen spricht. Ein weiterer Selektionseffekt, der hier nicht direkt erfasst wird, ist die Produktpalette. Bücher wie „The Hidden Champions" und andere eher populärwissenschaftliche Veröffentlichungen weisen auf die Spitzenposition von Familienunternehmen in Nischen hin. Diese Unternehmen zeichnen sich durch eine geringe Produktpalette mit wenigen, aber sehr innovativen Produkten aus. Obwohl die Unternehmensgröße sich nicht als statistisch signifikant erweist, können diese Effekte dadurch nicht hinreichend aufgefangen werden. Ebenfalls können wir nicht für die vielfach geäußerte Behauptung kontrollieren, dass in großen Unternehmen fast drei Viertel aller Patente ungenutzt bleiben. Dies würde zwar nicht das empirische Ergebnis an sich, aber die damit verbundene Aussage oder Interpretation zu Lasten der (kleineren) Familienunternehmen verzerren, die vielleicht weniger Patente anmelden, diese dafür aber im Produktionsprozess einsetzen. Dass Patente kein uneingeschränkt geeignetes Maß für die Innovationsaktivität darstellen, ist bereits angemerkt. Solange dies für alle Unternehmen im Datensatz gleichermaßen gilt, würde dies die Ergebnisse und deren Interpretation weniger beeinflussen. Nicht auszuschließen ist, dass Familienunternehmen aufgrund ihrer eingeschränkten Produktpalette ein engeres Verhältnis zu ihren Kunden haben und folglich mehr mit diesen forschen und entwickeln, ohne das Ergebnis zu patentieren – letztendlich auch, weil Patente einerseits ein Signal für die Konkurrenz darstellen und andererseits auch aufgrund (prohibitiv hoher) Durchsetzungskosten keinen hinreichenden Schutz des geistigen Eigentums bieten.

5 Zusammenfassung und Ausblick

Diese Studie setzte sich zum Ziel, das Innovationsverhalten von Familienunternehmen im Vergleich zu Nicht-Familienunternehmen zu analysieren. Im Unterschied zu bisherigen Untersuchungen, insbesondere aus den angelsächsischen Ländern, wurde der Einfluss der Familie über das aktive Management im Vorstand und die Kontrolle im Aufsichtsrat auch isoliert betrachtet. Unsere Ergebnisse zeigen, dass das Halten von Eigentumsanteilen durch Familienmitglieder einen signifikant negativen Einfluss auf das Innovationsverhalten hat. Die Konzentration von Eigentumsrechten impliziert Risikoaversion als Konsequenz geringer Diversifikation. Im Gegensatz zum klassischen Argument (Berle und Means 1932), wonach die Angleichung der Interessen von Eigentümer und Manager in inhabergeführten Unternehmen zu einer Erhöhung der Innovationstätigkeiten führen sollte, führt das Management durch die Familie zu weniger Innovationen. Anders hingegen im Rahmen der Kontrolle über den Aufsichtsrat: Hier zeigt sich ein positiver Einfluss der Familie auf das Innovationsverhalten. Dies mag auch auf die Besonderheiten des Two-Tier Boards in Deutschland zurückzuführen sein. Hier könnte ein – im Vergleich zu den USA (vgl. Block 2009) – geringerer Eigentumsanteil genügen, um das Unternehmen zu kontrollieren. Dafür könnte ein Teil des Vermögens genutzt werden, um sich bei mehreren Unternehmen analog zu beteiligen. Hierdurch wird eine Diversifikation erreicht, die auch Anreiz zu einer erhöhten Innovationstätigkeit, ggf. mit positiven Spillover-Effekten, führen kann.

Unsere Ergebnisse legen den Schluss nahe, dass sich Eignerfamilien mehr auf die Kontrolle von Unternehmen und weniger auf die Beteiligung im aktiven Management konzentrieren sollten. Dies ist komplementär mit internationalen Untersuchungen zur Erfolgswirkung familiärer Kontrolle (Anderson und Reeb 2003; Barontini und Caprio 2006; Peng und Jiang 2010) als auch mit Studien, welche sich spezifisch mit dem deutschen Corporate Governance System befassen (Witt 2008; Koeberle-Schmid et al. 2009; Audretsch et al. 2010). So könnten unsere Ergebnisse auch einen kleinen Hinweis in Richtung des wohl größten oder zumindest meist diskutierten Problems von Familienunternehmen geben, der Nachfolge (vgl. Redlefsen und Witt 2006).

Neben den bereits im vorigen Kapitel erwähnten Nachteilen, die es in zukünftigen Studien abzumildern gilt, sollte auch die „Black Box" der Familienunternehmen weiter geöffnet werden. Neben einer detaillierteren Analyse von Unterschieden in der Anzahl der Generationen von Familien, bspw. Gründerfamilien, wäre auch ein Blick auf sogenannte „Familien-Portfolio-Unternehmen" und die Rolle von Stiftungen im Zusammenhang mit der Kontrolle von Familienunternehmen interessant; weniger aus dem Aspekt der in der

Literatur diskutierten pyramidalen Struktur (Levy 2009), sondern durch den Übergang von einem eher monolithischen Unternehmen hin zu einer bewussten, diversifikationsorientierten Portfolioinvestition. Ein nicht unbeträchtlicher Teil deutscher Unternehmen befindet sich unter der Kontrolle von Familien, koordiniert über den Aufsichtsrat. Letztendlich zählt aber nicht die Zahl der Patente an und für sich, sondern, wie das geistige Eigentum in nachhaltiges Wirtschaften zum Wohle der Stakeholder umgesetzt wird.

Anmerkungen

1   Fasst man die Vielzahl empirischer Studien über Performance-Vergleiche von Familien- und Nicht-Familienunternehmen zusammen, kann konstatiert werden, dass kein robuster Unterschied vorliegt. Dies liegt weniger am Anteilsbesitz und Einfluss von Familien, sondern ganz allgemein an Endogenitätsproblemen in der ökonometrischen Untersuchung (vgl. Bhagat und Jefferis 2002) am Mangel einer eindeutigen theoretischen Wirkungsrichtung (Demsetz 1983; Hart 1989) und unbeobachtbaren Heterogenitäten und Effekten, die sich verstärken oder eben auch neutralisieren (Bhagat und Jefferis 2002).

2   Eine überlegene mehrdimensionale Effizienz bedeutet in diesem Zusammenhang, dass Familienunternehmen im Gegensatz zu anderen Typen von Unternehmen ihre Ressourcen hinsichtlich mehrerer Ziele (Rentabilitätsmaße, Gewinnmaße u.a.) eher „effizient" einsetzen. Sich im vorliegenden Falle einer Panelanalyse von 376 Unternehmen sich Familienunternehmen eher am Rande der Effizienzlinie befinden.

3   Andererseits könnte die mangelnde Möglichkeit externer Diversifizierung auch einen verstärkten Anreiz zur internen Diversifizierung durch Produktinnovationen führen – was diesem Argument widerspräche. Wir danken einem Gutachter für diesen Hinweis.

4   Auch erscheint es nicht sehr vorteilhaft, die Abgrenzung an lediglich einem Merkmal, wie dem Anteilsbesitz, festzumachen. Dies verdeutlicht das Beispiel der Münchner Rück (Munich Re). Entsprechend Anderson und Reeb (2003) nebst vielen anderen Autoren, würde ein Anteilsbesitz über 5 % einer Familie oder Einzelperson bereits ein konstituierendes Merkmal eines Familienunternehmens darstellen. Dementsprechend würde die Munich Re, einer der weltweit führenden Rückversicherer, seit dem Einstieg von Warren Buffet ein Familienunternehmen darstellen. Seit 15.Oktober 2010 wurde der Anteil am stimmberechtigten Kapital auf über 10 % erhöht.

5   Wir danken einem anonymen Gutachter für diesen Hinweis.

6   Denkbar ist auch ein (invers) u-förmiger Zusammenhang zwischen Eigentumsanteil und Patentaktivität. Ein solcher Zusammenhang spiegelt dann die Existenz der sich gegenseitig kompensierenden Effekte wieder. So würde mit zunehmendem Eigentumsanteil bei einem invers u-förmigen Zusammenhang die Patentaktivität zuerst zunehmen, dann ein Optimum erreichen und danach wieder abnehmen. Umgekehrt würde bei einem u-förmigen Verlauf die Patentaktivität bei einem (sehr) geringen Eigentumsanteil zunächst sehr hoch sein, dann bis zu einem Minimum abnehmen, um dann bei einem sehr hohen Anteil an Familieneigentum wieder einen hohen Wert anzunehmen (ein Verlauf, auf den uns ein anonymer Gutachter verwies). Wir haben für einen (invers) u-förmigen Verlauf eingangs getestet, aber keine statistisch signifikanten Ergebnisse erhalten. Lediglich für die Schwellenbereiche 58 % bis 67 % kann in einigen Modellen (Modell 1 und 7) über Quantilsregressionen ein statistisch signifikanter Koeffizient ermittelt werden. Dieser Schwellenwert liegt eng im Intervall zwischen 50 % und 75 %, also der quasi „Beherrschung" eines Unternehmens.

7   Auch Block (2009, S. 153) gelangt für US-amerikanische Unternehmen zu dem Schluss, dass nicht die Beteiligung der Familien im Management, sondern deren Eigentumsanteil am Unter-

nehmen sich entscheidend auf die positiven Effekte von Unternehmen auswirkt. Im Gegensatz zu US-amerikanischen Unternehmen mit einem One-tier Board zeigt sich dies für deutsche Unternehmen in der Präsenz im Aufsichtsrat.

8 Als Beispiel sei die Familie Quandt genannt, die an einem Bündel hoch innovativer Unternehmen, wie der BMW AG, SGL Carbon AG oder Altana beteiligt ist, die Geschäftsführung einem professionellen Management überlässt und sich auf die Rolle des Kontrolleurs aber auch Ideengebers im Aufsichtsrat zurückzieht.

Literatur

Acs ZJ, Anselin L, Varga A (2002) Patents and innovation counts as measures of regional production of new knowledge. Res Pol 31(7):1069–1085

Adams RB, Hermalin BE, Weisbach MS (2010) The role of boards of directors in corporate governance: a conceptual framework and survey. J Econ Lit 48(1):58–107

Alcorn P (1986) Success and survival in the family-owned business. Warner Books, New York

Aldrich HE, Cliff JE (2003) The pervasive effects of family on entrepreneurship: toward a family embeddedness perspective. J Bus Ventur 18(5):573–596

Anderson RC, Reeb DM (2003) Founding-family ownership and firm performance: evidence from the S&P 500. J Finance 58(3):1301–1328

Audretsch DB, Hülsbeck M, Lehmann EE (2010) The benefits of family ownership, control and management on financial performance of firms. UO-Working-Paper Series 04–10

Audretsch DB, Keilbach MC, Lehmann EE (2006) Entrepreneurship and economic growth. Oxford University Press, USA

Autio E, Mustakallio M (2003) Family firm internationalization: a model of family firm generational succession and internationalization strategic postures. In: Paper presented at the theories of the family enterprise conference, Philadelphia

Barnes L, Hershon S (1994) Transferring power in the family business. Fam Bus Rev 7(4):377

Barontini R, Caprio L (2006) The effect of family control on firm value and performance: evidence from continental Europe. Europ Finan Manag 12(5):689–723

Barry B (1989) The development of organization structure in the family firm. Fam Bus Rev 2(3):293–315

Baysinger B, Hoskisson RE (1990) The composition of boards of directors and strategic control: effects on corporate strategy. Acad Manag Rev 15(1):72–87

Berle A, Means G (1932) The modern corporate and private property. McMillian, New York

Bertrand M, Schoar A (2006) The role of family in family firms. J Econ Perspect 2(2):73–96

Bhagat S, Jefferis R (2002) The econometrics of corporate governance studies. MIT Press, Cambridge

Block JH (2009) Long-term orientation of family firms. Gabler, Wiesbaden

Bloom N, Van Reenen J (2007) Measuring and explaining management practices across firms and countries. Q J Econ 122(4):1351–1408

Breton-Miller IL, Miller D (2009) Agency vs. Stewardship in public family firms: a social embeddedness reconciliation. Entrep Theory Pract 33(6):1169–1191

Carney M (2005) Corporate governance and competitive advantage in family-controlled firms. Entrep Theory Pract 29(3):249–265

Casillas JC, Moreno AM, Barbero JL (2010) A configurational approach of the relationship between entrepreneurial orientation and growth of family firms. Fam Bus Rev 23(1):27–44

Chaganti R, Damanpour F (1991) Institutional ownership, capital structure, and firm performance. Strateg Manag J 12(7):479–491

Chrisman JJ, Chua J, Steier L (2002) The influence of national culture and family involvement on entrepreneurial perceptions and performance at the state level. Entrep Theory Pract 26(4):113–131

Chrisman JJ, Chua JH, Litz RA (2004) Comparing the agency costs of family and non-family firms: conceptual issues and exploratory evidence. Entrepr Theory Pract 28(4):335–354

Chrisman JJ, Chua JH, Sharma P (2005) Trends and directions in the development of a strategic management theory of family firm. Entrepr Theory Pract 29(5):555–576

Czarnitzki D, Kraft K (2010) On the profitability of innovative assets. Appl Econ 42(15):1941–1953

Daily C, Near J (2000) CEO satisfaction and firm performance in family firms: divergence between theory and practice. Soc Indic Res 51(2):125–170

De Visscher FM (2004) Balancing capital, liquidity and control. Fam Bus 14:45–47

Demsetz H (1983) The structure of ownership and the theory of the firm. J Law Econ 26(2):375–390

Donckels R, Lambrecht J (1999) The re-emergence of family-based enterprises in East Central Europe: what can be learned from family business research in the western world? Fam Bus Rev 12(2):171–188

Dyer W (1964) Family reactions to the father's job. In: Shostak A, Gomberg W (Hrsg) Blue-collar world: studies of the american worker. Prentice Hall, Englewood Cliffs, S 86–91

Faccio M, Lang LHP, Young L (2001) Dividends and expropriation. Amer Econ Rev 91(1):54–78

Fama EF, Jensen MC (1983) Separation of ownership and control. J Law Econ 26(2):301–325

Giovannini R (2010) Corporate governance, family ownership and performance. J Manag Gov 14(2):145–166

Greif S, Schmiedl D (2006) Patentatlas Deutschland. Deutsches Patent- und Markenamt, München

Griliches Z (1990) Patent statistics as economic indicators: a survey. J Econ Lit 28(4):1661–1707

Griliches Z, Pakes A, Hall B (1988) The value of patents as indicators of inventive activity. NBER

Habbershon TG, Pistrui J (2002) Enterprising families domain: family-influenced ownership groups in pursuit of transgenerational wealth. Fam Bus Rev 15(3):223–238

Hack A (2009) Sind Familienunternehmen anders? Eine kritische Bestandsaufnahme des aktuellen Forschungsstands. Z Betriebswirtschaft Special Issue 2:1–29

Hall A, Melin L, Nordqvist M (2001) Entrepreneurship as radical change in the family business: exploring the role of cultural patterns. Fam Bus Rev 14(3):193–208

Hart O (1989) An economist's perspective on the theory of the firm. Columbia Law Rev 89(7):1757–1774

Heck R, Trent E (1999) The prevalence of family business from a household sample. Fam Bus Rev 12(3):209

Hill CWL, Snell S (1988) External control, corporate strategy, and firm performance in research-intensive industries. Strateg Manag J 9(6):577–590

Jacquemin A, De Ghellinck E (1980) Familial control, size and performance in the largest French firms. Europ Econ Rev 13(1):81–91

Jaffe DT, Lane SH (2004) Sustaining a family dynasty: key issues facing complex multigenerational business- and investment-owning families. Fam Bus Rev 17(1):81

Jaskiewicz P, González V, Menéndez S, Schiereck D (2005) Long-run IPO performance analysis of German and Spanish family-owned businesses. Fam Bus Rev 18(3):179

Jensen MC, Meckling WH (1976) Theory of the firm: managerial behavior, agency costs and ownership structure. J Finan Econ 3(4):305–360

Kellermanns FW, Eddleston KA, Barnett T, Pearson A (2008) An exploratory study of family member characteristics and involvement: effects on entrepreneurial behavior in the family firm. Fam Bus Rev 21(1):1–14

Klein SB (2000) Familienunternehmen – Theoretische und empirische Grundlagen, Lehrbuch. Gabler, Wiesbaden

Kock A (2007) Innovativeness and innovation success – a meta-analysis. Z Betriebswirtschaft Special Issue 2:1–21

Koeberle-Schmid A, Brockhoff K, Witt P (2009) Performanceimplikationen von Aufsichtsgremien in deutschen Familienunternehmen. Z Betriebswirtschaft Special Issue 2:83–111

La Porta R, Lopez-de-Silanes F, Shleifer A (1999) Corporate ownership around the world. J Finance 54(2):471–517

Lauterbach B, Vaninsky A (1999) Ownership structure and firm performance: evidence from Israel. J Manag Gov 3(2):189–201

Lawless MW, Anderson PC (1996) Generational technological change: effects of innovation and local rivalry on performance. Acad Manag J 39(5):1185–1217

Lee J (2004) The effects of family ownership and management on firm performance. SAM Adv Manag J 69 (4):46–54

Lehmann EE, Warning S, Weigand J (2004) Governance structures, multidimensional efficiency and firm profitability. J Manag Gov 8(3):279–304

Lehmann EE, Weigand J (2000) Does the governed corporation perform better? Governance structures and corporate performance in Germany. Europ Finance Rev 4(2):157–195

Levy M (2009) Control in pyramidal structures. Corp Gov Int Rev 17(1):77–89

McConaughy D, Matthews C, Fialko A (2001) Founding family controlled firms: performance, risk, and value. J Small Bus Manag 39(1):31–49

McConaughy D, Walker M, Henderson G, Mishra C (1998) Founding family controlled firms: efficiency and value. Rev Finan Econ 7(1):1–19

Miller D, Le Breton-Miller I (2005) Managing for the long run: lessons in competitive advantage from great family businesses. Harvard Business School Press, Boston

Morck RK, Strangeland DA, Yeung B (2000) Inherited wealth, corporate governance, and economic growth: the Canadian disease. In: Morck RK (Hrsg) Concentrated corporate ownership. University of Chicago Press, Chicago, s 319–369

Naldi L, Nordqvist M, Sjoberg K, Wiklund J (2007) Entrepreneurial orientation, risk taking, and performance in family firms. Fam Bus Rev 20(1):33–58

Neumann M (1997) The rise and fall of the wealth of nations. long waves in economics and international politics. Edward Elgar, Cheltenham

Nordqvist M, Habbershon T, Melin L (2008) Transgenerational entrepreneurship: exploring entrepreneurial orientation in family firms. In: Landström D, Smallbone D, Crijns H, Laversen E (Hrsg) Entrepreneurship, sustainable growth and performance: frontiers in European entrepreneurship research. Edward Elgar, London, S 93–116

Peng MW, Jiang Y (2010) Institutions behind family ownership and control in large firms. J Manag Stud 47(2):253–273

Redlefsen M, Witt P (2006) Gesellschafterausstieg in großen Familienunternehmen. Z Betriebswirtschaft 76(1):7–27

Rogoff EG, Heck RKZ (2003) Evolving research in entrepreneurship and family business: recognizing family as the oxygen that feeds the fire of entrepreneurship. J Bus Ventur 18(5):559–566

Rue L, Ibrahim N (1996) The status of planning in smaller family-owned business. Fam Bus Rev 9(1):29

Schade C, Burmeister-Lamp K (2009) Experiments on entrepreneurial decision making: a different lens through which to look at entrepreneurship. Found Trends Entrep 5(2):81–134

Schulze WS, Lubatkin MH, Dino RN (2003) Exploring the agency consequences of ownership dispersion among the directors of private family firms. Acad Manag J 46(2):179–194

Schulze WS, Lubatkin MH, Dino RN, Buchholtz AK (2001) Agency relationships in family firms: theory and evidence. Organ Sci 12(2):99–116

Sharma P, Chrisman JJ, Chua JH (1997) Strategic management of the family business: past research and future challenges. Fam Bus Rev 10(1):1–35

Sharma P, Manikutty S (2005) Strategic divestments in family firms: role of family structure and community culture. Entrep Theory Pract 29(3):293–311

Short JC, Payne GT, Brigham KH, Lumpkin GT, Broberg JC (2009) Family firms and entrepreneurial orientation in publicly traded firms: a comparative analysis of the S&P 500. Fam Bus Rev 22(1):9–24

Stern M (1986) Inside the family-held business. Harcourt Brace Jovanovich, New York (In: Handler WC (1989). Methodological issues and considerations in studying family businesses. Fam Bus Rev 2(3):257–276)
Tagiuri R, Davis J (1992) On the goals of successful family companies. Fam Bus Rev 5(1):43–62
Talke K (2007) How a corporate mindset drives product innovativeness. Z Betriebswirtschaft Special Issue 2:47–70
Witt P (2008) Corporate governance in familienunternehmen. Z Betriebswirtschaft Special Issue 2:1–19
Yammeesri J, Lodh S (2004) Is family ownership a pain or gain to firm performance. J Am Acad Bus 4(1/2):263–289
Zahra SA (1991) Predictors and financial outcomes of corporate entrepreneurship: an exploratory study. J Bus Ventur 6(4):259–285
Zahra SA (1996) Governance, ownership, and corporate entrepreneurship: the moderating impact of industry technological opportunities. Acad Manag J 39(6):1713–1735
Zahra SA (2005) Entrepreneurial risk taking in family firms. Fam Bus Rev 18(1):23–40
Zahra SA, Hayton JC, Salvato C (2004) Entrepreneurship in family vs. non-family firms: a resource-based analysis of the effect of organizational culture. Entrep Theory Pract 28(4):363–381

Innovation behaviour in family firms

Abstract: Family businesses are publicly believed to be highly innovative and to be the "Hidden Champions" of the German industry. In recent times scholars have begun to examine this thesis and have come to starkly opposing results. On the one hand family businesses are attested to have a special „entrepreneurial "spirit" which makes them highly innovative. On the other hand the lack of separation of ownership and control and insufficient diversification of family-investors are said to lead to less innovation activity. In this study we investigate the innovation activity of 384 German manufacturing firms differing in legal structure, size, age, industry, and—most importantly—in the degree of family ownership, family management and family control. The results of our analysis reveals differentiated results. Fundamentally, family ownership and family management are detrimental to firm innovation, at the same time family control has a positive impact on innovation activities. Our Results point to the fact that owner-managed businesses tend to innovate less due to risk aversion while a focus on controlling instead of managing a corporation by the owning family lead to an increase in innovations.

Keywords: Family firms · Corporate governance · Performance · Innovation

ZfB-SPECIAL ISSUE 3/2012

Zum Einfluss der Inhaberführung auf die Betriebsrat-Geschäftsführer-Beziehung – Eine theoretische und empirische Analyse in mittelständischen Unternehmen

Nadine Schlömer-Laufen · Rosemarie Kay · Arndt Werner

Zusammenfassung: Die vorliegende Studie untersucht die Determinanten der Qualität der Betriebsrat-Geschäftsführer-Beziehung. Dabei liegt besonderes Gewicht auf dem Einfluss der Inhaberführung, der zugleich auch für die Existenz eines Betriebsrats von entscheidender Bedeutung ist. Aus der Stewardship- und der Prinzipal-Agenten-Theorie lassen sich diesbezüglich unterschiedliche Wirkungen der Inhaberführung ableiten. Von diesen theoretisch denkbaren Wirkungsrichtungen ausgehend wird auf Basis einer repräsentativen Befragung mittelständischer Unternehmen des IfM Bonn aus den Jahren 2005/2006 ein Binomiales Probit-Modell mit Selektion geschätzt, um die zentralen Determinanten, die die Qualität der Betriebsrat-Geschäftsführer-Beziehung beeinflussen, zu ermitteln. Wie theoretisch vermutet, zeigen die empirischen Analysen einen negativen Einfluss der Inhaberführung auf die Wahrscheinlichkeit, dass ein Betriebsrat im Unternehmen existiert, auf. Ist im Unternehmen aber ein Betriebsrat eingerichtet, so übt die Inhaberführung einen signifikant positiven Einfluss auf die Wahrscheinlichkeit einer positiven Betriebsrat-Geschäftsführer-Beziehung aus. Dieser Befund bestätigt somit die Hypothese, wonach sich Inhaber-Manager eher als Stewards und angestellte Manager eher als Agenten verhalten.

© Gabler-Verlag 2012

Dr. N. Schlömer-Laufen (✉) · Dr. R. Kay · Dr. A. Werner
Institut für Mittelstandsforschung Bonn (IfM Bonn),
Maximilianstr. 20, 53111 Bonn, Deutschland
E-Mail: schloemer@ifm-bonn.org

R. Kay
E-mail: kay@ifm-bonn.org

A. Werner
E-mail: werner@ifm-bonn.org

Schlüsselwörter: Betriebsrat-Geschäftsführer-Beziehung · Inhaberführung · Stewardship-Theorie · Prinzipal-Agenten-Theorie · Heckman-Selektion

JEL Classification: J53 · M54 · L29

1 Einleitung

Eine Vielzahl von ökonometrischen Studien zeigt, dass die Führung eines Unternehmens durch den Inhaber einen signifikant negativen Einfluss auf die Wahrscheinlichkeit ausübt, dass ein Betriebsrat im Unternehmen vertreten ist (vgl. u. a. Addison et al. 2003; Bellmann und Ellguth 2006; Schlömer et al. 2007). Dieser Befund wird zum einen darauf zurückgeführt, dass Eigentümer-Unternehmer im Vergleich zu angestellten Managern eher einen patriarchalischen Führungsstil pflegen, der mit einer Einflussnahme von Betriebsräten auf die Unternehmenspolitik nicht vereinbar ist. Aus diesem Grund wirken Inhaber häufig auf ihre Belegschaften ein, damit diese auf die Gründung eines Betriebsrats verzichten (vgl. Addison et al. 2003; Bellmann und Ellguth 2006; Ellguth 2006; Hauser-Ditz et al. 2008). Zum anderen wird auch argumentiert, dass Belegschaften aufgrund informeller Partizipationsmöglichkeiten in inhabergeführten Unternehmen die Gründung eines Betriebsrats häufig als nicht notwendig erachten (vgl. Bellmann und Ellguth 2006, S. 492).

Während der Einfluss der Inhaberführung auf die Existenz eines Betriebsrats bereits gut erforscht ist, trifft dies auf die Qualität der Betriebsrat-Geschäftsführer-Beziehung nicht zu. So wurde die Ausgestaltung der Betriebsrat-Geschäftsführer-Beziehung in kleinen und mittleren Unternehmen unseres Wissens bislang grundsätzlich qualitativ untersucht (vgl. u. a. Bosch 1997; Kotthoff 1981; Trinczek 1993). Eine quantitative Untersuchung zur Bestimmung der zentralen Einflussgrößen, die auf diese Beziehung wirken, fehlt dagegen. Dies ist insofern erstaunlich, als sich in den qualitativen Studien einige Hinweise dafür finden, dass sich Strukturmerkmale wie die Unternehmensgröße und die Inhaberführung nicht nur *ex ante* auf die Wahrscheinlichkeit der Existenz eines Betriebsrats auswirken, sondern auch *ex post* die Qualität der Zusammenarbeit der Betriebspartner beeinflussen. Die weitgehende Vernachlässigung des Untersuchungsgegenstandes ist aber auch deshalb überraschend, weil einige Studien darauf hinweisen, dass die Ausgestaltung der Betriebsrat-Geschäftsführer-Beziehung zumindest mittelbar einen Einfluss auf den Unternehmenserfolg ausübt. So wirken sich kooperative Betriebsrat-Geschäftsführer-Beziehungen beispielsweise reduzierend auf die Personalfluktuation aus (vgl. Dilger 2006).

Vor diesem Hintergrund ist es das Ziel des vorliegenden Beitrags, den Einfluss der Inhaberführung auf die Qualität der Zusammenarbeit zwischen Betriebsrat und Geschäftsführung zu untersuchen und damit zur Schließung einer Forschungslücke beizutragen. Als empirische Grundlage dient eine repräsentative Befragung des IfM Bonn aus dem Jahr 2005/2006, in der sowohl mittelständische Geschäftsführer als auch Betriebsräte zur Praxis der betrieblichen Mitbestimmung und Partizipation in ihrem Unternehmen befragt worden sind. Theoretisch wird die mittelständische Betriebsrat-Geschäftsführer-Beziehung mit Hilfe der Stewardship- sowie der Prinzipal-Agenten-Theorie untersucht, weil der aus unserer Sicht wesentliche Faktor – die Führung des Unternehmens durch den Inhaber – in diese Erklärungsansätze gut integriert werden kann.

Wie theoretisch vermutet, zeigen die Analysen, dass die Inhaberführung einen negativen Einfluss auf die Wahrscheinlichkeit ausübt, dass ein Betriebsrat im Unternehmen existiert. Haben Unternehmen aber einen Betriebsrat eingerichtet, so übt die Inhaberführung einen signifikanten positiven Einfluss auf die Wahrscheinlichkeit einer positiven Betriebsrat-Geschäftsführer-Beziehung aus. Dieser Befund bestätigt somit unsere Implikation aus der Stewardship- und Prinzipal-Agenten-Theorie, wonach sich Inhaber-Geschäftsführer eher als Stewards und angestellte Manager eher als Agenten verhalten.

Der Beitrag ist wie folgt gegliedert: In Kapitel zwei werden zunächst die Einflussfaktoren auf die Verbreitung von betrieblicher Mitbestimmung in mittelständischen Unternehmen behandelt (2.1) und die wenigen (qualitativen) Forschungsarbeiten zur Qualität der Betriebsrat-Geschäftsführer Beziehungen vorgestellt (2.2). Darauf aufbauend wird in Kapitel drei genauer analysiert, inwieweit die Prinzipal-Agenten- und die Stewardship-Theorie geeignete Ansätze darstellen, um die Qualität der Zusammenarbeit zwischen Betriebsrat und Geschäftsführung zu erklären. Anschließend werden die theoretischen Implikationen zum Einfluss der Inhaberführung auf die Betriebsrat-Geschäftsführer-Beziehungen in Kapitel vier empirisch überprüft. Im fünften Kapitel werden die Ergebnisse zusammengefasst und diskutiert.

2 Stand der Forschung

2.1 Betriebliche Mitbestimmung in mittelständischen Unternehmen

2.1.1 Verbreitung

Die Qualität von Betriebsrat-Geschäftsführer-Beziehungen in mittelständischen Unternehmen kann naturgemäß nur dann analysiert werden, wenn ein Betriebsrat vorhanden ist. Eine Betriebsratsgründung ist jedoch nicht in jedem Betrieb möglich. Das Betriebsverfassungsgesetz (BetrVG) schreibt eine Mindestgröße der Betriebe von „in der Regel mindestens fünf ständigen wahlberechtigten Arbeitnehmern, von denen drei wählbar sind"[1] (vgl. § 1 Abs. 1 BetrVG), vor. Zudem besteht für Betriebsräte kein Einrichtungszwang (vgl. Keller 2008, S. 103). Das bedeutet, dass es im Entscheidungsbereich der Arbeitnehmer liegt (vgl. § 17 BetrVG im Falle des normalen Wahlverfahrens; § 14a und § 17a BetrVG im Falle des vereinfachten Wahlverfahrens[2]),[3] ob sie einen Betriebsrat gründen oder auf eine solche Gründungsinitiative verzichten.

Dieser fehlende Einrichtungszwang ist vermutlich auch der Grund dafür, dass in Deutschland nur eine Minderheit aller betriebsratsfähigen Betriebe eine solche Arbeitnehmerinstitution vorweisen kann. Im Jahr 2010 verfügten lediglich 10 % der betriebsratsfähigen Betriebe über einen Betriebsrat (vgl. Ellguth und Kohaut 2011, S. 245), wobei Betriebsräte in den verschiedenen Betriebstypen sehr unterschiedlich verbreitet sind: Während 90 % (Westdeutschland) bzw. 94 % (Ostdeutschland) der Großbetriebe (501 und mehr Beschäftigte) über einen Betriebsrat verfügen, sind Betriebsräte in betriebsratsfähigen kleinen und mittleren Betrieben unterrepräsentiert.[4] Zur Verbreitung von Betriebsräten in inhabergeführten Unternehmen liegen kaum Informationen vor. Eigene Berechnungen auf Basis des Datensatzes des IfM Bonn aus den Jahren 2005/2006 ergeben einen Ver-

Tab. 1: Verbreitung von Betriebsräten nach Beschäftigtengrößenklassen in Abhängigkeit von der Unternehmensführung, in Prozent. (Quelle: Eigene Berechnungen auf Basis des Datensatzes des IfM Bonn)

Unternehmen mit … Beschäftigten	Inhabergeführte Unternehmen	Managementgeführte Unternehmen	Alle Unternehmen
20–49	9,3	42,0	17,1
50–99	19,0	54,5	30,9
100–249	53,2	83,0	67,7
250–499	53,8	93,8	77,4
Insgesamt	16,4	57,0	29,1

n = 759; Gewichtung

breitungsgrad von Betriebsräten in inhabergeführten Unternehmen der Größenklasse 20 bis 499 Beschäftigten von etwa 16 % im Vergleich zu 57 % in managementgeführten Unternehmen der gleichen Größenklasse (vgl. Tab. 1)

Um die Unterrepräsentanz von Betriebsräten sowohl in kleinen und mittleren als auch in inhabergeführten Unternehmen besser zu verstehen, werden im Folgenden die in ökonometrischen Analysen ermittelten Determinanten der Existenz eines Betriebsrats und anschließend die vorliegenden Forschungsergebnisse zur Qualität der Beziehung zwischen Betriebsrat und Geschäftsführung dargelegt. Anzunehmen ist, dass die Erwartungen der Arbeitnehmer, wie die Geschäftsführung auf die Betriebsratsgründung reagiert und in der Folge mit dem Betriebsrat umgehen wird, die Entscheidung einer Betriebsratsgründung mit beeinflussen. Deshalb lassen sich aus der Analyse der Determinanten einer Betriebsratsgründung auch Hinweise auf die Faktoren gewinnen, die für die Qualität der Betriebsrat-Geschäftsführer-Beziehung von Bedeutung sind.

2.1.2 Determinanten der Existenz eines Betriebsrats

Mit den Determinanten der Existenz eines Betriebsrats haben sich bereits eine Vielzahl an Studien beschäftigt (vgl. u. a. Addison et al. 1997; Addison et al. 1999; Addison et al. 2003; Bellmann und Ellguth 2006; Ellguth 2006; Fitzroy und Kraft 1987; Frick und Sadowski 1995; Hauser-Ditz et al. 2008; Jirjahn 1998; Schlömer et al. 2007; Schnabel und Wagner 2001). Zentrales Ergebnis dieser Studien ist, dass eine Reihe an Faktoren die Existenz eines Betriebsrats beeinflusst. Im Einzelnen konnten folgende Variablen als zentrale Einflussfaktoren identifiziert werden.[5]

Eine Variable, der in allen einbezogenen Schätzungen ein signifikanter Einfluss auf die Wahrscheinlichkeit der Existenz eines Betriebsrats nachgewiesen werden konnte, ist die Betriebsgröße: Je größer ein Betrieb, desto wahrscheinlicher ist die Existenz eines Betriebsrats, allerdings mit abnehmender Zuwachsrate. Ein positiver Wirkungszusammenhang mit der Existenz eines Betriebsrats wurde auch für die folgenden Variablen festgestellt: Betriebsalter; Betriebe, die den Status einer Filiale oder Zweigniederlassung haben; Betriebe mit einem ausländischen Besitzer; Betriebe, bei denen die Geschäftsführung am Gewinn beteiligt ist; Betriebe mit einem hohen Anteil an Schichtarbeitern und an Arbeitern, die nicht nach Zeit entlohnt werden sowie Betriebe mit einem hohen Anteil qualifizierter Arbeitnehmer. Ebenfalls positiv wirkt sich die Mitgliedschaft in einem Arbeitgeberverband sowie die Existenz eines Tarifvertrags (Branchen- oder Flächentarifvertrag) auf die Wahrscheinlichkeit der Existenz eines Betriebsrats aus. Die Wahrscheinlichkeit der Existenz eines Betriebsrats ist zudem im Produzierenden Gewerbe höher als im Bau-, Einzelhandel- oder Servicesektor (vgl. z. B. Frick und Sadowski 1995, S. 49 f.). Ein negativer Wirkungszusammenhang zeigt sich dagegen für eine positive Ertragslage, einen hohen Frauenanteil, einen hohen Anteil gewerblicher Arbeitnehmer sowie einen hohen Anteil Teilzeitbeschäftigter an der Belegschaft. Ebenfalls negativ im genannten Sinn wirkt sich die Tatsache aus, dass ein Betrieb von seinem Inhaber geführt wird.

Die *Branchenzugehörigkeit des Unternehmens* beeinflusst z. B. insofern die Existenz eines Betriebsrats, als einige Branchen traditionell stärker in das System der industriellen Beziehungen integriert sind als andere (vgl. u. a. Ellguth und Kohaut 2010, S. 208)[6]. Aus diesem Grund müssen sich Belegschaften in Branchen, in denen Betriebsräte quasi üblich sind, weniger stark für die Einrichtung eines Betriebsrats bei den Kollegen einsetzen als in Branchen, auf die dies nicht zutrifft. Diese Tatsache wirkt sich vermutlich nicht nur ex ante, sondern auch ex post auf die Beziehung zwischen Betriebsrat und Geschäftsführung aus. Denn wenn ein Betriebsrat in der jeweiligen Branche keine Neuerung darstellt, muss die Geschäftsführung auch nicht um die von ihr häufig angeführten Wettbewerbsnachteile durch die Existenz eines Betriebsrats fürchten. Dies wiederum dürfte der Beziehung zum Betriebsrat zuträglich sein.

Auch die *Mitgliedschaft eines Unternehmens in einem Arbeitgeberverband* kann als Indikator für die Akzeptanz der industriellen Beziehungen aufgefasst werden. Dabei ist davon auszugehen, dass Unternehmer, die in einem Arbeitgeberverband organisiert sind, die Notwendigkeit von industriellen Beziehungen eher anerkennen und daher auch die Mitbestimmung auf Betriebsebene eher akzeptieren als nicht organisierte Unternehmen (vgl. Hilbert und Sperling 1993, S. 179 f.). Demnach ist zu erwarten, dass die Mitgliedschaft im Arbeitgeberverband sich nicht nur günstig auf die Existenz eines Betriebsrats, sondern auch auf die Beziehung der Betriebspartner auswirkt. Letzteres dürfte vor allem darin begründet liegen, dass es bspw. in einem tarifgebundenen Unternehmen deutlich weniger Betriebsvereinbarungen zwischen Betriebsrat und Geschäftsführung zu schließen sind, weil entsprechende Regelungen bereits durch den Tarifvertrag vorgegeben sind.

Es ist folglich zu konstatieren, dass neben Strukturmerkmalen der Unternehmen (z. B. Größe, Branche) und Merkmalen der Belegschaft (z. B. Anteil der Teilzeitbeschäftigte, Anteil der qualifizierten Arbeitnehmer) auch die Inhaberführung die Wahrscheinlichkeit der Existenz eines Betriebsrats beeinflussen. Diese Faktoren stellen gleichzeitig auch Einflussfaktoren für die Qualität der Betriebsrat-Geschäftsführer-Beziehung dar. Dies wird nachfolgend auch explizit für den Einflussfaktor ‚Inhaber' gezeigt.

2.2 Qualität der Betriebsrat-Geschäftsführer-Beziehung

Die wenigen Studien, die sich bis dato vornehmlich mit der Qualität der Betriebsrat-Geschäftsführer-Beziehung beschäftigt haben, zeigen, dass die Zusammenarbeit der beiden Betriebsparteien in der Praxis nicht immer so kooperativ verläuft wie in § 2 Abs. 1 BetrVG vorgeschrieben.[7] Berücksichtigt werden muss allerdings, dass diese Arbeiten vornehmlich qualitative Forschungsmethoden einsetzen und ihren Forschungsfokus nicht auf den Mittelstand und nur selten auf den expliziten Einfluss der Inhaberführung auf die hier untersuchte Beziehungsqualität legen (vgl. u. a. Bosch 1997; Kotthoff 1981; Trinczek 1993).

Kotthoff (1981) hat mittels Fallstudien die Beziehung zwischen Betriebsrat und Geschäftsführung in 63 Industrieunternehmen untersucht. Basierend auf Gesprächen mit Betriebsrat und Geschäftsführung hat Kotthoff sechs Formen von Partizipationsmustern aufgedeckt. Die sechs Typen sind im Einzelnen: I) „Der ignorierte Betriebsrat", II) „Der isolierte Betriebsrat", III) „Der Betriebsrat als Organ der Geschäftsleitung", IV) „Der respektierte zwiespältige Betriebsrat als Ordnungsfaktor", V) „Der respektierte standfeste Betriebsrat" und schließlich VI) „Der Betriebsrat als kooperative Gegenmacht".[8] Das Ausmaß der Kooperation steigt von Typ I bis zu Typ VI. Während in den Typen I bis III restriktive Autoritätsmuster vorherrschen, die eine symmetrische Partizipationsbeziehung erschweren, sind in den Typen IV bis VI die Bedingungen für symmetrische und damit vom Gesetzgeber vorgesehene kooperative Beziehung zwischen den Betriebspartnern günstiger (vgl. Kotthoff 1981, S. 249; Nienhüser 1998, S. 247). Kotthoff erklärt die Unterschiede in den Betriebspartner-Beziehungen mit der Struktur der Unternehmen. Neben einem Zusammenhang der Partizipationsmuster mit der Größe und der Anzahl gewerkschaftlicher Vertrauensleute im Betrieb findet Kotthoff einen starken Einfluss der Besitzverhältnisse auf die Partizipationsmuster: „Je stärker der persönliche Einfluss des (Haupt-)Eigentümers auch auf die sozialen Beziehungen im Betrieb ist, umso eher sind restriktive betriebliche Autoritätsmuster anzutreffen, umso unwahrscheinlicher wird eine symmetrische Partizipation." (1981, S. 253). Auch Trinczek (1993, S. 187 ff.) kann auf Basis seiner Fallstudien in 44 Mittel- und Großbetrieben der Metallindustrie Nordbayerns zeigen, dass sich die Qualität der Betriebsrat-Geschäftsführer-Beziehungen in inhaber- und managementgeführten Unternehmen unterscheidet. Die Studie findet Hinweise darauf, dass sich in eigentümergeführten Unternehmen besondere Orientierungsmuster der Geschäftsführung finden, die zu einer Isolierung des Betriebsrats führen (vgl. Trinczek 1993, S. 187 ff.). Schließlich stellt auch die Studie von Bosch, die sich im Zuge von Fallstudien in 32 Betrieben der Metallindustrie in Nordbayern mit dem Verhalten der Geschäftsführung gegenüber dem Betriebsrat beschäftigt hat, fest, dass „der Eigentümer[...] häufig eine derart dominante Figur in diesen Betrieben [ist], dass sich der Betriebsrat nur schwer als unabhängige Gegenmacht etablieren [kann]." (1997, S. 183).

Darüber hinaus haben einige quantitative Studien die Qualität der Beziehung zwischen Geschäftsführung und Betriebsrat zum Gegenstand, allerdings nicht vornehmlich (vgl. u. a. Bunk 2005, S. 132 f.; Bunk und Wagner 2004, S. 341 ff.; Hauser-Ditz et al. 2008, S. 171 ff.; Kokalj et al. 1997, S. 108 f.; Müller-Jentsch und Seitz 1998, S. 367 ff.). Bezeichnend ist, dass sich in der überwiegenden Zahl der quantitativen Studien Belege für ein positives Miteinander zwischen Betriebsrat und (Eigentümer-)Geschäftsführer finden und damit im Widerspruch zu den oben ausgeführten Befunden der Fallstudien stehen.

Das IfM Bonn konnte im Jahr 1997 im Rahmen einer Studie zu den „Möglichkeiten der Berücksichtigung mittelständischer Unternehmen im Rahmen der Tarifpolitik" auf Basis einer repräsentativen Unternehmensbefragung von über 1.000 Unternehmen zeigen, dass 47,8 % der befragten mittelständischen Unternehmer ihr Verhältnis zum Betriebsrat als einvernehmlich, 44 % sogar als vertrauensvoll einschätzen.[9] Lediglich 8,2 % der befragten Unternehmer gab an, dass das Verhältnis zum Betriebsrat von Misstrauen geprägt ist (vgl. Kokalj et al. 1997, S. 108 f.). Die Befragungsergebnisse des IfM Bonn zeigen zudem, dass gerade Geschäftsführer aus kleinen Unternehmen (bis zu 9 Beschäftigten), die i. d. R. zugleich auch Eigentümer sind (vgl. Haunschild und Wolter 2010, S. 14 f.; Schmidt et al. 2010, S. 69; Stiftung Familienunternehmen 2009, S. 18),[10] das Verhältnis zum Betriebsrat häufiger als vertrauensvoll (56,5 % der Fälle) bezeichneten als Geschäftsführer der befragten größeren mittelständischen Unternehmen. Zu einem ähnlichen Ergebnis gelangen auch Bunk und Wagner (2004) im Rahmen ihrer Befragung von 179 mittelständischen Unternehmen, die im Arbeitgeberverband des Regierungsbezirks Lüneburg organisiert sind. So können auch sie zeigen, dass 62,7 % der befragten Unternehmer die Zusammenarbeit mit dem Betriebsrat als kooperativ einstufen. Auf Basis einer repräsentativen Betriebsbefragung von über 3.000 Betrieben mit 10 und mehr Beschäftigten, in denen nicht nur Geschäftsführer sondern teilweise auch Betriebsräte befragt wurden, gelangen Hauser-Ditz et al. (2008, S. 173 ff.) ebenfalls zu dem Schluss, dass bei der Mehrheit der betrachteten Betriebe gute Betriebsrat-Geschäftsführer-Beziehungen vorliegen. Eine separate Auswertung nach inhaber- und managementgeführten Unternehmen zeigt allerdings, dass zwischen Managern und Inhabern keine Unterschiede im Verhältnis zum jeweiligen Betriebsrat bestehen.

Zusammenfassend kann somit festgehalten werden: Während sich in den wenigen qualitativen Studien eher Hinweise darauf finden, dass die Inhaberführung einen negativen Einfluss auf die Qualität der Beziehung ausübt, legen die quantitativen Arbeiten den gegenteiligen Schluss nahe bzw. zeigen keine Unterschiede auf. Ökonometrische Analysen zu den zentralen Determinanten der Qualität der Beziehung zwischen Betriebsrat und Geschäftführung liegen nicht vor. Diese Forschungslücke soll nachfolgend geschlossen werden.

3 Die Stewardship- und die Prinzipal-Agenten-Theorie zur Erklärung der Qualität von Betriebsrat-Geschäftsführer-Beziehungen

Zur theoretischen Erklärung des Einflusses der Unternehmensführung auf die Qualität der Betriebsrat-Geschäftsführer-Beziehung bieten sich zwei Theorieansätze an: die Stewardship- und die Prinzipal-Agenten-Theorie.

Während die Prinzipal-Agenten-Theorie nach Jensen und Meckling (1976) davon ausgeht, dass ein Manager (Agent) sich aufgrund von Informationsasymmetrien und damit einhergehenden fehlenden Kontrollmöglichkeiten des Eigentümers (Prinzipal) opportunistisch verhält und anstatt der Ziele des Eigentümers eigene Ziele verfolgt, liegt der Stewardship-Theorie nach Donaldson (1990) die Annahme zugrunde, dass ein Manager (Steward) „[...] far from being an opportunistic shirker, essentially wants to do a good job, to be a good steward of the corporate assets." (vgl. Donaldson und Davis 1991, S. 51). Damit geht die Stewardship-Theorie von einem dem „Organisationswohl" dienenden Verhalten und die Prinzipal-Agenten-Theorie von einem opportunistischen Verhalten des Managers aus. Somit stehen die den beiden Theorien zugrundeliegenden Menschenbilder im Gegensatz zueinander. Eine Metaanalyse empirischer Studien fand Belege für die Gültigkeit beider Theorieansätze (vgl. Donaldson und Davis 1994).

Neuere Veröffentlichungen, die auf diese Theorieansätze zurückgreifen, geben (empirische) Hinweise darauf, dass sich beide Verhaltensmuster nicht nur bei angestellten Managern, sondern unter bestimmten Bedingungen auch bei Inhaber-Geschäftsführern zeigen. Denn auch Eigentümer-Unternehmer können sowohl ein dem Organisationswohl dienendes als auch ein opportunistisches Verhalten aufweisen (vgl. u. a. Chrisman et al. 2007; Corbetta und Salvato 2004; Pieper et al. 2008). Als Erklärung für die Existenz von Prinzipal-Agenten-Problemen in Familienunternehmen wird angeführt, dass es in Familienunternehmen, deren Besitz auf eine Vielzahl an Eigentümern verstreut ist, aufgrund fehlender Kontrollmöglichkeiten der restlichen Mitinhaber (Prinzipal) zu opportunistischem Verhalten der Eigentümer-Geschäftsführer kommen kann (vgl. Chrisman et al. 2007, S. 1030; Lubatkin et al. 2005; Schulze et al. 2001).[11] Dagegen steht die Annahme der Stewardship-Theorie, wonach Eigentümer-Manager unabhängig von ihrem Eigentumsanteil ein organisationswohldienliches Verhalten zeigen (vgl. Davis et al. 1997).

In der Literatur konnten so sowohl auf Seiten der Manager-Geschäftsführer als auch auf Seiten der Eigentümer-Geschäftsführer beide Verhaltensweisen identifiziert werden. Es ist daher anzunehmen, dass sich beide Verhaltensweisen sowohl bei Managern als auch bei Eigentümern im Miteinander von Belegschaft und Geschäftsführung zeigen. Vier Konstellationen sind in diesem Zusammenhang denkbar: 1) Eigentümer-Geschäftsführer und angestellter Manager agieren als Stewards, 2) Eigentümer-Geschäftsführer und angestellter Manager agieren als Agenten, 3) Eigentümer agieren als Stewards und Manager als Agenten oder 4) Eigentümer agieren als Agenten und Manager als Stewards.

Daraus lassen sich vier Hypothesen im Hinblick auf die Qualität der Betriebsrat-Geschäftsführer-Beziehung ableiten:

H1: Wenn sich sowohl Eigentümer-Geschäftsführer als auch angestellte Manager als Stewards verhalten, dann sind keine Unterschiede zwischen Managern und Eigentümern hinsichtlich der Beziehung zum Betriebsrat zu erwarten.

H2: Wenn sich sowohl Eigentümer-Geschäftsführer als auch angestellte Manager als Agenten verhalten, dann sind keine Unterschiede zwischen Managern und Eigentümern hinsichtlich der Beziehung zum Betriebsrat zu erwarten.

H3: Wenn Eigentümer-Geschäftsführer sich als Stewards und angestellte Manager als Agenten verhalten, dann sind bei den Eigentümern eher gute und bei den Managern eher schlechte Beziehungen zum Betriebsrat zu erwarten.

H4: Wenn Eigentümer-Geschäftsführer sich als Agenten und angestellte Manager als Stewards verhalten, dann sind bei den Eigentümern eher schlechte und bei den Managern eher gute Beziehungen zum Betriebsrat zu erwarten.

Damit konnten aus den beiden Theorieansätzen verschiedene Hypothesen hinsichtlich der möglichen Wirkungsrichtung des Einflusses der Inhaberführung auf die Qualität der Betriebsrat-Geschäftsführer-Beziehung abgeleitet werden. Welche dieser Hypothesen einer empirischen Überprüfung standhält, soll nachfolgend genauer analysiert werden.

4 Empirische Analyse

4.1 Datenbasis und Operationalisierung

Die empirische Überprüfung der Hypothesen erfolgt mittels multivariater Analysen. Basis hierfür ist eine repräsentative Befragung des IfM Bonn aus den Jahren 2005/2006, in deren Rahmen sowohl Geschäftsführer (Inhaber oder Manager) als auch Betriebsräte um Auskunft gebeten wurden.[12] Die Grundgesamtheit der Untersuchung des IfM Bonn bildeten Unternehmen aller Branchen[13] mit 20 bis 499 Beschäftigten, wobei die Stichprobe

Tab. 2: Fallzahlen für die empirischen Analysen. (Quelle: Eigene Darstellung)

	Unternehmen mit Betriebsrat	Unternehmen ohne Betriebsrat	Gesamt
Originalstichprobe	362	447	809
Einbezogene Fälle in Modell 1	209	416	625

nach Unternehmensgrößenklassen und Wirtschaftszweigen geschichtet wurde (vgl. ausführlich Schlömer et al. 2007, S. 15 f. sowie Tab. 6 und 7 im Anhang). Insgesamt wurden 14.010 Geschäftsführer angeschrieben, von denen 809 einen auswertbaren Fragebogen zurücksandten.

Im Zentrum der Studie standen die Bedeutung der betrieblichen Mitbestimmung in mittleren Unternehmen sowie spezifische Faktoren, die die Gründung von Betriebsräten in diesen Unternehmen begünstigen (vgl. Schlömer et al. 2007). Neben den in Erhebungen zu diesem Thema üblichen Fragen zur Struktur der Unternehmen wurden in der Befragung des IfM Bonn auch die Einschätzungen der Geschäftsführer sowie der Betriebsräte zum Verhältnis zwischen den Betriebspartnern erhoben. Aus diesem Grund ist der Datensatz des IfM Bonn zur Beantwortung der zugrunde liegenden Forschungsfrage besonders geeignet. In die nachfolgende Analyse geht vor allem die Geschäftsführer-Befragung ein, weil dieser im Vergleich zur Betriebsrätebefragung mehr Fragebogen und damit mehr Fälle zugrunde liegen (809 vs. 313 Fragebogen). Da nicht alle befragten Geschäftsführer alle für uns relevanten Fragen beantwortet haben, reduziert sich die hier zu Grunde liegende Fallzahl auf 625 (vgl. Tab. 2).

Um zu überprüfen, welchen Einfluss die Inhaberführung auf die Qualität der Betriebsrat-Geschäftsführer-Beziehung hat, wird nachfolgend ein multivariates Modell unter Kontrolle weiterer zentraler Einflussfaktoren geschätzt. In diesem Zusammenhang ist – wie in Kap. 2.1.1 bereits ausgeführt – davon auszugehen, dass es sich bei der Gruppe der Unternehmen mit Betriebsrat um ein selbstausgewähltes Sample und nicht um ein zufälliges handelt. Denn es ist z. B. anzunehmen, dass die Erwartungen der Arbeitnehmer, wie die Geschäftsführung auf die Betriebsratsgründung reagieren und in der Folge mit dem Betriebsrat umgehen wird, die Entscheidung einer Betriebsratsgründung beeinflussen. Wenn dem so ist, dann wären die Ergebnisse einer alleinigen Schätzung der Determinanten einer guten Betriebsrat-Geschäftsführer-Beziehung verzerrt. Um dies zu vermeiden, wird ein binomiales Probit-Modell mit einer Heckman-Selektion geschätzt (vgl. Baum 2006; Van de Ven und Van Praag 1981). D. h., die Selektions- und die Regressionsgleichung werden simultan geschätzt, wobei die Selektionsgleichung die Wahrscheinlichkeit der Existenz eines Betriebsrats bestimmt ($Y_1 = 1$). Die Regressionsgleichung erfasst daraufhin die Wahrscheinlichkeit einer guten Betriebsrat-Geschäftsführer-Beziehung ($Y_2 = 1$).

Zur Operationalisierung der abhängigen Variablen: Als abhängige Variable für die Selektionsgleichung wird die Existenz eines Betriebsrats gewählt. Entsprechend der gängigen Praxis in der Mitbestimmungsforschung (vgl. u. a. Addison et al. 2003, S. 345 ff.; Bellmann und Ellguth 2006, S. 493; Fitzroy und Kraft 1987, S. 497; Frick und Sadowski 1995, S. 81; Schnabel und Wagner 2001, S. 454) wird die Existenz eines Betriebsrat als Dummy-Variable operationalisiert. Die abhängige Variable ergibt sich aus der Frage „Verfügen Sie über einen Betriebsrat?" (ja = 1, nein = 0). Von den 625 nachfolgend analysierten Unternehmen, die alle die für unsere Untersuchung relevanten Fragen beantwortet haben, verfügen 209 über einen Betriebsrat. Die restlichen 416 stellen Unternehmen ohne Betriebsrat dar. Die daraus resultierende Betriebsratsquote des Samples von 33,4 % ist für die betrachteten Unternehmen der Größenklasse 20 bis 499 Beschäftigte nahezu als typisch anzusehen (vgl. Schlömer et al. 2007, S. 25 ff.).[14]

Für die Regressionsgleichung wird dagegen die Qualität der Betriebsrat-Geschäftsführer-Beziehung als abhängige Variable gewählt und damit nur das Teilsample der 209 Unternehmen mit Betriebsrat betrachtet. Als Proxy für die Qualität der Beziehung der Betriebspartner wird eine Dummy-Variable der subjektiven Einschätzung der Qualität der Betriebsrat-Geschäftsführer-Beziehung verwendet,[15] die die Antwortausprägung ‚1' aufweist, wenn die Beziehung seitens der Geschäftsführung als sehr gut eingeschätzt wurde, und ‚0', wenn dies nicht der Fall war. Von den 209 befragten Geschäftsführern aus den Unternehmen mit Betriebsrat haben 39 angegeben, dass das Verhältnis zwischen Geschäftsführung und Betriebsrat sehr gut ist.

Im Gegensatz zu objektiven Messgrößen beruht die hier verwendete subjektive Messgröße auf Selbsteinschätzungen der befragten Inhaber oder Manager. Begründet wird die Wahl eines solchen subjektiven Indikators mit der breiteren Erfassung der unterschiedlichen Aspekte der Beziehungsqualität bzw. der Probleme, die im Zusammenhang mit der Beziehung auftreten können und die nicht mittels eines objektiven Indikators (wie zum Beispiel der Zahl der Betriebsvereinbarungen) erfasst werden können. Überdies ist die Eignung einer solchen objektiven Messgröße auch deshalb kritisch zu beurteilen, weil eine hohe Zahl an Betriebsvereinbarungen nicht zwangsläufig Ausdruck guter Betriebsrat-Geschäftsführer-Beziehungen sein muss. Außerdem zeigen experimentelle Studien, dass Personen, die sich kennen und mögen, eher kooperieren (vgl. Swingle und Gillis 1968). Dies führt uns zu der Annahme, dass die subjektive Einschätzung der Qualität der Betriebsrat-Geschäftsführer-Beziehung den Grad der Kooperation besser widerspiegelt als eine objektive Kennziffer.

Zur Operationalisierung der interessierenden Variablen: Um den Einfluss der Inhaberführung auf die Existenz eines Betriebsrats sowie die Existenz einer sehr guten Betriebsrat-Geschäftsführer-Beziehung zu überprüfen, wird die Inhaberführung als zentrale interessierende Variable in beide Schätzmodelle (Selektions- und Regressionsschätzung) aufgenommen. Im Folgenden wird die Tatsache, dass es sich bei einem Unternehmen um ein inhabergeführtes handelt, anhand der Beteiligung der Eigentümer an der Unternehmensführung gemessen, wie es u. a. Kayser et al. (2006, S. 4) und Schlömer et al. (2007, S. 43) praktiziert haben. In der Stichprobe haben 422 der 625 einbezogenen Fälle und damit knapp 68 % der befragten Geschäftsführer diese Frage bejaht.

Zur Operationalisierung der Kontrollvariablen: Als Kontrollvariablen werden weitere Faktoren in das Modell einbezogen, die Einfluss darauf haben könnten, ob ein Betriebsrat in einem Unternehmen existiert oder nicht. Da der Einfluss dieser Variablen bereits mehrfach untersucht wurde, wird nachfolgend auf ihre Erläuterung verzichtet. Im Einzelnen werden folgende Variablen als Kontrollvariabeln ins Modell aufgenommen: *Unternehmensgröße* (vgl. u. a. Addison et al. 1995, S. 13; Fitzroy und Kraft 1987, S. 501; Frick und Sadowski 1995, S. 49), *Sitz des Unternehmens in Ost- oder Westdeutschland* (vgl. u. a. Addison et al. 2003, S. 350; Bellmann und Ellguth 2006, S. 493), *Alter des Unternehmens* (vgl. u. a. Frick und Sadowski 1995, S. 53; Schnabel und Wagner 2001, S. 454), die *Branche* (vgl. u. a. Addison et al. 2003, S. 347; Bellmann und Ellguth 2006, S. 493; Frick und Sadowski 1995, S. 49 ff.) sowie der Entscheidungsstil des Geschäftsführers (vgl. Schlömer et al. 2007, S. 44 ff.).[16]

Neben den Kontrollvariablen der Selektionsgleichung gehen solche Kontrollvariablen zusätzlich in die Regressionsgleichung ein, bei denen ein Einfluss auf die Beziehungsqualität zwischen Betriebsrat und Geschäftsführung vermutet wird. Da hierzu bisher kaum Erkenntnisse vorliegen, werden diese nachfolgend ausführlicher dargestellt.

Als erstens zu nennen ist die *Bindung des Unternehmens an einen Tarifvertrag*. Es kann davon ausgegangen werden, dass es in tarifgebundenen Unternehmen viel seltener zu Streitigkeiten zwischen der Geschäftsführung und Betriebsrat kommt, weil ein Großteil möglicher Streitpunkte bereits tarifvertraglich geregelt ist (vgl. § 87 Abs. 1 BetrVG). Demnach ist zu erwarten, dass sich die Existenz eines Tarifvertrags positiv auf die Qualität der Beziehung zum Betriebsrat auswirkt.

Einen zweiten wichtigen Einflussfaktor stellen die *Erfahrungen des Geschäftsführers mit Betriebsräten in früheren Positionen* dar. So ist anzunehmen, dass die Ängste im Umgang mit Betriebsräten geringer sind, wenn der Geschäftsführer in früheren Positionen bereits Kontakt zu Betriebsräten hatte, und infolgedessen ein positiveres Verhältnis gepflegt wird, als wenn Geschäftsführer zuvor niemals in Kontakt mit Betriebsräten gekommen sind.

Die *Unterstützung durch die Gewerkschaften* wird als weitere Kontrollvariable ins Modell einbezogen. Die Unterstützung durch die Gewerkschaften bewirkt i. d. R., dass die Arbeitnehmervertreter über die Gewerkschaften mehr Wissen über ihre Rechte erlangen und dieses vermutlich auch nutzen. Dies hat zur Folge, dass sich das Verhältnis zwischen Betriebsrat und Geschäftsführung verschlechtert, weil mehr Arbeitnehmer-Forderungen die Betriebsrat-Geschäftsführer-Beziehung bestimmen, die zu einer Erhöhung des Konfliktpotenzials führen dürften. Zu einer Verschlechterung des Verhältnisses kann es auch kommen, weil Geschäftsführer einer gewerkschaftlichen Einflussnahme i. d. R. kritisch gegenüber stehen (vgl. u. a. Hilbert und Sperling 1993) und damit auch einem Betriebsrat, der die Gewerkschaften regelmäßig konsultiert, vermutlich kritischer gegenüberstehen als einem, der keinerlei oder wenig gewerkschaftliche Kontakte pflegt. Die Vermutung schlechterer Betriebsrats-Geschäftsführer-Beziehungen mit „steigender gewerkschaftlicher Einbindung der Betriebsräte" konnten Hauser-Ditz et al. (2008, S. 175) auf Basis bivariater Analyse bereits bestätigen.

Auch das *Alter des Betriebsrats* wird berücksichtigt. So konnten Studien zeigen, dass die Beziehungen zwischen Betriebsrat und Geschäftsführung einem Reifungsprozess unterliegen. Es braucht demnach einige Zeit, bis eine stabile Konsenskultur in den Unternehmen erreicht wird (Wassermann 1999, S. 773). Deshalb ist von einem positiven Einfluss des Alters auf die Qualität der Betriebsrat-Geschäftsführer-Beziehung auszugehen.

Eine weitere einbezogene Größe ist die *Entwicklung der Beschäftigte*nzahl *in den letzten drei Jahren*. So ist bei einer negativen Beschäftigtenentwicklung anzunehmen, dass die Betriebsrat-Geschäftsführer-Beziehung stärkeren Spannungen unterliegt als im Falle einer positiven Entwicklung, was sich entsprechend negativ auf die Betriebsrat-Geschäftsführer-Beziehung auswirkt.

Schließlich findet auch der *Rückhalt des Betriebsrats bei den Angestellten* und der *Rückhalt des Betriebsrats bei den Gewerblichen* im Regressionsmodell Beachtung. Es ist anzunehmen, dass die Geschäftsführung in Unternehmen, in denen der Betriebsrat durch alle Belegschaftsgruppen stark unterstützt wird, den Betriebsrat weniger ignorieren kann und stärker an einem guten Verhältnis interessiert sein muss als in Unternehmen, in denen der Betriebsrat keinen Rückhalt in der Belegschaft hat. Folglich ist anzunehmen, dass die Wahrscheinlichkeit sehr guter Betriebsrat-Geschäftsführer-Beziehungen in Unternehmen, in denen der Betriebsrat starken Rückhalt hat, höher ist als in Unternehmen, in denen dem Betriebsrat dieser Rückhalt fehlt. Die genaue Definition aller Kontrollvariabeln sowie deren Anteils- bzw. Mittelwerte können Tab. 3 entnommen werden.

Tab. 3: Operationalisierung der Kontrollvariablen der Selektions- und Regressionsgleichung. (Quelle: Eigene Berechnungen auf Basis des Datensatzes des IfM Bonn)

Variablennamen	Erläuterung	Mittelwert (Standardabweichung)
Zentralistischer Entscheidungsstil	Die Geschäftsführung trifft nicht-richtungsweisende Entscheidungen stets allein. (1 = ja; 0 = nein)	0,18
Interaktiver Entscheidungsstil (Referenz)	Die Geschäftsführung trifft nicht-richtungsweisende Entscheidungen zwar allein, hört allerdings zuvor die zuständigen Mitarbeiter an oder entwickelt gemeinsam mit den Mitarbeitern zuvor Lösungsmöglichkeiten. (1 = ja; 0 = nein)	0,75
Mitarbeiterorientierter Entscheidungsstil	Die Geschäftsführung trifft nicht-richtungsweisende Entscheidungen gemeinsam mit den Mitarbeitern bzw. die Mitarbeiter entscheiden diese allein. (1 = ja; 0 = nein)	0,08
Rückhalt Betriebsrat bei Gewerblichen	Wie stark ist der Rückhalt des Betriebsrats bei den Gewerblichen? (1 = eher vollständig bzw. vollständig unterstützt; 0 = anders)	0,33
Rückhalt Betriebsrat bei Angestellten	Wie stark ist der Rückhalt des Betriebsrats bei den Angestellten? (1 = eher vollständig bzw. vollständig unterstützt; 0 = anders)	0,62
Tarifbindung	Sind Sie an einen Tarifvertrag gebunden? (1 = ja; 0 = nein)	0,41
Erfahrung des Geschäftsführers mit Betriebsräten	Abgesehen von Ihrer jetzigen Position, konnten Sie in vorherigen Positionen praktische Erfahrungen im Umgang mit einem Betriebsrat sammeln? (1 = ja; 0 = nein)	0,55
Beschäftigtenentwicklung	Wie hat sich die Beschäftigtenzahl in den letzten drei Jahren entwickelt? (1 = stark gestiegen und gestiegen; 0 = anders)	0,33
Alter Betriebsrat	Seit wann existiert Ihr Betriebsrat? (2006 abzüglich des angegebenen Gründungsjahres des Betriebsrats)	20,9 (16,87)
Einfluss Gewerkschaften	Welchen Einfluss hat – Ihres Erachtens – die Gewerkschaft auf die Arbeit des Betriebsrats? (1 = starken bzw. sehr starken Einfluss; 0 = anders)	0,51
Unternehmenssitz	Westdeutschland (1 = ja; 0 = nein)	0,79

Tab. 3: (Fortsetzung)

Variablennamen	Erläuterung	Mittelwert (Standardabweichung)
Verarbeitendes Gewerbe (Referenz)	Branche: Verarbeitendes Gewerbe (1 = ja; 0 = nein)	0,25
Baugewerbe	Branche: Baugewerbe (1 = ja; 0 = nein)	0,08
Handel	Branche: Handel (1 = ja; 0 = nein)	0,16
Dienstleistungen für Personen	Branche: Dienstleistungen für Personen (1 = ja; 0 = nein)	0,13
Dienstleistungen für Unternehmen	Branche: Dienstleistungen für Unternehmen (1 = ja; 0 = nein)	0,30
Sonstige Branchen	Branche: Sonstige Branchen (1 = ja; 0 = nein)	0,08
Unternehmensgröße	Wie viele Personen (einschließlich Inhaber) arbeiten aktuell in Ihrem Unternehmen? (absolute Zahl)	121,89 (110,06)
Unternehmensalter	Seit wann existiert Ihr Unternehmen? (2006 abzüglich des angegebenen Gründungsjahres des Unternehmens)	35,14 (35,66)
Fallzahl		625

4.2 Ergebnisse der multivariaten Schätzung

Tabelle 4 gibt die Schätzergebnisse des *Binomialen Probit-Modelles mit Selektion* wieder. Im Zentrum der Analyse steht die Bestimmung des Einflusses der Inhaberführung auf die beiden abhängigen Variablen. In der ersten Modellspezifikation werden die Ergebnisse der Regression dargestellt, in der als abhängige Variable die Existenz eines Betriebsrats gewählt wurde (Selektionsgleichung). Bei der zweiten Spezifikation handelt es sich um die nachgelagerte Schätzung, in der für diese Unternehmen (mit Betriebsrat) überprüft wird, ob seitens der Geschäftsführung ein sehr gutes Verhältnis zwischen Geschäftsführung und Betriebsrat in der Befragung angegeben wurde.

Die Ergebnisse des ersten Schätzmodells (Existenz eines Betriebsrats) zeigen – wie erwartet, dass in inhabergeführten Unternehmen unter sonst gleichen Bedingungen mit einer signifikant geringeren Wahrscheinlichkeit ein Betriebsrat vorhanden ist als in managementgeführten Unternehmen ($\beta = -0,973$; $p < 0,001$).[17] Zudem wirken sich ein zentralistischer Entscheidungsstil sowie die Tatsache, dass ein Unternehmen den Branchen Handel oder Dienstleistungen (im Vergleich zum Verarbeitenden Gewerbe) angehört, negativ auf die Wahrscheinlichkeit aus, dass ein Betriebsrat in diesen Unternehmen existiert. Das Alter des Unternehmens und die Größe des Unternehmens haben hingegen einen positiven Einfluss. D. h., mit steigendem Alter bzw. steigender Größe der Unternehmen erhöht sich die Wahrscheinlichkeit, dass es im Unternehmen einen Betriebsrat gibt.

Ist in den inhabergeführten Unternehmen ein Betriebsrat vorhanden, dann besteht in diesen Unternehmen zudem eine höhere Wahrscheinlichkeit sehr guter Beziehungen zwischen Inhaber und Betriebsrat im Vergleich zu managementgeführten Unternehmen ($\beta = 0,923$; $p < 0,001$). Das zeigen die Ergebnisse des zweiten Schätzmodells. Die Inhaberführung weist in dem Modell einen signifikant positiven Einfluss auf eine als sehr gut

Tab. 4: Zum Einfluss der Inhaberführung auf die Betriebsrat-Geschäftsführer-Beziehung. (Quelle: Eigene Berechnungen auf Basis des Datensatzes des IfM Bonn)

	Selektionsgleichung (Existenz eines Betriebsrats)	Regressionsgleichung (Sehr gutes Verhältnis zwischen Geschäftsführung und Betriebsrat)
	β-Koeffizienten (Standardfehler)	
Inhaber (ja)	−0,973***	0,923***
	(0,130)	(0,180)
Kontrollvariablen		
Zentralistischer Entscheidungsstil (ja)	−0,550**	−0,180
	(0,194)	(0,480)
Mitarbeiterorientierter Entscheidungsstil (ja)	−0,048	0,656+
	(0,233)	(0,382)
Rückhalt bei den Angestellten (vollständig unterstützt)		0,551*
		(0,241)
Rückhalt bei den Gewerblichen (vollständig unterstützt)		0,165
		(0,212)
Tarifbindung (ja)		−0,016
		(0,175)
Erfahrung des Geschäftsführers mit Betriebsräten		0,070
		(0,153)
Beschäftigtenentwicklung (stark gestiegen bzw. gestiegen)		−0,016
		(0,172)
Alter Betriebsrat (in Jahren)		−0,005
		(0,007)
Einfluss Gewerkschaften auf Betriebsrat (starken bzw. eher starken Einfluss)		−0,116
		(0,170)
Westdeutschland (ja)	−0,167	0,572*
	(0,161)	(0,244)
Baugewerbe (ja)	−0,127	−0,137
	(0,219)	(0,298)
Handel (ja)	−0,683***	0,004
	(0,190)	(0,375)
Dienstleistungen für Personen (ja)	−0,513*	0,026
	(0,220)	(0,353)
Dienstleistungen für Unternehmen (ja)	−0,830***	0,170
	(0,170)	(0,458)
Sonstige Branchen (ja)	−0,105	−0,071
	(0,237)	(0,328)
Unternehmensgröße (Zahl der Beschäftigten)	0,005***	−0,003*
	(0,001)	(0,001)
Unternehmensalter (in Jahren)	0,006***	−0,003
	(0,002)	(0,003)
Wald chi^2/Log pseudolikelihood/Fallzahl	84,70***/−348,907/625	
ROH	−0,897	

Referenzgruppe (Rg) für Entscheidungsstil: interaktiver Entscheidungsstil; Rg für Branche: verarbeitendes Gewerbe; heteroskedastierobuste Standardfehler
+p<0,10; *p<0,05; **p<0,01; ***p<0,001

eingeschätzte Beziehung auf und bestätigt damit die Hypothese H3, wonach sich Inhaber-Geschäftsführer eher als Stewards und Manager-Geschäftsführer eher als Agenten verhalten.

Überdies haben drei der in das zweite Schätzmodell einbezogenen Kontrollvariablen einen signifikanten Einfluss auf die Wahrscheinlichkeit eines als sehr gut eingeschätzten Betriebsrat-Geschäftsführer-Verhältnisses: So übt die Tatsache, dass der Betriebsrat seitens der Angestellten stark unterstützt wird, erwartungsgemäß einen signifikant positiven Einfluss auf das Vorliegen einer sehr guten Betriebrat-Geschäftsführer-Beziehung aus. Der Unternehmenssitz hat ebenfalls einen positiven Einfluss im Modell. Die Wahrscheinlichkeit sehr guter Betriebsrat-Geschäftsführer-Beziehungen steigt also, wenn das Unternehmen seinen Sitz in West- und nicht in Ostdeutschland hat. Die Gründe hierfür können nicht abschließend geklärt werden. Schließlich hat die Unternehmensgröße einen signifikanten Einfluss. Mit zunehmender Größe der Unternehmen sinkt die Wahrscheinlichkeit einer sehr guten Betriebsrat-Geschäftsführer-Beziehung. Eine Erklärung für dieses Ergebnis könnte darin liegen, dass mit zunehmender Größe der Betriebe auch die Zahl der Betriebsratsmitglieder steigt, wodurch der Aufbau einer als sehr gut bezeichneten Beziehung zu jedem einzelnen Betriebsratsmitglied erschwert werden dürfte.

Nun könnte der Einwand erhoben werden, die positive Beurteilung der Betriebsrat-Geschäftsführer-Beziehung resultiere aus einer übermächtigen Position der befragten Geschäftsführer. Um sicher zu stellen, dass dies nicht der Fall ist, wurde ein zusätzlicher Indikator zur Qualität der Betriebsrat-Geschäftsführer-Beziehung gebildet, in den die Einschätzungen beider Betriebspartner (Geschäftsführer und Betriebsrat) eingehen. Dies ist möglich, weil in 90 Fällen Angaben von Geschäftsführung und Betriebsrat aus ein und demselben Unternehmen vorliegen. Da die Anzahl der Fälle für eine ökonometrische Analyse zu gering ist, kann der Zusammenhang zwischen manager- und inhabergeführten Unternehmen und Verhältnis der Geschäftsführung zum Betriebsrat lediglich bivariat analysiert werden. Tabelle 5 gibt das Ergebnis wieder: Der bivariate Vergleich zeigt, dass mehr inhabergeführte Unternehmen (11,5 %) ein von beiden Seiten positiv bewertetes Verhältnis aufweisen als managementgeführte Unternehmen (1,7 %). Dieser Befund bestätigt Hypothese 3, wonach von der Inhaberführung ein spezieller Beitrag zu einer guten Betriebsrat-Geschäftsführer-Beziehung ausgeht.

Tab. 5: Sehr gute Betriebsrat-Geschäftsführer-Beziehung in Abhängigkeit vom Unternehmenstyp aus Sicht beider Betriebsparteien, in Prozent. (Quelle: Eigene Berechnungen auf Basis des Datensatzes des IfM Bonn)

		Sehr gutes Betriebsrat-Geschäftsführer-Verhältnis		Chi-Quadrat-Test (Pearson chi^2)
		Nicht von beiden Seiten bestätigt	Von beiden Seiten bestätigt	
Unternehmensführung	Manager (n = 58)	98,3	1,7	3,81*
	Inhaber (n = 26)	88,5	11,5	

*Signifikanzniveau 0,05

5 Diskussion der Ergebnisse und Ausblick

5.1 Zusammenfassung und Fazit

Mit dieser Studie wurde eine in der Mitbestimmungsliteratur bisher vernachlässigte Forschungsfrage aufgegriffen. Als wesentliches Resultat ist festzuhalten, dass sich die Inhaberführung ex ante negativ auf die Wahrscheinlichkeit der Existenz eines Betriebsrats auswirkt, sie ex post allerdings einen positiven Einfluss auf die Wahrscheinlichkeit der Existenz einer sehr guten Betriebsrat-Geschäftsführer-Beziehung hat. In inhabergeführten Unternehmen kommt es also seltener zu Betriebsratsgründungen. Ist allerdings erst einmal ein Betriebsrat in den inhabergeführten Unternehmen gegründet worden, dann ist dort ein sehr gutes Verhältnis zwischen den Betriebspartnern wahrscheinlicher als in managementgeführten Unternehmen. Insgesamt weisen unsere Ergebnisse damit auf die Relevanz des Stewardship-Ansatzes im Kontext unserer Fragestellung hin. Demnach verhalten sich Inhaber eher als Stewards und Manager eher als Agenten, womit Hypothese 3 bestätigt wird. Das für Inhaber-Geschäftsführer und angestellte Manager gefundene Verhalten wird vermutlich nicht nur ex post wirksam sein, sondern auch ex ante. Denn das dem Organisationswohl dienliche Verhalten der Inhaber-Geschäftsführer geht einher mit einem Interesse an der Belegschaft (vgl. u. a. Miller et al. 2008), das ex ante dazu führt, dass sich der Belegschaft regelmäßig Möglichkeiten zur informellen Partizipation bieten. Dies wiederum trägt dazu bei, dass für diese Belegschaften eine Betriebsratsgründung häufig obsolet wird. Ex post führt dieses Interesse an einer guten Beziehung zur Belegschaft vermutlich auch zu einem Interesse an einer guten Beziehung zum Betriebsrat, der gewählten Interessenvertretung der Belegschaft.

Die übrigen Hypothesen können empirisch nicht bestätigt werden. Ursächlich hierfür ist vermutlich, dass Eigentümer-Unternehmer sowohl eine stärkere ökonomische als auch emotionale Bindung an ihr Unternehmen haben als angestellte Geschäftsführer. So leiten Eigentümer nicht nur ihr Unternehmen, sie haften zugleich auch – je nach Rechtsform unterschiedlich stark – mit ihrem Privatvermögen. Eigentümer-Unternehmer haben zudem ihr Unternehmen i. d. R. selbst gegründet oder dieses von ihren Eltern übernommen, was zumeist eine starke emotionale Bindung an das Unternehmen bewirkt (vgl. u. a. Gersick et al. 1997). Diese starke finanzielle wie emotionale Bindung an das Unternehmen ist ursächlich dafür, dass Eigentümer-Geschäftsführer eher als angestellte Manager ein Organisationswohl dienliches Verhalten entwickeln – unabhängig davon, wie groß Ihr Eigentumsanteil am Unternehmen ist – und damit eher als Stewards statt als Agenten agieren. Manager sind aufgrund der geringeren ökonomischen wie emotionalen Bindung dagegen weniger in der Lage, solch eine Bindung an das Unternehmen zu entwickeln, weshalb sie sich verglichen mit Eigentümern eher als Agenten denn als Stewards verhalten.

5.2 Limitationen und Forschungsausblick

Die Arbeit weist Beschränkungen auf, die sich primär aus den verfügbaren Datenquellen ergeben. So handelt es sich beim Datensatz des IfM Bonn einerseits um eine Querschnittserhebung. Dies hat zur Folge, dass die Angaben der Geschäftsführer nur den Stand zum Zeitpunkt der Befragung widerspiegeln. Die Beziehung zwischen Betriebsrat und Geschäftsführung kann sich allerdings im Zeitablauf verändern (vgl. Wassermann 1999, S. 773). Es wäre daher gut, wenn die durch die vorliegende Arbeit gewonnenen Erkenntnisse auf Basis von Paneldaten erneut überprüft werden könnten. Dies hätte den Vorteil, dass geklärt werden könnte, ob sich der von uns gefundene positive Inhabereffekt auch im Zeitablauf (d. h., von Beginn der Betriebsratsgründung an und unabhängig von der Zusammensetzung dieses Gremiums) zeigt.

Zudem wäre es gut, wenn die Qualität der Betriebsrat-Geschäftsführer-Beziehung mittels eines Indikators gemessen werden könnte, in dem Einschätzungen beider Betriebspartner eingehen. Denn dieser Indikator ist eine validere Messgröße für die tatsächliche Beziehungsqualität als ein Indikator, dem nur die Einschätzung einer Partei zugrunde liegt.

Schließlich würde die Nutzung objektiver wie subjektiver Messgrößen der Beziehungsqualität nicht nur mehr Erkenntnisse zur Robustheit der gewonnenen Ergebnisse, sondern auch zur Eignung dieser beiden Messgrößen zur Messung der Beziehungsqualität versprechen.

Für weitere Forschungsbemühungen in diesem Feld bleibt festzuhalten, dass die Beschäftigung mit den Determinanten von Betriebsrat-Geschäftsführer-Beziehungen unseres Erachtens ein betriebswirtschaftlich relevantes Forschungsfeld darstellt, weil sich gute Beziehungen der Betriebspartner mittelfristig auf den Erfolg der Unternehmen auswirken. Die Erforschung der Determinanten ist daher von praktischer Relevanz für die Unternehmen. Hinsichtlich der verwendeten Theorien kann auf Basis der hier vorgenommenen Analyse mit all ihren Einschränkungen belegt werden, dass Inhaber sich eher als Stewards und angestellte Manager eher als Agenten verhalten. Damit wird die Relevanz der Stewardship-Theorie für Familienunternehmen bekräftigt.

Anmerkungen

1 Wählbar sind alle wahlberechtigten Arbeitnehmer, sofern diese länger als sechs Monate im Betrieb beschäftigt sind (vgl. § 8 BetrVG). Wahlberechtigt sind dabei alle Arbeitnehmer, die das 18. Lebensjahr vollendet haben (vgl. § 7 BetrVG).

2 Seit der Novellierung des BetrVG 2001 obliegt es gemäß § 17 Abs. 1 BetrVG dem Gesamtbetriebsrat oder falls ein solcher nicht existiert, dem Konzernbetriebsrat, bei der erstmaligen Betriebsratsgründung nach dem normalen Wahlverfahren den Wahlvorstand zu bestellen. Nur wenn diese beiden Institutionen nicht vorhanden sind, können drei wahlberechtigte Arbeitnehmer oder eine für den Betrieb zuständige Gewerkschaft zur Betriebsversammlung einladen, auf der dann der Wahlvorstand gewählt wird. Da es diese Arbeitnehmergremien in kleinen und mittleren Familienunternehmen i. d. R. nicht gibt, werden diese Betriebsratsinitiatoren im Folgenden nicht weiter betrachtet.

3 In der Mehrzahl der mittelständischen Unternehmen mit Betriebsrat ist dieser auf Initiative der Arbeitnehmer (66,0 %) bzw. der Gewerkschaften (40,8 %) gebildet worden. In knapp einem Viertel der Fälle war die Geschäftsführung an der Betriebsratsgründung beteiligt (vgl. Schlömer et al. 2007, S. 55 f.).

4 Von den Betrieben mit 5 bis 50 Beschäftigten weisen bundesweit 6 % und von den Betrieben mit 51 bis 100 Beschäftigten 41 % (Westdeutschland) bzw. 36 % (Ostdeutschland) einen Betriebsrat auf (vgl. Ellguth und Kohaut 2010, S. 245).

5 Eine Variable gilt dann als zentral, wenn sie in mindestens zwei Schätzungen als signifikanter Einflussfaktor identifiziert wurde. Dabei wird von einer Signifikanz des Zusammenhangs ausgegangen, wenn die Irrtumswahrscheinlichkeit unter 5 % liegt.

6 Wie bspw. im Energie- und Wasserversorgung/Abfallwirtschaft/Bergbau oder in den Finanz- und Versicherungsdienstleistungen (vgl. Ellguth und Kohaut 2010).

7 Das BetrVG regelt die Grundsätze der Interaktion von Betriebsrat und Geschäftsführung durch Vorgabe von Grundsätzen (vgl. Gaugler 1985, S. 173). Zentrale Bedeutung kommt dabei der vertrauensvollen Zusammenarbeit zwischen den beiden Betriebsparteien zu (vgl. § 2 Abs. 1 BetrVG). Dieser Kooperationsmaxime wird durch Forderung der Friedenspflicht (vgl. § 74 Abs. 2 BetrVG) sowie dem Verbot der parteipolitischen Betätigung (vgl. § 74 Abs. 2 BetrVG) im Betrieb Nachdruck verliehen. Auf diese Weise sollen „eskalierende Auseinandersetzungen" zwischen Geschäftsführung und Betriebsrat vermieden und gleichsam der Betriebsfrieden gesichert werden (vgl. Kotthoff 1985, S. 68).

8 Ein weiterer denkbarer Typ, den Kotthoff aber in den 63 Fallstudien-Unternehmen nicht gefunden hat, ist „Der klassenkämpferische Betriebsrat" (1981).

9 Diese Angaben beziehen sich auf alle befragten mittelständischen Unternehmen ohne Handwerk.

10 Je nach Schätzung können zwischen 96 % und 97,3 % der kleinen Unternehmen mit Jahresumsätzen von unter einer Million Euro als Familienunternehmen klassifiziert werden (vgl. Haunschild und Wolter 2010, S. 14 f.; Schmidt et al. 2010, S. 69). Ein Großteil der mittleren Unternehmen kann zwar ebenfalls der Gruppe der Familienunternehmen zugeordnet werden, der Anteil der Familienunternehmen nimmt aber unter den mittleren Unternehmen mit zunehmender Größe ab (vgl. Haunschild und Wolter 2010, S. 14 f.; Schmidt et al. 2010, S. 69; Stiftung Familienunternehmen 2009, S. 18). Während mittlere Unternehmen der Größenklasse eine bis unter fünf Millionen Euro Jahresumsatz in 81,8 % der Fälle Familienunternehmen sind, liegt der Anteil Familienunternehmen in der Gruppe der mittleren Unternehmen mit fünf bis unter zehn Millionen Euro Jahresumsatz bei 74,7 %. Von den größeren mittleren Unternehmen mit Umsätzen von zehn bis unter 50 Millionen Euro pro Jahr sind schließlich noch 60,1 % als Familienunternehmen zu klassifizieren (vgl. Haunschild und Wolter 2010, S. 14 f.).

11 In Familienunternehmen, in denen Eigentum und Leitung des Unternehmens vollständig in einer Hand liegen, tritt Moral Hazard im Sinne der Prinzipal-Agenten-Theorie dagegen nicht auf.

12 Finanziell gefördert durch die Hans-Böckler-Stiftung.

13 Mit Ausnahme von Unternehmen der Forst- und Landwirtschaft.

14 Schlömer et al. (2007, S. 24 ff.) konnten auf Basis ihrer eigenen Querschnittserhebung sowie auf Basis von Sonderauswertungen des IAB-Betriebspanels zeigen, dass der Verbreitungsgrad von Betriebsräten in Unternehmen bzw. Betrieben mit 20 bis 499 Beschäftigten bei etwa 29 % liegt.

15 Die Frage lautete „Wie beurteilen Sie das Verhältnis zwischen Betriebsrat und Geschäftsführung?" (1 = sehr schlecht und 5 = sehr gut).

16 Das Entscheidungsverhalten der Geschäftsführung wurde in der Befragung des IfM Bonn über sechs vorgegebene Aussagen erhoben. Diese waren hinsichtlich des Ausmaßes der Arbeitnehmerbeteiligung abgestuft und reichten von „die Geschäftsführung entscheidet allein" bis hin zu „die zuständigen Mitarbeiter entscheiden eigenständig".

17 Eine grundsätzliche Anforderung an Regressionsmodelle ist, dass keine Multikollinearität zwischen den unabhängigen Variablen bestehen darf. Um das Ausmaß der Multikollinearität zwischen den ins Modell eingefügten unabhängigen Variablen festzustellen, werden die Variance-Inflation-Factor-Werte (VIF-Werte) der unabhängigen Variablen bestimmt. Diese weisen insofern auf eine sehr schwache Multikollinearität hin, als maximal VIF-Werte von 2,1 erreicht werden. Dies belegt auch eine zusätzlich durchgeführte Korrelationsanalyse (vgl. Tab. 6 im Anhang).

Anhang

Tab. 6: Korrelationsanalyse der in das multivariate Modell einbezogenen unabhängigen Variablen. (Quelle: Eigene Berechnungen auf Basis des Datensatzes des IfM Bonn)

	1	2	3	4	5	6	7	8	9	10	11	12	13	14	15	16	17	18
1 Inhaber	1																	
2 Zentralistischer Entscheidungsstil	0,14*	1																
3 Mitarbeiterorientierter Entscheidungsstil	0,03	−0,13*	1															
4 Rückhalt bei den Angestellten	−0,07	0,00	0,08	1														
5 Rückhalt bei den Gewerblichen	−0,22*	−0,12	0,02	0,39*	1													
6 Tarifbindung	−0,15*	−0,12*	0,02	0,07	0,23*	1												
7 Erfahrung Geschäftsführers mit BR	−0,24*	−0,09*	0,03	0,00	0,03	0,08	1											
8 Beschäftigtenentwicklung	0,01	−0,03	−0,01	−0,01	0,14	0,11	−0,10*	1										
9 Alter Betriebsrat	0,10	−0,07	0,12	0,09	0,06	0,14*	0,07	0,03	1									
10 Einfluss Gewerkschaften auf Betriebsrat	0,07	0,05	−0,01	−0,17*	−0,10	0,12	0,01	−0,05	0,03	1								
11 Westdeutschland	0,10*	−0,05	0,06	−0,08	−0,08	0,04	0,05	−0,01	0,31*	−0,01	1							
12 Baugewerbe	0,05	0,02	−0,04	−0,02	0,05	0,07	−0,08	−0,04	0,05	0,08	0,00	1						
13 Dienstleistungen für Unternehmen	0,06	0,01	−0,03	−0,12	−0,15*	−0,10*	0,03	0,03	−0,28*	0,00	−0,06	−0,19*	1					
14 Dienstleistungen für Personen	−0,06	0,00	−0,04	0,31*	0,02	−0,00	−0,01	0,02	0,00	−0,14*	−0,06	−0,11	−0,25*	1				
15 Sonstige Branchen	−0,01	0,00	−0,06	−0,02	0,02	0,10*	0,01	0,03	−0,12	−0,14*	−0,04	−0,09*	−0,19*	−0,12*	1			
16 Handel	0,07	0,07	0,06	−0,01	−0,04	−0,09*	−0,11*	−0,03	0,07	−0,08	0,07	−0,13*	−0,29*	−0,17*	−0,13*	1		
17 Unternehmensgröße	−0,21*	−0,14*	0,09*	−0,03	0,16*	0,28*	0,10*	0,05	0,29*	0,12	0,03	−0,07	−0,05	−0,05	−0,05	−0,02	1	
18 Unternehmensalter	0,04	−0,05	0,09*	0,11	−0,00	0,20*	0,00	−0,16*	0,65*	−0,02	0,18*	−0,00	−0,28*	−0,07	0,02	0,12*	0,21*	1

$n = 625$
*Signifikanzniveau 0,05

Tab. 7: Vorgaben für die Auswahl der Adressen – Anzahl der Unternehmen. (Quelle: Eigene Darstellung)

Zahl der Beschäftigten	Produzierendes Gewerbe (WZ C, D, E, F)	Handel (WZ G)	Unternehmensnahe Dienstleister (WZ K)	Sonstige/Sonstige Dienstleister (WZ I, J, H, M, N, O)
20–49	1000	1000	1000	1000
50–99	1000	1000	1000	1000
100–199	600	600	600	600
200–299	600	600	600	600
300–499	600	600	600	600
Summe	3.800	3.800	3.800	3.800

Klassifikation der Wirtschaftszweige
C Bergbau und Gewinnung von Steinen und Erden
D Verarbeitendes Gewerbe
E Energie- und Wasserversorgung
F Baugewerbe
G Handel, Instandhaltung und Reparatur von Kraftfahrzeugen und Gebrauchsgütern
H Gastgewerbe
I Verkehr und Nachrichtenübermittlung
J Kredit- und Versicherungsgewerbe
K Grundstücks- und Wohnungswesen, Vermietung beweglicher Sachen, Erbringung von wirtschaftlichen Dienstleistungen, anderweitig nicht genannt
L Öffentliche Verwaltung, Verteidigung, Sozialversicherung
M Erziehung und Unterricht
N Gesundheits-, Veterinär- und Sozialwesen
O Erbringung von sonstigen öffentlichen und persönlichen Dienstleistungen
P Private Haushalte mit Hauspersonal
Q Exterritoriale Organisationen und Körperschaften

Literatur

Addison JT, Bellmann L, Schnabel C, Wagner J (2003) German work councils old and new: incidence, coverage and determinants. Schmollers Jb 123:339–358
Addison JT, Schnabel C, Wagner J (1997) On the determinants of mandatory works councils in Germany. J Ind Relat 36:419–445
Addison JT, Schnabel C, Wagner J (1999) Verbreitung, Bestimmungsgründe und Auswirkungen von Betriebsräten. In: Frick B, Kluge N, Streeck W (Hrsg) Die wirtschaftlichen Folgen der Mitbestimmung. Campus, Frankfurt a. M., S 223–252
Baum CF (2006) An introduction to modern econometrics using Stata. Stata Press, Texas
Bellmann L, Ellguth P (2006) Verbreitung von Betriebsräten und ihr Einfluss auf die betriebliche Weiterbildung. Jb f Nationalök u Stat 226:487–504
Bosch A (1997) Vom Interessenkonflikt zur Kultur der Rationalität: Neue Verhandlungsbeziehungen zwischen Management und Betriebsrat. Hampp, München
Bunk C (2005) Arbeitsbeziehungen in kleinen und mittleren Betrieben – Zur Notwendigkeit der Reform des Betriebsverfassungsgesetzes. In: Schulte R (Hrsg) Ergebnisse der MittelstandsForschung. Lit, Münster et al., S 131–150

Bunk C, Wagner J (2004) Ökonomische Folgen des reformierten Betriebsverfassungsgesetzes für mittelständische Firmen: Erste Ergebnisse einer Firmenbefragung. Arbeitsbericht Nr. 302 des Fachbereiches Wirtschafts- und Sozialwissenschaften der Universität Lüneburg
Chrisman JJ, Chua Jh, Kellermanns FW, Chang EPC (2007) Are family managers agents or stewards? An exploratory study in privately held family firms. J Bus Res 60:1030–1038
Corbetta G, Salvato C (2004) Self-serving or self-actualizing? Models of man and agency costs in different types of family firms: a commentary on „Comparing the Agency Costs of Family and Non-family Firms: Conceptual Issues and Exploratory Evidence". Entrep Theory Pract 28:355–362
Davis JH, Schoorman DF, Donaldson L (1997) Towards a stewardship theory of management. Acad Manag Rev 23:491–512
Dilger A (2006) Kooperation zwischen Betriebsrat und Management – Die Sicht beider Seiten und deren Folgen. Jb f Nationalök u Stat 226:562–587
Donaldson L (1990) The ethereal hand: organizational economics and management theory. Acad Manage Rev 15:369–381
Donaldson L, Davis JH (1991) Stewardship theory or agency theory: CEO governance and shareholder returns. Aust J Manag 16:49–64
Donaldson L, Davis JH (1994) Boards and company performance – research challenges the conventional wisdom. Corp Govern 2:151–160
Ellguth P (2006) Betriebe ohne Betriebsrat – Verbreitung, Entwicklung und Charakteristika – unter Berücksichtigung betriebsspezifischer Formen der Mitarbeitervertretung. In: Artus I, Böhm S, Lücking S, Trinczek R (Hrsg) Betriebe ohne Betriebsrat. Informelle Interessenvertretung in Unternehmen. Campus, Frankfurt a. M., S 43–80
Ellguth P, Kohaut S (2010) Tarifbindung und betriebliche Interessenvertretung: Aktuelle Ergebnisse aus dem IAB-Betriebspanel 2009. WSI-Mitteilungen 63:204–209
Ellguth P, Kohaut S (2011) Tarifbindung und betriebliche Interessenvertretung: Aktuelle Ergebnisse aus dem IAB-Betriebspanel 2010. WSI-Mitteilungen 64:242–247
Fitzroy FR, Kraft K (1987) Efficiency and Internal Organization: works councils in West German firms. Economica 54:493–504
Frick B, Sadowski D (1995) Works councils, unions, and firm performance. In: Buttler F, Franz W, Schettkat R, Soskice D (Hrsg) Institutional frameworks and labor market performance. Routledge, London, S 46–81
Gaugler E (1985) Interaktionsebenen und -inhalte. In: Endruweit G, Gaugler E, Staehle WH, Wilpert B (Hrsg) Handbuch der Arbeitsbeziehungen. De Gruyter, Deutschland, S 169–186
Gersick KE, Davis JA, McCollom Hampton M, Lansberg I (1997) Generation to generation. Life cycles of the family business. Harvard Business School Press, Boston
Haunschild L, Wolter HJ (2010) Volkswirtschaftliche Bedeutung von Familien- und Frauenunternehmen. In: Institut für Mittelstandsforschung Bonn (Hrsg) IfM-Materialien Nr. 199. Bundesministerium für Wirtschaft und Technologie, Bonn.
Hauser-Ditz A, Hertwig M, Pries L (2008) Betriebliche Interessenvertretung in Deutschland. Arbeitnehmervertretung zwischen demokratischer Teilhabe und ökonomischer Effizienz. Campus, Frankfurt a. M.
Hilbert J, Sperling HJ (1993) Die kleine Fabrik: Beschäftigung, Technik und Arbeitsbeziehungen, 2. Aufl. Hampp, München
Jensen MC, Meckling WH (1976) Theory of the firm: managerial behavior, agency costs and ownership structure. J Financ Econ 3:305–360
Jirjahn U (1998) Effizienzwirkungen von Erfolgsbeteiligung und Partizipation. Eine mikroökonomische Analyse. Campus, Frankfurt a. M.
Kayser G, Wallau F, Adenäuer C (2006) BDI-Mittelstandspanel: Ergebnisse der Online-Mittelstandsbefragung – Frühjahr 2006. In: Institut für Mittelstandsforschung Bonn (Hrsg) IfM-Materialien Nr. 168. Bundesverband der Deutschen Industrie e.V., Bonn.

Keller B (2008) Einführung in die Arbeitspolitik, Arbeitsbeziehungen und Arbeitsmarkt in sozialwissenschaftlicher Perspektive. 7. Aufl. Oldenburg, München

Kokalj L, Schröer E, Clemens R, De D, Hauser H-E, Kayser G, Schenk W (1997) Möglichkeiten der Berücksichtigung mittelständischer Unternehmen im Rahmen der Tarifpolitik – eine empirische Untersuchung. In: Institut für Mittelstandsforschung Bonn (Hrsg) Schriften zur Mittelstandsforschung Nr. 72 NF. Schäffer Poeschel, Stuttgart

Kotthoff H (1981) Betriebsräte und betriebliche Herrschaft. Eine Typologie von Partizipationsmustern im Industriebetrieb. Campus, Frankfurt a. M.

Kotthoff H (1985) Betriebliche Interessenvertretung durch Mitbestimmung des Betriebsrats. In: Endruweit G, Gaugler E, Staehle WH, Wilpert B (Hrsg) Handbuch der Arbeitsbeziehungen. de Gruyter, Deutschland, S 65–87

Lubatkin MH, Schulze WS, Ling Y, Dino RN (2005) The effects of parental altruism on the governance of family-managed firms. J Organ Behav 26:313–330

Miller D, Le Breton-Miller I, Scholnick B (2008) Stewardship vs. stagnation: an empirical comparison of small family and non-family businesses. J Manag Stud 45:51–78

Müller-Jentsch W, Seitz B (1998) Betriebsräte gewinnen Konturen. Ergebnisse einer Betriebsräte-Befragung im Maschinenbau. Ind Bez 5:361–387

Nienhüser W (1998) Macht bestimmt die Personalpolitik! Erklärung der betrieblichen Arbeitsbeziehungen aus macht- und austauschtheoretischer Perspektive. In: Martin A, Nienhüser W (Hrsg) Personalpolitik, Wissenschaftliche Erklärung der Personalpolitik. München, S 239–264

Nienhüser W (2005) Der Einfluss des Betriebsrats-Typs auf die Nutzung und Bewertung von Betriebsvereinbarungen. Ergebnisse einer empirischen Untersuchung. Ind Beziehn 12:5–27

Pieper T, Klein SB, Jaskiewicz P (2008) The impact of goal alignment on board existence and top management team composition: evidence from family-influenced businesses. J Small Bus Manag 46:372–394

Schlömer N, Kay R, Backes-Gellner U, Rudolph W, Wassermann W (2007) Mittelstand und Mitbestimmung – Unternehmensführung, Mitbestimmung und Beteiligung in mittelständischen Unternehmen. Verlag Westfälisches Dampfboot, Münster

Schmidt S, Rotfuß W, Westerheide P (2010) Definition und quantitative Erfassung von Familienunternehmen. In: Schröder M, Westerheide P (Hrsg) Wirtschaftliche und gesellschaftliche Bedeutung von Familienunternehmen. Nomos Verlagsgesellschaft, Baden-Baden, S 35–79

Schnabel C, Wagner L (2001) Verbreitung und Bestimmungsgründe verschiedener Formen der Arbeitnehmerpartizipation in Industriebetrieben. Ind Bez 8:445–462

Schulze WS, Lubatkin MH, Dino RN, Buchholtz AK (2001) Agency relationships in family firms: theory and evidence. Organ Sci 12:99–116

Stiftung Familienunternehmen (2009) volkswirtschaftliche Bedeutung der Familienunternehmen. http://www.ifm.uni-mannheim.de/

Swingle PG, Gillis JS (1968) Effects of the emotional relationship between protagonists in the prisoner's dilemma. J Pers Soc Psychol 8:160–165

Trinczek R (1993) Management und innerbetriebliche Mitbestimmung. Eine Typologie kollektiver Orientierungsmuster. Habilitationsschrift. Erlangen.

Van de Ven WPMM, Van Praag BMS (1981) The demand for deductibles in private health insurance. J Econometrics 17:229–252

Wassermann W (1999) Kampf den mitbestimmungsfreien Zonen? Überlegungen zu einer den Bedingungen in Kleinbetrieben angemessenen Weiterentwicklung der Betriebsverfassung. WSI Mitteilungen 52:770–782

The influence of ownership on management's relationship to its works council

Abstract: This paper examines the quality of the relationship between business managements and works councils in small and medium-sized enterprises and strives for answering the question, which factors determine the quality. As ownership is an important determining factor of the establishment of works councils in small and medium-sized businesses, especially the impact of ownership on this relationship has been investigated. Agency theory and stewardship theory give hints that the owner management can have different impacts on this relationship. In order to test these contradictory hypotheses we have estimated a Heckman selection model to investigate which factors determine the quality of the relationship between business managements and works councils. Our results based on data generated from a survey in small and medium-sized enterprises conducted by the IfM Bonn in the years 2005 and 2006 indicate that ownership has a negative influence on the establishment of works councils, but a positive one on the quality of the relationship between business management and works council. Thus, the hypotheses predicting the existence of stewardship behaviour among owners and the existence of agency behaviour among managers can be confirmed.

Keywords: Relationship business management and works council · Ownership · Stewardship theory · Agency theory · Heckman selection model

ZfB-SPECIAL ISSUE 3/2012

Die Wirkung von informellen und internetbasierten Rekrutierungskanälen auf den Rekrutierungserfolg: Eine empirische Analyse in kleinen und mittleren Unternehmen

Matthias Baum · Rüdiger Kabst

Zusammenfassung: Diese Studie untersucht den Einfluss verschiedener Rekrutierungskanäle auf den Erfolg des Rekrutierungsprozesses in KMU. Die Ergebnisse decken auf, dass sich die Rekrutierungskanäle bezüglich ihres Einflusses auf die Qualität und Quantität des Bewerberpools unterscheiden. Die Verwendung von informellen Rekrutierungskanälen (z. B. über persönliche Netzwerke) kann die Bewerberqualität, den Person-Organization-Fit und Person-Job-Fit von Bewerbern erhöhen. Internetbasierte Rekrutierung wirkt in erster Linie auf die Anzahl der Bewerber. Eine eigene Unternehmenswebseite zum Zwecke der Rekrutierung entfaltet jedoch auch Effekte auf die Bewerberqualität. Damit wird unterstrichen, dass der Einsatz dieser Rekrutierungskanäle strategisch geplant werden muss, um die spezifischen Rekrutierungsziele bzw. die angestrebte Bewerberquantität und -qualität zu erreichen.

Schlüsselwörter: Rekrutierungskanäle · Personalmanagement · Kleine und mittlere Unternehmen · Person-Organization-Fit · Person-Job-Fit

JEL Classification: M12 · M31 · M50

© Gabler-Verlag 2012

Dr. M. Baum (✉) · Prof. Dr. R. Kabst
Fachbereich Wirtschaftswissenschaften, Professur für Personalmanagement,
Mittelstand und Entrepreneurship, Justus-Liebig-Universität Gießen,
Licher Str. 62, 35394 Gießen, Deutschland
E-Mail: matthias.baum@wirtschaft.uni-giessen.de

Prof. Dr. R. Kabst
E-mail: ruediger.kabst@wirtschaft.uni-giessen.de

1 Einleitung

Die Attrahierung von Bewerbern in adäquater Quantität und Qualität ist essentiell, um nachhaltig Humanressourcen im Unternehmen aufzubauen und zu halten (vgl. Breaugh und Starke 2000). Dies gilt umso mehr für kleine und mittlere Unternehmen (KMU), da diese weniger auf Wettbewerbsvorteile durch finanzielle Ressourcen setzen können als große Unternehmen (vgl. Tocher und Rutherford 2009). Studien über den Zusammenhang zwischen Rekrutierungskanälen und Rekrutierungserfolg stellen jedoch vorwiegend Großunternehmen in den Mittelpunkt der Analyse, während der Erkenntnisstand in KMU bislang weniger ausgeprägt ist (vgl. Williamson 2000). Es besteht Forschungsbedarf, da KMU auch in Bezug auf den Rekrutierungsprozess anderen Bedingungen ausgesetzt sind als größere Firmen. So sind beispielsweise die Strukturen und Abläufe des Rekrutierungsprozesses in KMU oftmals weniger institutionalisiert und bürokratisch (vgl. Barber et al. 1999). Zudem stehen KMU, bedingt durch den in der Regel geringeren Bekanntheitsgrad bei potenziellen Bewerbern und der limitierten Ressourcenausstattung, besonderen Herausforderungen gegenüber (vgl. Collins und Han 2004). Aufgrund dieser Spezifika ist es nicht ohne weiteres möglich, KMU als „kleinere Versionen" von größeren Unternehmen zu sehen, weshalb die bestehenden Erkenntnisse der Rekrutierungsliteratur für Großunternehmen nicht zwangsläufig auf KMU übertragbar sind (vgl. Heneman et al. 2000).

Diese Arbeit versucht in zweifacher Hinsicht zur KMU-Forschung beizutragen. Zuerst sollen ausgewählte Rekrutierungskanäle, welche bereits anhand großer Unternehmen erforscht wurden, hinsichtlich ihres Wertes für die Rekrutierung in KMU eruiert werden. Besonders zwei Rekrutierungskanäle werden in jüngerer Zeit hinsichtlich ihres Potenzials intensiv diskutiert: Informelle Rekrutierung u. a. über persönliche und geschäftliche Netzwerke (vgl. Weller et al. 2009; Winter 1997) und internetbasierte Rekrutierung (Grund 2006; van Hoye und Lievens 2007). Beiden Kanälen ist gemein, dass sie mit vergleichsweise geringem Ressourcenaufwand durchzuführen sind und sich damit in besonderer Weise für KMU anbieten. Während bisherige Studien die Wirksamkeit dieser Rekrutierungskanäle für große Unternehmen untersucht haben, besteht wenig empirische Evidenz, inwiefern diese beiden Kanäle zum Rekrutierungserfolg in KMU beitragen können (vgl. Tocher und Rutherford 2009). Daher ist es das Ziel der vorliegenden Studie, zur bestehenden Rekrutierungsliteratur beizutragen, indem sie zum einen die Wirkung der verwendeten Rekrutierungskanäle insgesamt und zum anderen speziell die Wirkung von informellen und internetbasierten Rekrutierungskanälen auf den Rekrutierungserfolg von KMU empirisch untersucht.

Zudem ist angestrebt, durch eine multidimensionale Operationalisierung von Rekrutierungserfolg zur bestehenden KMU Forschung beizutragen. In dieser Arbeit wird Rekrutierungserfolg nicht nur hinsichtlich quantitativer Aspekte erfasst, sondern auch hinsichtlich qualitativer Aspekte des Bewerberpools. Dabei wird nicht nur auf die Qualität i. e. S. der Bewerber, sondern auch auf deren Person-Organization-Fit (P-O-Fit) und Person-Job-Fit (P-J-Fit) eingegangen. Dies adressiert die Forderung bisheriger Arbeiten nach weiterer Forschung hinsichtlich der Stellgrößen von P-O- und P-J-Fit (vgl. Baum und Kabst 2011; Eberz et al. 2012; Heneman et al. 2000). Nach Kenntnislage der Autoren ist dies die erste Studie im Bereich KMU, welche die Auswirkungen verschiedener Rekrutierungskanäle auf den P-O-Fit und P-J-Fit untersucht.

Wir beziehen uns in unserer Studie auf unmittelbare, rekrutierungsbasierte Konsequenzen von verschiedenen Rekrutierungskanälen. Vorherige Studien (zumeist Großunternehmen betreffend) versuchten oftmals Beziehungen zwischen Personalpraktiken, wie der Verwendung von Rekrutierungskanälen, und *mittelbaren* Erfolgsgrößen, wie dem Commitment der Mitarbeiter (vgl. Wright et al. 2003) oder dem Unternehmens- oder Abteilungserfolg zu beschreiben (vgl. Youndt et al. 1996). Dies wird in der aktuellen Diskussion um die Verknüpfung von Rekrutierungskanälen und organisationalen Resultaten kritisiert und eine feinkörnigere Betrachtung gefordert (Ployhart 2006). In der KMU Literatur werden zwar in Teilen auch *unmittelbare* Konsequenzen von Rekrutierungskanälen untersucht, allerdings wird sich dabei meist nur auf die Quantität der Bewerbungen als Erfolgsmaß der Rekrutierungsbemühungen beschränkt. Jedoch konnte in vergangenen Studien (vgl. Chapman et al. 2005; Kristof-Brown et al. 2005) gezeigt werden, dass die Passung von rekrutierten Personen zum Unternehmen (P-O-Fit) und zur Arbeitsstelle (P-J-Fit) einen Einfluss auf nachgelagerte Erfolgsgrößen, wie die Arbeitsleistung, die Generierung von Wettbewerbsvorteilen und schließlich den Unternehmenserfolg aufweist (Cable und DeRue 2002). Daher untersucht diese Studie die Wirkung von verschiedenen Rekrutierungskanälen im KMU Kontext auf eine breitere Basis an unmittelbaren Rekrutierungserfolgsmaßen wie Bewerberquantität, -qualität, P-O- und P-J-Fit.

Der Aufbau des vorliegenden Artikels ist der folgende: Zunächst werden die spezifischen Rahmenbedingungen, unter denen KMU Personal rekrutieren, dargelegt. Anschließend wird auf den theoretischen Hintergrund der Studie (Signaling-Theorie sowie P-O-Fit und P-J-Fit) eingegangen. Hypothesen zu den einzelnen Rekrutierungskanälen werden entwickelt und anhand einer Stichprobe deutscher KMU überprüft. Der Artikel schließt mit einer Diskussion der Ergebnisse sowie Implikationen für Theorie und Praxis.

Rahmenbedingungen der Personalrekrutierung in KMU. Bisherige Studien haben gezeigt, dass die Firmengröße einen bedeutenden Einfluss auf die im Personalmanagement verwendeten Praktiken ausüben kann (vgl. Barber et al. 1999; Wilkinson 1999; Leung 2003). Es ist unbestritten, dass große Firmen im Gegensatz zu KMU höhere finanzielle und personelle Ressourcen für den Rekrutierungsprozess aufwenden (vgl. Barber et al. 1999; Leung et al. 2006). KMU werden hier als Unternehmen mit weniger als 500 Mitarbeitern definiert (vgl. Brouthers et al. 2009; Williamson et al. 2002). Verglichen mit KMU neigen größere Firmen auch dazu, vermehrt standardisierte und damit institutionalisierte Abläufe anzuwenden. Dies ist dadurch begründet, dass diese bedingt durch eine größere Anzahl von Bewerbern und Personaleinstellungen Skaleneffekte erzielen können. Daher ist für sie die Verwendung von standardisierten und formalisierten Abläufen im Einstellungsprozess wirtschaftlicher (vgl. Barber et al. 1999). So finden sich in großen Unternehmen vermehrt hochentwickelte Personalmanagement-Strukturen wie interne Arbeitsmärkte, Karriere-Entwicklungs-Systeme und integrierte Personalmanagement-Praktiken, die in KMU oftmals nicht vorhanden sind (vgl. Guthrie und Olian 1991).

Große Unternehmen sind KMU weiterhin überlegen, was die Personalkapazitäten im Personalmanagement betrifft. Sie haben eher eine separate Personalabteilung und verfügen über Personalreferenten in Vollzeit (vgl. Bacon und Hoque 2005; Pearson et al. 2005). Große Unternehmen können ihren Mitarbeitern vermehrt Weiterbildungsmöglichkeiten bieten, was die Wissensbasis und Professionalität im Personalmanagement erhöht.

In großen Firmen werden die Aufgaben der Rekrutierung eher von Rekrutierungsspezialisten ausgeführt, während in KMU diese vielfach nicht oder nur begrenzt verfügbar sind (vgl. Barber et al. 1999; Cardon und Stevens 2004). Dadurch werden Führungskräfte von KMU stärker zeitlich eingebunden, da sie die Rekrutierungsaufgaben zusätzlich zu ihrem regulären Tätigkeitsbereich wahrnehmen müssen (vgl. Desphande und Golhar 2004; McEvoy 1984). Pearson und Kollegen (2006) betonen, dass der Mangel an Spezialisten im Personalmanagement charakteristisch für KMU ist. Damit einhergehend sind die Praktiken und Prozesse, die von KMU angewandt werden, um neue Talente zu rekrutieren, oft das Ergebnis von Improvisation (vgl. Leung et al. 2006). Zusammenfassend kann festgehalten werden, dass KMU im Rekrutierungsprozess finanziellen, strukturellen und personellen Einschränkungen gegenüberstehen.

2 Konzeptionelle Grundlagen

Signaling-Theorie. Die Signaling-Theorie bietet die Grundlage, um zu erklären, wie das Interesse von Bewerbern an Unternehmen entsteht. Die ursprüngliche Lesart des „job market signaling" von Spence (1973) verfolgt im Kern eine unternehmenszentrierte Sichtweise und beschreibt, wie Bewerber Signale einsetzen und gegen Signalkosten abwägen, um ihre individuelle Leistungsfähigkeit und Werthaftigkeit für ein Unternehmen zu zeigen und gegenüber anderen Bewerbern bei der Stellenbesetzung präferiert zu werden. In jüngeren Studien wird diese Lesart auch stark in umgekehrter Weise verwendet (vgl. Allen et al. 2007). Diese Sichtweise, die sich auf die Wahlmöglichkeiten von Bewerbern und die Signalwirkung von Unternehmensaktivitäten konzentriert, wird durch aktuelle Entwicklungen wie dem demographischen Wandel in Industriegesellschaften sowie dem steigenden Fachkräftemangel akzentuiert.

Dieser Sichtweise folgend, interpretieren potenzielle Bewerber mangels vollständiger Information ihnen bekannte Sachverhalte über das Unternehmen als Signale für Unternehmenseigenschaften (vgl. Erhart und Ziegert 2005) und fühlen sich dadurch mehr oder weniger vom Unternehmen angezogen. So unterstellt die Signaling-Theorie, dass Bewerber nur unvollständiges Wissen über potenzielle Arbeitgeber besitzen und daher ihre Schlüsse bezüglich der zukünftigen Arbeitsbedingungen aus den Informationen ziehen, die eine Organisation zur Verfügung stellt (vgl. Lievens und Highhouse 2003; Roberson et al. 2005; Turban und Cable 2003; Erdem und Swait 1998). Rückschlüsse über vorherrschende Arbeitsbedingungen müssen besonders dann getroffen werden, wenn Bewerber wenig über die Organisation wissen, was auf viele KMU zutrifft (vgl. Gatewood et al. 1993). Signale können über verschiedene informelle und formelle Kanäle transferiert werden. Generell bieten informelle Rekrutierungskanäle, wie bspw. Empfehlungen von Mitarbeitern, andersartige und teilweise wertvollere Informationen als formelle Rekrutierungskanäle, wie bspw. Stellenanzeigen (vgl. Weller et al. 2009). Die Signaling-Theorie kann im Sinne dieser Studie dazu angewandt werden, die Wirkung von verschiedenen Rekrutierungsmaßnahmen auf Ergebnisse wie die Quantität und Qualität des Bewerberpools sowie P-O- und P-J-Fit zu diskutieren.

Person-Organization-Fit und Person-Job-Fit. Die bisherige Rekrutierungsforschung hat aufgezeigt, dass potenzielle Bewerber solche Organisationen bevorzugen, deren Werte, Kultur und Persönlichkeit zu ihren eigenen passen (vgl. Cable und DeRue 2002; Cable und Judge 1996; Ryan et al. 2005). Bereits Schneider (1987) stellte fest, dass verschiedene Arten von Organisationen verschiedene Arten von Menschen anziehen, auswählen und halten. Daher suchen Bewerber nach einem Fit zwischen ihren eigenen persönlichen Eigenschaften und denen, die die Organisation anbietet (vgl. Chapman et al. 2005). Die Literatur zum Thema „Fit" besagt eine zweifache Konzeption der Fit-Auffassung, nämlich dem Person-Organization-Fit (P-O-Fit) und dem Person-Job-Fit (P-J-Fit). Dies ist hilfreich, da es hervorhebt, dass Angestellte sowohl zur Stelle als auch zu dem Unternehmen, für das sie arbeiten, passen müssen.

Der P-O-Fit beschreibt, inwieweit die persönlichen Wertvorstellungen eines Angestellten und die Kultur des Unternehmens deckungsgleich sind (vgl. Kristof-Brown et al. 2005). Zukünftige Bewerber interpretieren die Eigenschaften angesichts ihrer eigenen Bedürfnisse und Werte und bedienen sich dieser Informationen während ihres fortschreitenden Bewerbungsprozesses (vgl. Behrend et al. 2009).

Zusätzlich zum Fit mit der Organisation als Ganzes streben Bewerber auch einen Fit mit der Stelle, auf die sie sich bewerben, an. Der P-J-Fit beschreibt, inwieweit die Fähigkeiten des Bewerbers und die Ansprüche der Stelle an die Kompetenz des Bewerbers kongruent sind. Deshalb wird der P-J-Fit auch oft als Anforderungs-Fähigkeits-Fit bezeichnet.

Die bestehende Forschung stützt die Aussage zur Verbindung der zahlreichen Konzepte zu Fit- und Rekrutierungsergebnissen. In einer Meta-Analyse von Chapman und Kollegen (2005) war der P-O-Fit eine der wichtigsten Determinanten für die Bewerbungsabsicht. Diese Beziehung überwog mehrere andere Prädiktoren wie die Wahrnehmung des Rekrutierungsprozesses, die Kompetenzen des Rekrutierenden und die Aussicht auf Einstellung. Eine zweite Meta-Analyse von Kristof-Brown und Kollegen (2005) stellte eine Korrelation von 0,46 zwischen P-O-Fit und der Arbeitgeberattraktivität einer Organisation fest. Zusätzlich empfinden Individuen, in deren Wahrnehmung die Kultur des Unternehmens ihre eigene Identität widerspiegelt, eine starke Bindung an die Organisation. Mitarbeiter können dann einfacher mit ihren Kollegen zusammenarbeiten und kommunizieren, wenn diese ihre Werte teilen. Dies verstärkt ihre Identifikation mit dem Unternehmen sowie ihre Produktivität (vgl. Cable und DeRue 2002). Folglich besitzt der P-O-Fit einen positiven Einfluss auf mehrere der Einstellung nachgelagerte Ergebnisse wie Einstellung zur Arbeit, Arbeitsleistung, Jobzufriedenheit, prosoziales Arbeitsverhalten und Engagement für die Organisation (vgl. Cable und Judge 1996; Kristof 1996; Cable und DeRue 2002).

Der P-J-Fit zeigt ebenfalls bedeutende Beziehungen zum Rekrutierungs- und Personalmanagementerfolg (vgl. Kristof-Brown et al. 2005). Wenn ein Angestellter nicht über die Fähigkeiten verfügt, die er benötigt, um seine Aufgaben erfolgreich zu erfüllen, so wird seine Arbeitsleistung darunter leiden und er wird mit erhöhter Wahrscheinlichkeit nach einer anderen Arbeitsstelle streben. Ähnlich negative Reaktionen einer Person können erwartet werden, wenn deren Arbeitsstelle sie nicht genug herausfordert. P-J-Fit ist daher positiv mit Arbeitsplatzzufriedenheit und Karrierezufriedenheit korreliert (vgl. Cable und DeRue 2002; Cable und Judge 1996). Angestellte bewerten Arbeits- und Karrierezufriedenheit vor allem aufgrund des Fits zwischen ihren persönlichen Bedürfnissen und den Gegenleistungen, die sie für ihre Anstrengungen erhalten.

Somit sollten KMU von Beginn des Rekrutierungsprozesses an darauf achten, wie sie die Jobs und Werte der Organisation darstellen. Laut der Literatur zu „realistic job previews" (vgl. Phillips 1998) sind die Wahrnehmungen von P-O-Fit höher, wenn die Rekrutierungsaussage eher spezifisch als allgemein ist (vgl. Roberson et al. 2005). Dennoch variieren verschiedene Rekrutierungskanäle in ihrer Darstellung realistischer und detaillierter Informationen. Grundsätzlich bieten persönliche, informelle Kanäle wie Mitarbeiterempfehlungen oft interne Informationen, die formale Kanäle weniger bieten (vgl. Weller et al. 2009). Andererseits können Firmen besser beeinflussen, welche Nachrichten Bewerbern über formale Praktiken zugestellt werden, weshalb diese Kanäle meist effizienter zu steuern sind.

3 Hypothesen

Rekrutierungskanäle von KMU. Es existiert eine Vielzahl von Rekrutierungskanälen, die ein Unternehmen einsetzen kann, um sich als attraktiver Arbeitgeber zu positionieren. Diese reichen von informellen Kanälen wie Mitarbeiterempfehlungen zu formalisierten Kanälen wie Jobanzeigen. Jedoch unterscheiden sich die Kanäle in dem Ausmaß, in dem sie detaillierte und präzise Informationen liefern. Außerdem sprechen sie verschiedene Zielgruppen an (vgl. Rynes et al. 1991). Da jeder Kanal eine etwas andere Bewerbergruppe anspricht, sollte nach signaltheoretischer Argumentation die gemeinsame Verwendung mehrerer Kanäle eine größere Anzahl potenzieller Bewerber erreichen als ein einzelner Kanal. Zusätzlich impliziert die Signaling-Theorie, dass Bewerber die größtmögliche Informationsbasis über ein Unternehmen erlangen können, wenn sie sich mehrerer Rekrutierungskanäle bedienen, da jeder Kanal Informationen über die Firma aus einem potenziell anderen Blickwinkel darstellt (vgl. Breaugh et al. 2003). Vielfältige Informationen aus mehreren Perspektiven erlauben es den Bewerbern, sich genauere Vorstellungen davon zu machen, wie es wäre, für diese bestimmte Firma zu arbeiten. Somit können sie zielführender bewerten, ob ihre Persönlichkeit zur Kultur des Unternehmens passt. Daher kann grundsätzlich angenommen werden, dass eine Firma, je mehr Rekrutierungskanäle sie verwendet, nicht nur mehr Bewerbungen erhalten wird, sondern auch, dass der Fit zwischen Bewerbern und der Firma bzw. den dortigen Aufgaben größer sein wird.

H_1: Je mehr Rekrutierungskanäle zusammen angewandt werden, desto größer wird der Bewerberpool sein.

H_{2a}: Je mehr Rekrutierungskanäle zusammen angewandt werden, desto größer wird der wahrgenommene P-O-Fit sein.

H_{2b}: Je mehr Rekrutierungskanäle zusammen angewandt werden, desto größer wird der wahrgenommene P-J-Fit sein.

Informelle Rekrutierung. Die bestehende Forschung zu Rekrutierungskanälen in KMU hat gezeigt, dass informelle Rekrutierung, insbesondere durch Empfehlungen von Mitarbeitern oder die Verwendung geschäftlicher Netzwerke, öfter angewandt und als effektiver als andere Kanäle angesehen wird (vgl. Barber et al. 1999; Kotey und Sheridan 2004; Leung 2003; Wilkinson 1999). Ein Grund hierfür ist, dass Empfehlungen kaum finanzielle Ressourcen benötigen und deswegen auch von ressourcenschwachen Firmen problemlos angewandt werden können (vgl. Rafaeli et al. 2005). Weiterhin wurde gezeigt, dass signifikante Beziehungen zwischen Empfehlungen durch Mitarbeiter und mehreren positiven

Ergebnissen sowohl vor als auch nach Einstellungen bestehen (vgl. Breaugh et al. 2003; Leung et al. 2006; Weller et al. 2009).

Diese Form der Rekrutierung stützt sich stark auf Mundpropaganda, um eine offene Stelle bekannt zu machen (vgl. van Hoye und Lievens 2009). Da Mundpropaganda ein informeller Kommunikationskanal ist, haben Firmen nur bedingt Kontrolle über diese Kommunikationsart. Dennoch gibt es einige entscheidende Vorteile, die mit Methoden der Mundpropaganda, z. B. Empfehlungen durch Mitarbeiter, verbunden sind. Van Hoye und Lievens (2009) haben gezeigt, dass sich eine wohlwollende Mundpropaganda positiv auf die Arbeitgeberattraktivität und auf das Bewerberverhalten auswirkt.

Die Verwendung informeller Rekrutierungskanäle kann die Anzahl der Bewerber steigern, da die Firma über Empfehlungen Individuen erreicht, die andere Methoden der Rekrutierung möglicherweise auslassen würden (vgl. Baum und Kabst 2011). Weiterhin können sie die Qualität der Bewerber verbessern, indem mindestens zwei Mechanismen benutzt werden. Der erste Mechanismus ist die Vorauswahl (vgl. Breaugh et al. 2008). Oft informieren Angestellte Personen aus ihrem direkten sozialen Umfeld über eine offene Stelle in ihrer Firma. Diese Freunde und Bekannte teilen meist ähnliche Werte und Überzeugungen (vgl. Leung 2003). Weiterhin kann der Angestellte, der die Stelle empfiehlt, vorher bewerten, ob die Person sowohl die Jobvoraussetzungen erfüllt als auch zur Kultur der Organisation passt. Dadurch haben Bewerber, denen die Unternehmung empfohlen wurde, allgemein einen besseren P-O- und P-J-Fit als die Bewerber, denen das Unternehmen nicht empfohlen wurde (vgl. Ryan et al. 2005).

Der zweite Mechanismus zur Verbesserung der Qualität des Bewerberpools ist die Selbstselektion. Die Selbstselektion wird durch die Validität und den Detailreichtum der Informationen, die die Bewerber durch Empfehlungen erhalten, positiv beeinflusst (vgl. Caroll et al. 1999). Es ist wahrscheinlich, dass empfohlene Bewerber anschaulicheres Wissen zu Firma und Position haben, weil sie die Informationen von einem Bekannten innerhalb des Unternehmens erhalten (vgl. Breaugh et al. 2003). Basierend auf diesen Informationen können Bewerber besser bewerten, ob sie zur Stelle und in die Organisation passen. Gemäß der Selbstselektion kann erwartet werden, dass Bewerber, die nicht über die für den Job nötigen Fähigkeiten verfügen, ihre Bewerbung zurückziehen (vgl. Breaugh und Starke 2000). Im Gegensatz dazu sind Bewerber, die im Bewerbungsprozess verbleiben, wahrscheinlich qualifiziert für die Anforderungen der Stelle. Es wird daher angenommen, dass der Gebrauch von informellen Rekrutierungskanälen in positiver Beziehung zur Bewerberpool-Quantität, wahrgenommener Pool-Qualität und dem wahrgenommenen Fit der Bewerber steht.

H_3: Die Verwendung informeller Rekrutierungskanäle erhöht die Quantität des Bewerberpools.

H_4: Die Verwendung informeller Rekrutierungskanäle erhöht die Qualität des Bewerberpools.

H_5: Die Verwendung informeller Rekrutierungskanäle erhöht den wahrgenommenen P-O-Fit.

H_6: Die Verwendung informeller Rekrutierungskanäle erhöht den wahrgenommenen P-J-Fit.

Internetbasierte Rekrutierung. Das Internet hat erheblichen Einfluss bei der Rekrutierung von Mitarbeitern gewonnen und ist heutzutage sogar zum bevorzugten Personalrekrutierungsmedium geworden (vgl. Braddy et al. 2006; Carless 2007; Chapman und Webster 2003). Gleichzeitig hat das Internet die Art und Weise, wie Bewerber nach Stellen suchen, verändert (vgl. van Hoye und Lievens 2007). Während zuvor Jobsuchende hauptsächlich in einer Zeitung nach offenen Stellen gesucht haben, bedienen sie sich jetzt des Internets als wichtigste jobbezogene Informationsquelle (vgl. Pfieffelmann et al. 2010). In vielen Branchen hat das Internet längst einen selbstverständlichen Status, was für die Firmen, die das Internet nicht nutzen, im Rekrutierungsprozess einen Wettbewerbsnachteil bedeutet (vgl. Hausdorf und Duncan 2004).

Dieser schnelle Aufstieg der internetbasierten Rekrutierung fußt auf weitreichenden Vorzügen gegenüber anderen Rekrutierungskanälen. Vorteile wie Effizienz, ein größerer Bewerberpool, die Einfachheit der Anwendung für sowohl Firmen als auch Bewerber oder die Geschwindigkeit von Einstellungen wurden in bestehender Literatur betont (vgl. Chapman und Webster 2003).

Die üblichste Methode der internetbasierten Rekrutierung ist die Erstellung einer Firmenwebseite. Eine Webseite ermöglicht es, potenziellen Bewerbern detaillierte Informationen über ein Unternehmen zur Verfügung zu stellen, die sie nicht so einfach aus anderen Quellen erhalten könnten (vgl. Braddy et al. 2006). Zum Beispiel kann eine Firma für ihre Arbeitgebermarke werben, indem sie Informationen zu Werten und Kultur der Organisation zugänglich macht (vgl. Parry und Tyson 2008). Rekrutierungswebseiten von Unternehmen können auch Features wie Testimoniales oder Informationen zu Job-Benefits enthalten. Folglich können Jobsuchende im Vergleich mit traditionellen Kanälen der Rekrutierung relativ schnell und effizient eine große Menge von Informationen über die Organisation erhalten (vgl. Cober et al. 2004). Bewerber können dann die Gesamtheit der Informationen nutzen, um ihre eigenen Werte mit denen der Firma zu vergleichen (vgl. Braddy et al. 2006). Eine Firmenwebseite kann daher den P-O-Fit verstärken, da potenzielle Bewerber die Informationen zur Selbstselektion nutzen können, um herauszufinden, ob sie zur Firma passen oder nicht (vgl. Lyons und Marler 2011).

Der Gebrauch einer Webseite zur Rekrutierung hilft dabei, den Bewerberpool auf mehrere Arten zu vergrößern. Zunächst können Firmenwebseiten eine große Anzahl geographisch weit verstreuter Jobsuchender relativ kostengünstig erreichen (vgl. Allen et al. 2007). Webseiten können auch zur Rekrutierung beitragen, weil sie Attribute der Organisation, insbesondere Legitimität und Bekanntheit, positiv beeinflussen (vgl. Williamson et al. 2002). Arbeitgeberlegitimität ist definiert als das Maß, in dem potenzielle Bewerber eine Firma angesichts der Werte und Normen, die im sozialen Umfeld der Firma existieren, als einen glaubwürdigen, korrekten oder angemessenen Arbeitgeber ansehen (vgl. Suchman 1995). KMU stehen, bedingt durch fehlende Größe, einem potenziellen Legitimationsdefizit gegenüber (vgl. Williamson 2000). Zieht man die Signaling-Theorie zu Rate, so bietet die Firmenwebseite dem Betrachter Hinweise über weitere Attribute der Organisation (vgl. Lyons und Marler 2011). KMU können ihre wahrgenommene Legitimität vergrößern, sofern sie über eine Webseite verfügen, die den Webseiten legitimierter Organisationen in der Branche ähnelt (vgl. Braddy et al. 2006). Diese erhöhte Arbeitgeberlegitimität führt zur Anziehung von mehr Bewerbern, was schließlich zu einem größeren Bewerberpool führt (vgl. Chapman und Webster 2003). Eine Firma kann ebenso ihre Bekanntheit durch eine Webseite verbessern. Laut Cober und Kollegen (2004) vergrößert die Suche über eine Unternehmenswebseite den Bekanntheitsgrad des Unternehmens bei den Bewerbern, weil sie während dieses Prozesses wertvolle Informationen über das Unternehmen sammeln. Dieser Bekanntheitsgrad steht in positiver Beziehung mit der anschließenden Anziehungskraft, die das Unternehmen auf die Bewerber hat, und die wiederum die Größe des Bewerberpools steigert.

Ein Unternehmen kann zudem Jobbörsen verwenden, um Stellenanzeigen zu veröffentlichen und Bewerber über einen Link auf die Unternehmenswebseite lenken (vgl. Hausdorf und Duncan 2004; Parry und Tyson 2008). Diese Jobbörsen und Rekrutierungsportale posten Stellenangebote und erstellen Lebenslaufdatenbanken, um Jobsuchende und offene Stellen zusammenzubringen. So wie für Webseiten, gibt es auch für Job-Börsen keine geographischen Einschränkungen. Somit kann ein größerer Kandidaten-Pool angesprochen werden. Verglichen mit traditionellen Rekrutierungskanälen, wie Stellenanzeigen in Zeitungen, können Job-Börsen relativ kostengünstig genutzt werden (vgl. Hausdorf und Duncan 2004). Bewerber, die solche Online-Jobbörsen benutzen, gehen normalerweise von ihren eigenen Qualifikationen als Ausgangspunkt ihrer Suche aus, anstatt lediglich nach Stellen bei ihren Wunscharbeitgebern zu suchen. Dies bietet für KMU zwei Vorteile. Einerseits sollte dies die Anzahl der Bewerber erhöhen. KMU haben so bessere Chancen, in die für den Bewerber relevante Menge von Arbeitgebern zu kommen, da die Jobsuchenden nicht mehr länger ein Unternehmen auswählen, für das sie arbeiten möchten, sondern stattdessen firmenübergreifend nach Jobs suchen (vgl. Braddy et al. 2006). Andererseits sollte die Verwendung von Online-Jobbörsen zu einem verbesserten P-J-Fit führen, da die Bewerber ihre Suche auf die Kompatibilität ihrer eigenen Fähigkeiten und den Anforderungen der zu besetzenden Position gründen. Darüber hinaus können Bewerber ihre Lebensläufe in Lebenslaufdatenbanken auf Jobportale hochladen (vgl. Lin 2010). Personaler können diese Daten benutzen, um nach Bewerbern zu suchen, die über die entsprechenden Fähigkeiten und Ausbildung verfügen (vgl. Lievens und Harris 2003). Von der Verwendung von Online-Jobbörsen wird daher nicht nur eine Vergrößerung der Quantität des Bewerberpools, sondern auch ein besserer P-J-Fit erwartet. Zusammenfassend lassen sich die folgenden vier Hypothesen zur internetbasierten Rekrutierung ableiten:

H_7: Die Verwendung einer Unternehmenswebseite als Rekrutierungskanal erhöht die Quantität des Bewerberpools.

H_8: Die Verwendung einer Unternehmenswebseite als Rekrutierungskanal erhöht den wahrgenommenen P-O-Fit.

H_9: Die Verwendung von Online-Jobbörsen als Rekrutierungskanal erhöht die Quantität des Bewerberpools.

H_{10}: Die Verwendung von Online-Jobbörsen als Rekrutierungskanal erhöht den wahrgenommenen P-J-Fit.

4 Methode

Datenerfassung und Stichprobe. Zur Überprüfung der aufgestellten Hypothesen wurde eine Primärerhebung in der Zielpopulation deutscher KMU durchgeführt. Vor der eigentlichen Hauptstudie wurde der auf bewährten Skalen basierende Fragebogen an acht

Personalverantwortliche aus unterschiedlichen KMU gesendet. Jeder der Befragten wurde eingehend hinsichtlich Verständnis des Fragebogens sowie fehlenden oder irrelevanten Fragen befragt. Ausgehend von ihren Kommentaren wurden kleinere Veränderungen an Formulierung und Aufbau des Fragebogens vorgenommen. Der endgültige Fragebogen umfasste insgesamt 27 Skalen und beanspruchte etwa 15 bis 20 min zum Ausfüllen. Für diese Studie wurde nur ein Teil des Fragebogens verwendet, da die Daten im Rahmen eines größeren Forschungsprojekts erhoben wurden. Weiterhin wurden u. a. Skalen zum Outsourcing von Personalaktivitäten, der Imitation von Personalpraktiken sowie den Marketingaktivitäten und dem Marketingbudget erhoben.

Für die Hauptuntersuchung wurde mit Hilfe ausgewählter Firmendatenbanken (Markus Datenbank, Creditreform) eine Gruppe von ca. 1200 Firmen ermittelt, welche unserer Definition von KMU (Mitarbeiterzahl < 500) entsprachen. Diesen Firmen wurde ein Link zum Fragebogen zugeschickt, welcher internetgestützt auszufüllen war. Die gesamte Erhebung fand im Zeitraum September bis November 2010 statt. Adressat war in den meisten Fällen (65,6 %) der oberste Personalverantwortliche bzw. ein Mitglied des Managementteams. Konnte solch ein Adressat nicht identifiziert werden, so wurde die E-Mail mit der Bitte um Teilnahme an einen leitenden Personalmanagementangestellten (14,6 %) gesendet. In 19,8 % der Fälle war es a priori nicht möglich, eine funktionierende E-Mail-Adresse der genannten Gruppen zu identifizieren. In diesen Fällen wurde die E-Mail an eine generelle Kontaktadresse des Unternehmens mit der Bitte um Weiterleitung gesendet. Um die Stichprobe weiter zu vergrößern, wurde zudem XING, das soziale Netzwerk für Geschäftskontakte, verwendet, um mit weiteren ca. 300 Personalverantwortlichen in Kontakt zu treten. Insgesamt erhielten etwa 1500 Unternehmen Zugang zur Umfrage. 317 Firmenvertreter nahmen an der Umfrage teil, jedoch waren nur 228 Fragebögen vollständig genug, um in der Studie verwendet zu werden. Dies ergibt eine Rücklaufquote von 15,2 %, was vergleichbar mit anderen Umfragen auf Firmenebene ist (vgl. Carless 2007). Da der Schwerpunkt der Beobachtung auf Rekrutierungsverfahren von KMU lag, wurde abschließend noch einmal auf die Firmengröße kontrolliert. Insgesamt mussten 54 Fragebögen, die von Firmen mit 500 oder mehr Angestellten ausgefüllt worden waren, aus der Analyse entfernt werden. Danach wurden Ausreißer hinsichtlich Bewerberanzahl ermittelt und aus der Analyse aussortiert. Letztlich verblieben 170 Fragebögen (11,3 %) zur Analyse.

Operationalisierung der Variablen. Es wurden mehrere Messgrößen für den Rekrutierungserfolg als *abhängige Variablen* verwendet. Da viele KMU möglicherweise über keine systematisch archivierten Aufzeichnungen verfügen, die erforderlich für eine gründliche Bewertung des Rekrutierungserfolges wären (vgl. Rynes und Barber 1990), wurden nicht nur quantitative Daten, sondern auch subjektive Wahrnehmungen des Rekrutierungserfolges der Firma inklusive Wahrnehmungen zum Fit der Bewerber erfragt.

Quantität des Bewerberpools. Die Quantität des Bewerberpools wurde über die Anzahl der Bewerber auf die letzte offene Stelle operationalisiert. Dabei wurde zwischen Stellen, welche einen Hochschulabschluss benötigen, und solchen, bei denen dies nicht der Fall ist, unterschieden. Um die Quantität des gesamten Pools zu ermitteln, wurde ein Index aus den beiden Fragen gebildet.

Qualität des Bewerberpools. Die Fragen nach der Qualität des Bewerberpools wurden von Rynes und Boudreaugh (1986) und von Collins und Han (2004) abgeleitet. Die Qualität wurde basierend auf der subjektiven Wahrnehmung der befragten Unternehmen ermittelt. Die Teilnehmer der Studie wurden gebeten abzuschätzen, inwieweit die Fähigkeiten der Bewerber des Bewerberpools den Anforderungen der Firma entsprachen. Die wahrgenommene Qualität des Bewerberpools wurde anhand einer fünfstufigen Skala (1 = Ich stimme überhaupt nicht zu; 5 = Ich stimme vollkommen zu) ermittelt, die die folgenden Aussagen enthielt ($\alpha = 0{,}699$): „Es gelingt uns, Angestellte zu gewinnen, die Höchstleistungen bringen." „Es gelingt uns, durch unsere Angestellten neue Ideen zu generieren." „Insgesamt entsprechen die Fähigkeiten unserer Angestellten unseren Ansprüchen." und „Ich denke, dass der Bewerberpool von hoher Qualität ist.".

P-O- und P-J-Fit. Die Ermittlung des Bewerber-Fits basiert auf der bestehenden Forschung (vgl. Cable und DeRue 2002; Carless 2005). Jedoch betrachten Cable und DeRue sowie Carless den Fit aus der Perspektive des Bewerbers, während hier der Fokus auf der Unternehmensperspektive liegt. Um trotzdem der Forschungssituation zu entsprechen, waren einige Änderungen nötig. Der P-O-Fit wurde mit 3 Items ermittelt ($\alpha = 0{,}720$). Ein Beispiel-Item ist: „Ich denke, dass die Sachverhalte, denen unsere Bewerber im Leben Wert beimessen, denen ähnlich sind, die das Unternehmen wertschätzt." Der P-J-Fit ($\alpha = 0{,}667$) wurde mit zwei Items gemessen (vgl. Cable und Judge 1996). Die Items beinhalteten: „Die Kenntnisse und Fähigkeiten unserer Bewerber passen gut zu den Anforderungen der Stelle, die wir anbieten." und „Das Wissen unserer Bewerber reicht größtenteils aus, um den Anforderungen der von uns angebotenen Stellen zu entsprechen." Die Befragten wurden gebeten anzugeben, inwieweit sie den vorangegangenen Aussagen zustimmen (1 = ich stimme überhaupt nicht zu; 5 = ich stimme voll und ganz zu).

Rekrutierungskanäle. Die Verwendung von Rekrutierungskanälen wurde anhand einer fünfstufigen Skala, adaptiert von Rynes und Kollegen (1997), bewertet ($\alpha = 0{,}834$). Die Befragten gaben gesondert an, in welchem Ausmaß sie jede der folgenden Rekrutierungskanäle nutzen (1 = überhaupt nicht; 5 = sehr viel). Die zu bewertenden Maßnahmen waren: Stellenanzeigen in Zeitungen und Zeitschriften, geschäftliche Netzwerke, Unternehmenswebseiten, unternehmensexterne Dienstleister, Karrieremessen, Empfehlungen durch Mitarbeiter, Internet-Jobbörsen, persönliche Netzwerke, Praktika und Hochschul-Rekrutierung. Um Hypothese 1 zu überprüfen, die besagt, dass je mehr Rekrutierungskanäle angewandt werden, desto größer der Bewerberpool ist, wurde die Frage dichotomisiert (0 = nicht verwendet, 1 = verwendet) und über die einzelnen Kanäle summiert.

Informelle Rekrutierung. Um einen Wert für das Verwendungsausmaß informeller Rekrutierungskanäle zu ermitteln, wurde aus nachfolgenden Rekrutierungskanälen ein Mittelwert gebildet: geschäftliche Netzwerke, persönliche Netzwerke und Empfehlungen durch Mitarbeiter ($\alpha = 0{,}801$).

Internetbasierte Rekrutierung. Um zu bewerten, ob eine Unternehmenswebseite zur Rekrutierung benutzt wird, wurde das Messverfahren von Carless (2007) adaptiert. Weiterhin wurde das entsprechende Item aus der Skala der Rekrutierungsmaßnahmen übernommen. Das gleiche Vorgehen wurde angewandt, um den Gebrauch von Online-Jobbörsen zu ermitteln.

Kontrollvariablen. Zur Bewertung der Generalisierbarkeit der Ergebnisse der Umfrage wurden die Firmengröße, die Erfahrung des Personalverantwortlichen in Jahren sowie weitere Rekrutierungskanäle als Kontrollvariablen einbezogen (vgl. Rynes und Boudreaugh 1986; Heneman und Berkley 1999; Collins und Han 2004). Es ist wahrscheinlich, dass die Firmengröße, bzw. in unserem Fall die noch bestehende Größenvarianz innerhalb der untersuchten KMU, Einfluss auf die Verwendung und den Erfolg von Rekrutierungskanälen hat. Ein Beispiel ist die Tatsache, dass größere Firmen mehr finanzielle und personelle Ressourcen für Verfahren des Personalmanagements wie beispielsweise Rekrutierung aufwenden (vgl. Barber et al. 1999). Zusätzlich zeigte eine post-hoc Analyse, dass die Rekrutierungsergebnisse mit der Erfahrung des Personalverantwortlichen korrelieren. Daher wurde dessen Erfahrung ebenfalls als Kontrollvariable eingefügt. Auch weitere Rekrutierungskanäle wurden in die Analyse aufgenommen, um deren Effekte herausrechnen zu können. In Anlehnung an vorherige Forschung im Bereich Rekrutierung und KMU (vgl. Rynes et al. 1997; Williamson 2000) wurde das Ausmaß der Verwendung folgender Rekrutierungskanäle kontrolliert: Stellenanzeigen in Zeitungen und Zeitschriften, unternehmensexterne Dienstleister, Karrieremessen, Praktika und Hochschulrekrutierung. Dazu wurden die entsprechenden Items aus der Rekrutierungskanäle-Skala verwendet.

5 Analyse und Resultate

Zur Analyse der Hypothesen wurden lineare Regressionsanalysen verwendet. Multi-Item Skalen wurden mittels Cronbach's Alpha auf Reliabilität überprüft. Auf Multikollinearität wurde durch bivariate Korrelationen und Variance-Inflation-Factors (VIF) kontrolliert. Beide Kontrollgrößen suggerieren, dass Multikollinearität kein Problem für die Datenanalyse darstellt (Allison 1999). Da alle Variablen zu einem Zeitpunkt erhoben und von derselben Person erfragt wurden, wurde auf „Common-Method-Variance" (CMV) kontrolliert. CMV kann Messungen von abhängigen und unabhängigen Variablen in die gleiche Richtung verzerren und damit zu systematischen Fehlern in den Daten führen (vgl. Brannick et al. 2010). Wie von Podsakoff und Organ (1986) vorgeschlagen, wurde Harman's One-Factor-Test verwendet, um für CMV zu kontrollieren. Unter Verwendung einer nicht rotierten Hauptkomponentenanalyse mit allen verwendeten Variablen zeigte sich, dass insgesamt vier Faktoren mit einem Eigenwert > 1 bestehen, welche insgesamt 60 % der Varianz der Variablen erklären. Da zum einen mehrere Faktoren existieren und zum anderen keiner der Faktoren alleinig für einen Großteil der erklärten Varianz verantwortlich ist (Faktor 1: 19 %; Faktor 2: 16 %; Faktor 3: 13 %, Faktor 4: 12 %), kann angenommen werden, dass CMV hier kein substanzielles Problem für die Datenqualität darstellt (vgl. Podsakoff und Organ 1986).

Die Daten wurden weiterhin auf „Non-Response Bias" mit Hilfe der von Armstrong und Overton (1977) vorgeschlagenen Methode getestet. Dieser folgend wurden die ersten 10 % der erhaltenen Fragebögen mit den letzten 10 % auf signifikante Mittelwertunterschiede verglichen, welche allerdings nicht festgestellt werden konnten. Daher kann davon ausgegangen werden, dass „Non-Response Bias" kein größeres Problem für die Datenqualität darstellt.

Tabelle 1 zeigt die Korrelationsmatrix inklusive der Mittelwerte und Standardabweichungen. Die Branchenverteilung ist wie folgt: Dienstleistungen (38 %), verarbeitendes Gewerbe (23 %), Informationstechnologie (7 %), Wirtschaftsverbände (5 %), Finanzwesen (4 %) und Handel (4 %). 19 % der Firmen machten keine Branchenangabe. Die durchschnittliche Anzahl der Beschäftigten war 143 (SD = 151,7). Die Minderheit der Organisationen besetzt Positionen intern (20 %), und etwa 57 % aller befragten Firmen haben eine separate Personalabteilung eingerichtet. Die Mehrzahl der Befragten (62,5 %) gab an, der hierarchisch höchste Angestellte im Personalwesen der Firma zu sein. Die durchschnittliche Erfahrung der Befragten im Personalwesen betrug 9 Jahre (SD = 7,6).

Die Ergebnisse der Regressionsanalysen sind in Tab. 2 und 3 zu finden. Hypothese 1 sagte voraus, dass die Anzahl der gleichzeitig verwendeten Rekrutierungskanäle die Größe des Bewerberpools positiv beeinflusst. Dies konnte durch einen signifikanten Effekt belegt werden ($\beta = 0{,}20$, $p < 0{,}05$). Hypothese 2a, die besagte, dass die Anzahl der gleichzeitig verwendeten Rekrutierungskanäle den P-O-Fit beeinflussen würde, wurde ebenso bestätigt ($\beta = 0{,}30$, $p < 0{,}01$). Allerdings konnte kein signifikanter Effekt auf den P-J-Fit nachgewiesen werden ($\beta = 0{,}10$, n. s.). Daher muss Hypothese 2b, welche unterstellte, dass die Anzahl der gleichzeitig verwendeten Rekrutierungskanäle den P-J-Fit beeinflussen würde, verworfen werden.

Hypothese 3 sagte voraus, dass die Verwendung informeller Rekrutierungskanäle die Poolquantität signifikant beeinflussen würde. Die Regressionsanalyse zeigte, dass diese Hypothese verworfen werden muss ($\beta = 0{,}04$, n. s.). Hypothese 4 setzte informelle Rekrutierung in Bezug zur Qualität des Bewerberpools. Die Regressionsanalyse zeigte eine signifikante Beziehung ($\beta = 0{,}16$, $p < 0{,}05$), daher kann diese Hypothese bestätigt werden. Hypothese 5 unterstellte, dass der P-O-Fit durch den Gebrauch von informellen Rekrutierungskanälen gesteigert wird, was durch einen signifikanten Effekt unterstrichen werden konnte ($\beta = 0{,}25$, $p < 0{,}01$). Hypothese 6, die informelle Rekrutierungskanäle mit P-J-Fit verband, konnte durch einen positiven signifikanten Effekt ebenfalls belegt werden ($\beta = 0{,}16$, $p < 0{,}05$).

Die Verwendung von Webseiten hat einen signifikanten Einfluss auf die Bewerberpool-Quantität ($\beta = 0{,}17$, $p < 0{,}05$), wodurch Hypothese 7 bestätigt wurde. Hypothese 8 besagte, dass die Verwendung einer Unternehmenswebseite als Rekrutierungswerkzeug in signifikanter Beziehung zum P-O-Fit stünde. Diese Hypothese konnte jedoch nicht belegt werden, da der Effekt nur auf dem 10 %-Niveau signifikant ist ($\beta = 0{,}15$, $p < 0{,}10$). Die Bewerberpool-Quantität wird durch die Verwendung von Online-Jobbörsen positiv beeinflusst ($\beta = 0{,}21$, $p < 0{,}01$). Somit wurde Hypothese 9 ebenfalls bestätigt. Jedoch beeinflusste die Rekrutierung über Online-Jobbörsen den P-J-Fit nicht signifikant ($\beta = 0{,}04$, n. s.), was dazu führt, dass Hypothese 10 verworfen werden muss.

6 Diskussion, Implikationen und Limitationen der Studie

Diskussion und theoretische Implikationen. Obwohl KMU einen nicht zu unterschätzenden Stellenwert für die deutsche Wirtschaft haben, sind deren Rekrutierungskanäle und der daraus resultierende Erfolg im Sinne des Aufbaus von Humanressourcen zur

Tab. 1: Deskriptive Statistik, Korrelationen und Variance Inflation Factors (VIF)

Variablen	Mittel-wert	S.D.	VIF	Pool-Quantität	Pool-Qualität	P-O Fit	P-J Fit	Rekrutier-ung über informelle Kanäle	Unter-nehmens-webseite	Online-Jobbörsen	Erfahrung des Personal-verantwort-lichen	Firmen-größe	Stellen-anzeigen	Extene Dienst-leister	Karriere-messen	Praktika
Poolquantität	23,52	18,5		1												
Poolqualität	3,70	0,76		0,05	1											
P-O Fit	3,68	0,88		-0,07	0,35**	1										
P-J Fit	3,53	0,89		-0,04	0,52**	0,35**	1									
Rekrutierung über informelle Kanäle	3,10	1,02	1,28	0,06	0,19*	0,26**	0,13†	1								
Unternehmens-webseite	3,63	1,44	1,54	0,22**	0,19*	0,15†	0,02	0,33**	1							
Online-Jobbörsen	3,04	1,43	1,90	0,26**	0,10	-0,02	0,03	0,32**	0,56**	1						
Erfahrung des Personalverantwortlichen	6,94	6,94	1,11	-0,04	0,24**	0,23**	0,28**	0,02	-0,02	-0,10	1					
Firmengröße	143,06	151,72	1,19	0,20*	0,16**	0,04	0,11	0,08	0,25**	0,25**	0,14†	1				
Stellenanzeigen	2,78	1,45	1,12	0,13†	0,05	0,01	0,07	0,10	0,19*	0,09	0,13†	0,28**	1			
Extene Dienstleister	1,91	1,01	1,37	0,24**	0,03	0,12	0,05	0,39**	0,29**	0,40**	-0,02	0,20**	0,14	1		
Karrieremessen	1,59	0,93	1,37	0,11	0,04	0,15†	0,03	0,33**	0,34**	0,36**	-0,12	0,23**	0,18*	0,36**	1	
Praktika	2,97	1,34	1,53	0,09	0,08	0,10	0,01	0,28**	0,38**	0,18*	0,02	0,18*	0,13†	0,19*	0,22**	1
Hochschulre-cruiting	1,92	1,01	1,62	0,08	0,15†	0,22**	0,13†	0,41**	0,26**	0,15†	0,06	0,15†	0,11	0,30**	0,32**	0,52**

**Korrelation ist signifikant auf dem 0,01 Niveau (2-seitig); *Korrelation ist signifikant auf dem 0,05 Niveau (2-seitig); †Korrelation ist signifikant auf dem 0,10 Niveau (2-seitig)

Tab. 2: Regressionsanalyse zur Vorhersage der quantitativen Ergebnisse der Rekrutierung

Abhängige Variable	Bewerberpool-Quantität	
	Modell 1	Modell 2
Kontrollvariablen		
Erfahrung des Befragten im Personalbereich	−0,08	−0,08
Firmengröße	0,19**	0,19**
Stellenanzeigen		0,06
Extene Dienstleister		0,16*
Karrieremessen		−0,05
Praktika		−0,02
Hochschulrecruiting		0,02
Unabhängige Variablen		
Anzahl der verwendeten Rekrutierungspraktiken	0,20*	
Rekrutierung über informelle Kanäle		0,04
Unternehmenswebseite		0,17*
Online-Jobbörsen		0,21**
R^2 (korrigiert)	0,10**	0,15

Es werden standardisierte Koeffizienten wiedergegeben; **Koeffizient ist signifikant auf dem 0,01 Niveau; *Koeffizient ist signifikant auf dem 0,05 Niveau; †Koeffizient ist signifikant auf dem 0,10 Niveau

Tab. 3: Regressionsanalysen zur Vorhersage der qualitativen Ergebnisse der Rekrutierung

Abhängige Variable	Bewerberpool-Qualität		P-O Fit		P-J Fit	
	Modell 1	Modell 2	Modell 1	Modell 2	Modell 1	Modell 2
Kontrollvariablen						
Erfahrung des Befragten im Personalbereich	0,21**	0,21**	0,22**	0,22**	0,16*	0,16*
Firmengröße	0,11	0,11	−0,01	−0,01	0,00	0,00
Stellenanzeigen		−0,02		−0,07		0,01
Extene Dienstleister		−0,09		0,02		−0,01
Karrieremessen		−0,04		0,10		0,01
Praktika		−0,08		−0,07		−0,08
Hochschulrecruiting		0,10		0,11		0,10
Unabhängige Variablen						
Anzahl der verwendeten Rekrutierungspraktiken	0,15		0,30**		0,10	
Rekrutierung über informelle Kanäle		0,16*		0,25**		0,16*
Unternehmenswebseite		0,16*		0,15		0,01
Online-Jobbörsen		0,08		−0,11		0,04
R^2 (korrigiert)	0,08**	0,13**	0,15**	0,21**	0,07**	0,10

Es werden standardisierte Koeffizienten wiedergegeben; **Koeffizient ist signifikant auf dem 0,01 Niveau; *Koeffizient ist signifikant auf dem 0,05 Niveau; †Koeffizient ist signifikant auf dem 0,10 Niveau

Aufrechterhaltung der Wettbewerbsfähigkeit wenig erforscht. Die vorliegende Studie widmet sich diesem Thema, indem sie die Wirkung ausgewählter Rekrutierungskanäle auf den Rekrutierungserfolg untersucht. Diese Arbeit trägt somit zum Verständnis von Rekrutierung in KMU bei.

Diese Studie ist weiterhin eine der ersten, die empirisch untersucht, wie verschiedene Rekrutierungskanäle den P-O- und den P-J-Fit im Kontext von KMU beeinflussen. Das Thema „Fit" ist ein ausgiebig diskutiertes Thema in der Literatur zur Rekrutierung. Die meisten Forscher vertreten die Ansicht, dass, sofern ein guter Fit zwischen Bewerber und Unternehmen besteht, dies zu positiven Ergebnissen sowohl vor als auch nach der Einstellung führt (vgl. Cable und Judge 1996; Chapman et al. 2005; Kristof 1996). Jedoch haben Studien zum Rekrutierungserfolg in KMU bislang P-O- und P-J-Fit als Ergebnisvariablen vernachlässigt. Engpässe am Arbeitsmarkt und Rekrutierungsfriktionen haben im letzten Jahrzehnt für ausgeprägten Wettbewerb um wertvolle Talente gesorgt (vgl. Parry und Tyson 2008). Da passende Mitarbeiter selten und wertvoll sind, sollten Organisationen, die diese Talente besser anzuziehen und zu halten wissen, erfolgreicher sein als Unternehmen, die das nicht tun (vgl. Ployhart 2006).

Verglichen mit größeren Unternehmen sind KMU hinsichtlich der Ressourcen, die sie aufwenden können, um erfolgreich agieren zu können, unterlegen (vgl. Barber et al. 1999). Daher hängt ihr Erfolg noch stärker davon ab, Humankapital zu rekrutieren und zu halten. Jedoch sind das Werben um Bewerber und die Rekrutierung keine einfachen „je mehr, desto besser"-Vorgänge. Es ist entscheidend für KMU, die „richtigen Bewerber" zu finden (vgl. Mencken und Winfield 1998). Folglich sind KMU darauf angewiesen, hochqualifizierte Mitarbeiter einzustellen, die zur Unternehmenskultur passen. Jedoch wurde die Beziehung zwischen P-O-Fit und dem nachhaltigen Überleben von KMU noch nicht untersucht und erfordert daher weitere Forschung. Diese Studie untersucht die Wirkung verschiedener Rekrutierungskanäle auf den P-O- und P-J-Fit. Die erarbeiteten Ergebnisse ermöglichen die Empfehlung von Verfahren, die zu einem hohen Maß an P-O- und P-J-Fit führen und verbessert somit unser Wissen zu P-O- und P-J-Fit hinsichtlich der Rekrutierung in KMU.

Eine Frage, die dieses Manuskript anspricht, ist, ob die gleichzeitige Anwendung mehrerer Rekrutierungskanäle zu verbesserter Rekrutierungsleistung führt. Hinsichtlich Pool-Quantität und P-O-Fit hat die Verwendung mehrerer Rekrutierungskanäle eine positive Wirkung. Jedoch konnte keine Beziehung zwischen der Anzahl an verwendeten Kanälen und der Bewerberpool-Qualität bzw. P-J-Fit festgestellt werden. Die positive Auswirkung auf die Pool-Quantität entsteht, weil jedes Verfahren eine etwas andere Gruppe von Jobsuchenden anspricht. Daher sprechen zusammen angewandte Verfahren eine größere Zielgruppe an, als wenn nur wenige Kanäle Verwendung finden. Ein ähnliches Rational könnte für den P-O-Fit zutreffen. Jedes Rekrutierungsverfahren stellt Informationen über das Unternehmen aus einem bestimmten Blickwinkel dar. Bei Kombination mehrerer Kanäle können sich die Jobsuchenden der Informationen aus den verschiedenen Blickwinkeln bedienen, um zu einem besseren Urteilsvermögen über das Unternehmen zu kommen. Dies verbessert ihre Fähigkeit, zu beurteilen, ob ihre Persönlichkeit und ihre Eigenschaften zur Firma passen, was wiederum zu einem als besser wahrgenommenen P-O-Fit führt. Im Rahmen unserer Studie wurde jedoch nicht untersucht, ob die gleichzeitige Verwendung mehrerer Rekrutierungskanäle substitutiv oder verstärkend auf die

Rekrutierungsergebnisse wirkt. Dies bleibt eine unbeantwortete Frage, der sich zukünftige Forschung zuwenden sollte.

Weiterhin leistet die Studie einen Beitrag, indem die Wirksamkeit informeller Rekrutierungskanäle (z. B. Rekrutierung über persönliche Netzwerke oder Mitarbeiterempfehlungen) empirisch belegt wird. Diese Studie zeigt, dass informelle Rekrutierungskanäle die Qualität, aber nicht die Quantität des Bewerberpools erhöhen können. Durch Vorauswahl und Selbstselektion bewerben sich besser qualifizierte und besser zu Organisation und Job passende Personen. Wenn ein Angestellter einem Bekannten eine Stelle empfiehlt, so kann schon im Vorfeld bewertet werden, ob die Person sowohl die Jobvoraussetzungen erfüllt als auch zur Kultur der Organisation passt. Weiterhin erhalten Personen, denen eine Bewerbung von Mitarbeitern vorgeschlagen wird, detaillierte und valide Informationen zur Firma und zum Job, wodurch Selbstselektion effektiver durchgeführt werden kann. Damit werden bisherige Annahmen zur Wirkungsweise von informellen Rekrutierungskanälen in KMU belegt (Leung et al. 2006).

Frühe Studien zum Thema Rekrutierungskanäle, wie die Arbeit von Rynes und Kollegen (1997), ließen das Internet als Rekrutierungskanal aus, weil es zur damaligen Zeit nur vereinzelt zum Zwecke der Rekrutierung eingesetzt wurde. Jedoch besagen neuere Studien, dass das Internet mittlerweile das vorherrschende Rekrutierungsmedium ist (vgl. Chapman und Webster 2003; Carless 2007). Die Verschiebung von traditionellen Formen der Rekrutierungskommunikation hin zum Internet ist in dieser Studie an den deskriptiven Statistiken (Tab. 1) ersichtlich. Unternehmenswebseiten sind der am stärksten gebrauchte Rekrutierungskanal. Weiterhin hat die Benutzung von internetbasierten Jobbörsen traditionelle Kanäle wie Stellenanzeigen in Zeitungen zumindest teilweise ersetzt. Jedoch unterscheiden sich die Ergebnisse dieser beiden Rekrutierungskanäle. Während die Ergebnisse aufzeigen, dass sowohl Unternehmenswebseiten als auch Jobbörsen eine positive Wirkung auf die Quantität von Bewerberpools haben, ist es überraschend, dass dieser Einfluss für Jobbörsen größer ist als für Unternehmenswebseiten. Frühere Studien haben die deutliche Wirkung von Unternehmenswebseiten auf die Anzahl von Bewerbungen betont (vgl. Chapman und Webster 2003; Lyons und Marler 2011). Im Fall von KMU scheinen Jobbörsen jedoch erfolgreicher darin zu sein, eine große Anzahl von Bewerbern anzusprechen. Eine Erklärung hierfür könnte sein, dass Unternehmenswebseiten von einem Bewerber aktiv aufgesucht werden müssen, bevor sie einen Einfluss auf die Rekrutierungsergebnisse nehmen können (vgl. Parry und Tyson 2008). Da KMU im Allgemeinen weniger bekannt sind, ist es für sie schwieriger, Aufmerksamkeit auf ihre Webseite zu lenken. Daher ist es möglich, dass sie nicht zwangsläufig durch Verwendung einer Unternehmenswebseite ihren Bewerberpool vergrößern können. Jobbörsen andererseits lenken die Aufmerksamkeit auch auf Unternehmen, die Bewerbern ursprünglich nicht aktiv bekannt waren. Das kann besonders für KMU positiv sein, um den geringeren Bekanntheitsgrad zu kompensieren. Zusätzlich können sich KMU der Lebenslaufdatenbanken solcher Jobbörsen bedienen, um aktiv nach Bewerbern zu suchen und diese anschließend direkt zu kontaktieren (vgl. Lin 2010). Für die zukünftige Forschung erscheint es daher erstrebenswert, weitere Untersuchungen zur internetbasierten Rekrutierung sowie zum Vergleich des Gebrauchs von Unternehmenswebseiten und Online-Jobbörsen als Rekrutierungswerkzeuge für verschiedene Arten von Unternehmen und angesprochene Zielgruppen zu initiieren.

Hinsichtlich qualitativer Erfolgsgrößen waren die Ergebnisse umgekehrt: Unternehmenswebseiten waren verglichen mit Online-Jobbörsen erfolgreicher darin, qualitative Erfolgsgrößen zu beeinflussen. Der Gebrauch von Unternehmenswebseiten hatte zwar keinen Einfluss auf den P-J-Fit, jedoch konnten sie die wahrgenommene Qualität eines Bewerberpools und, in geringer Weise, auch den P-O-Fit verbessern. Dies kann dadurch begründet werden, dass ein Unternehmen auf seiner Webseite viele Möglichkeiten hat, potenzielle Bewerber von sich zu überzeugen (vgl. Lyons und Marler 2011). Weiterhin kann ein Unternehmen artikulieren, was es einzigartig macht und von der Konkurrenz unterscheidet, indem es detaillierte Informationen zur Unternehmenskultur zur Verfügung stellt (vgl. Walker et al. 2008). Bewerber können diese ergiebigen Informationen nutzen, um zu bewerten, ob ihre Persönlichkeit zu der des Unternehmens passt (vgl Cable und Yu 2006). Schließlich können Bewerber ihre Entscheidung, ob sie sich bewerben oder nicht, auf diese Bewertung stützen, was wiederum zu einem besseren Fit der Bewerber führen kann.

Jobbörsen andererseits hatten keinen Einfluss auf die qualitativen Erfolgsgrößen. Dies ist teilweise nicht eingängig hinsichtlich des P-J-Fits, da in solchen Jobbörsen konkrete Stellenbeschreibungen gepostet werden können. Entsprechend sollten Jobbörsen den Fit zwischen Stellenanforderungen und den Fähigkeiten der Bewerber verbessern, da diese ausgehend von den Beschreibungen selbst abschätzen können, ob ihre Fähigkeiten den Anforderungen entsprechen. Folglich wurde in dieser Arbeit angenommen, dass sich durch Online-Jobbörsen vermehrt Kandidaten auf eine Stelle bewerben, deren Fähigkeiten den Anforderungen entsprechen. Dies konnte allerdings nicht bestätigt werden. Ein Grund könnte sein, dass es Firmen nicht hinreichend gelingt, Stellenausschreibungen zu erstellen, die den Bewerbern die Stellenanforderungen kommunizieren. Ein weiterer Grund könnte sein, dass diese Jobbörsen nicht die Informationen zur Verfügung stellen, die erforderlich sind, um sich eine genaue Vorstellung von der Stelle zu machen. Jedoch sind zukünftige Untersuchungen notwendig, um diese Annahmen zu prüfen. Zudem sollte untersucht werden, welche Ursachen für das Versagen von Online-Jobbörsen als Einflussfaktoren auf den P-J-Fit bestehen könnten.

Ein interessantes Ergebnis der Studie war der Einfluss, den die Erfahrung der Personalverantwortlichen auf die qualitativen Erfolgsgrößen der Bewerber hatte. Tatsächlich war die Erfahrung der Personalverantwortlichen die einzige Variable, die eine signifikant positive Wirkung auf alle drei qualitativen Rekrutierungsergebnisse hatte: wahrgenommene Qualität des Bewerberpools, P-O-Fit und P-J-Fit. Dies legt nahe, dass in KMU die Erfahrung der Personalverantwortlichen ein unverzichtbarer Bestandteil für den Rekrutierungserfolg ist. Es wurde bereits in vorherigen Forschungsarbeiten gezeigt, dass frühere Erfahrungen ein wichtiger Aktivposten sind, wenn Geschäftsentscheidungen getroffen werden müssen (Kundu und Katz 2003). Der Grund hierfür ist, dass das Wissen, welches nötig ist, um eine solche Entscheidung zu treffen, oft eine nahe Beobachtung der jeweiligen Tätigkeit erfordert (vgl. Gilbert et al. 2006). Es ist sehr wahrscheinlich, dass dies auch im Kontext der Rekrutierung gültig ist. Das Expertenwissen ist ausschlaggebend, um zu entscheiden, welche Rekrutierungskanäle am passendsten sind, um die richtigen Kandidaten zu werben sowie zu entscheiden, wie diese Kanäle gestaltet sein sollten. Jedoch sind dies lediglich Annahmen. Es existieren nach Kenntnis der Autoren keine Studien, die im Detail untersuchen, wie die Erfahrung von Personalverantwortlichen qualitative

Rekrutierungsergebnisse beeinflusst und welche Prozesse dabei stattfinden. Daher sind weitere Untersuchungen nötig, um ein vollständigeres Verständnis darüber zu erlangen, warum Erfahrung im Personalbereich ein starker Prädiktor für qualitative Ergebnisse der Rekrutierung ist.

Die Erkenntnisse dieser Studie liefern zudem auch weiterführende Implikationen hinsichtlich des Aufbaus von Humankapital im Unternehmen. Die Ergebnisse zeigen, dass für KMU insbesondere informelle Rekrutierungskanäle dazu geeignet sind, qualitativ hochwertige Bewerber mit einer hohen Passung zu Organisation und Job zu generieren. HR-Websites haben eine ebenso positive Wirkung auf die Bewerberqualität, allerdings scheinen sie für KMU, verglichen mit informellen Rekrutierungskanälen, nur in geringerem Ausmaß geeignet zu sein, auch den P-O-Fit der Bewerber erhöhen. Studien, welche den ressourcenbasierten Ansatz (resource based view; RBV) mit der Verwendung von Personalpraktiken kombinieren, zeigen, inwiefern diese genutzt werden können, um nachhaltige Wettbewerbsvorteile zu etablieren (vgl. Wright et al. 1994, 2001).

Nach dem RBV können Firmen nachhaltige Wettbewerbsvorteile generieren, wenn sie wertvolle, seltene, nicht-imitierbare und nicht-substituierbare Ressourcen und Fertigkeiten besitzen (vgl. Barney 1991). Insbesondere dann können Strategien verfolgt und umgesetzt werden, welche von Wettbewerbern nicht einfach zu duplizieren sind (vgl. Wernerfelt 1984) und die Basis für Kernkompetenzen bilden (vgl. Prahalad und Hamel 1990). Kernkompetenzen basieren auf individuellen Fähigkeiten, Fertigkeiten und Verhaltensweisen. Insbesondere qualitativ hochwertige Bewerber zeichnen sich durch hochausgebildete Fähigkeiten aus. Damit können sie den Bestand an Humanressourcen im Unternehmen erhöhen und so eine wichtige Grundlage für den Aufbau von Kernkompetenzen liefern. Diese individuellen Kompetenzen können allerdings nur zu unternehmensbasierten Kernkompetenzen ausgebaut werden, wenn es dem Unternehmen gelingt, diese individuellen Fähigkeiten zusammenzuführen und effizient zu kombinieren. Dies ist insbesondere dann möglich, wenn ein gemeinsames „mind-set" das Unternehmen zusammenhält und dadurch einzelne Unternehmensmitglieder sich im Sinne der Gesamtstrategie verhalten (vgl. Nordhaug und Gronhaug 1994), also unternehmensförderliches Verhalten an den Tag legen (vgl. Wright et al. 2001). Dies ist insbesondere bei Individuen zu beobachten, deren individuelle Werte in hohem Maße mit den organisationalen Werten übereinstimmen, die also einen hohen P-O Fit aufweisen (vgl. Cable und Judge 1996; Kristof 1996; Cable und DeRue 2002).

Um nachhaltige Wettbewerbsvorteile zu generieren, ist nicht nur die Passung der Mitarbeiter zu den Unternehmenswerten wichtig, sondern auch, dass die Unternehmensstrategie erfolgreich umgesetzt werden kann. Huselid (1995) konnte in seiner Studie zeigen, dass Personalpraktiken insbesondere dann mit Unternehmenserfolg assoziiert sind, wenn sie mit der Unternehmensstrategie abgestimmt werden. Damit eine Strategie erfolgreich umgesetzt werden kann, sind nicht nur Mitarbeiter mit hochausgebildeten Fähigkeiten erforderlich, sondern auch Mitarbeiter, die die ihnen zugedachten Aufgaben effizient durchführen können. Die Aufgaben, die ein Stelleninhaber ausführen muss, resultieren meist aus der Unternehmens- bzw. Bereichsstrategie. Um diese Strategie zu erfüllen und erfolgreich zu implementieren, sind daher auch Mitarbeiter erforderlich, die eine hohe Passung zu den Erfordernissen der zu besetzenden Stellen aufweisen, also Mitarbeiter mit einem ausgeprägten P-J-Fit. Insgesamt kann diese Studie damit in Ansätzen zeigen, welche Rekrutierungskanäle KMU insbesondere befähigen können, Wettbewerbsvorteile zu generieren. Allerdings sind in diesem Zusammenhang weitere Studien erforderlich, um die diffizilen Wirkungsgeflechte zu erfassen, die zwischen dem Einsatz von Personalpraktiken, der Rekrutierung von guten und passenden Bewerbern, und dem Unternehmenserfolg bestehen.

Limitationen der Studie und zukünftige Forschungswege. Wie in den meisten empirischen Studien, so gibt es auch in dieser Studie Limitationen. Zuallererst hätte diese Studie von einer größeren Stichprobe profitiert. Kleine Stichproben schränken die Arten der Analysen, die man unternehmen kann, ein. Zum Beispiel ließe sich theoriegeleitet annehmen, dass die Unternehmensgröße die Wirkung von zahlreichen Rekrutierungskanälen auf den Rekrutierungserfolg moderiert. So ist der Erfolg der Rekrutierung über informelle Kanäle gekoppelt an die Anzahl und Intensität der Netzwerkverbindungen (u. a. persönliche und geschäftliche Beziehungen) innerhalb des Unternehmens (vgl. Leung 2003). Wenn die Firma wächst, wächst das Netzwerk ebenfalls, und somit sollten im Vergleich von großen mit kleinen Unternehmen mehr Bewerber durch mehr Empfehlungen angezogen werden. Entsprechend könnte man von einer moderierenden Wirkung der Unternehmensgröße auf die Effektivität von informellen Rekrutierungskanälen ausgehen. Daher wurde dies in einer post-hoc-Analyse untersucht. Jedoch konnten dabei keine signifikanten moderierenden Effekte der Firmengröße festgestellt werden. Es kann jedoch nicht ausgeschlossen werden, dass die geringe Größe unseres Samples hiermit zu tun hat.

Des Weiteren wurden die Fragebögen zu den Rekrutierungspraktiken von einer einzelnen Person ausgefüllt. In jeder Studie, in der der Großteil der Daten von einer einzelnen Person kommt, ist es immer möglich, dass einige der beobachteten Ergebnisse durch Common-Method-Variance verzerrt sind (Podsakoff et al. 2003). Obwohl wir in dieser Studie aufgrund des durchgeführten Harman's One-Factor-Test eine solche Verzerrung als sehr unwahrscheinlich ansehen, wäre der Königsweg natürlich die Befragung weiterer Probanden im jeweiligen Unternehmen. Zusätzlich wurde versucht, die in der Hierarchie am höchsten angesiedelte Person für Themen des Personalwesens anzusprechen, jedoch gelang dies lediglich in 62 % der Fälle. Weiterhin ist die Genauigkeit der Angaben dieser Person nur schwer zu überprüfen. Möglicherweise hatten nicht in jeder Firma die Befragten Zugang zu den relevanten Informationen, oder ihre Auffassung von Rekrutierungskanälen und -ergebnissen war möglicherweise durch ihre eigene Tätigkeit in der Rekrutierung voreingenommen. McEvoy (1984) konnte feststellen, dass Personen, die in ihrem Unternehmen verantwortlich für Personalprozesse sind, ihre eigene Leistung positiver beurteilen, als diese in Wirklichkeit ist.

Drittens mussten einige Maßzahlen innerhalb der Studie zum ersten Mal erstellt werden. Dem Wissen der Autoren nach hat keine bisherige Studie die Wahrnehmung von P-O- oder P-J-Fit aus dem Blickwinkel der Rekrutierenden untersucht. Es wurde auf bewährte Konzepte zurückgegriffen, um die Maßzahlen zur Wahrnehmung der beiden Fit-Arten zu adaptieren, und die Ergebnisse lassen darauf schließen, dass diese es erlauben, die entsprechenden Konstrukte in der durchgeführten Form zu messen.

Viertens ist die Messung der Rekrutierungskanäle nicht ohne Limitationen. Die Befragung zielte auf den generellen Einsatz der jeweiligen Rekrutierungskanäle und nicht auf deren qualitative Ausgestaltung. Frühere Studien zeigen, dass nicht nur der Einsatz sondern auch die Qualität von verschiedenen Rekrutierungskanälen einen Einfluss auf die individuell wahrgenommene Arbeitgeberattraktivität (Allen et al. 2007) und die Attrahierung von passenden Bewerbern hat (Dineen et al. 2007). Die teilweise niedrigen Effektstärken der untersuchten Kanäle könnten daher auch daraus rühren, dass nicht zwischen qualitativ hochwertiger Gestaltung eines Kanals (z. B. der Unternehmenswebsite) und minderwertiger Gestaltung unterschieden wird. Daher sind die hier ausgewiesenen Effekte Durchschnittseffekte über die gesamte Population an befragten Unternehmen. Da die hier untersuchten Unternehmen im Zuge einer anonymisierten Befragung evaluiert wurden, ist es nicht möglich, die wahrgenommene Qualität der einzelnen Rekrutierungskanäle durch die relevanten Zielgruppen bewerten zu lassen. Zukünftige Studien sollten diese Limitation aufgreifen und die Qualität der Rekrutierungskanäle sowie deren Auswirkung auf den Rekrutierungserfolg von KMU erfassen, da eine niedrige Qualitätsanmutung eines Kanals durchaus auch negativere Auswirkungen haben könnte als der Verzicht auf die Verwendung dieses Kanals. Damit könnten Aussagen darüber getroffen werden, ob KMU einen Kanal nur verwenden sollten, wenn sie über genügend Ressourcen und Erfahrung verfügen, um diesen Kanal auch hochwertig zu gestalten.

Weiterhin beschränkt sich diese Studie auf die Untersuchung von unmittelbaren Rekrutierungserfolgsmaßen. Mittelbare Erfolgsmaße, wie das Commitment der Mitarbeiter oder die Arbeitsproduktivität werden hier nicht ermittelt. Es ist für zukünftige Forschungsarbeiten sehr erstrebenswert, mediierte Strukturen empirisch zu erfassen, bzw. sich durch großzahlige Erhebungen mit der Beziehung zwischen Rekrutierungskanälen und längerfristigen und mittelbaren Resultaten zu beschäftigen (wie z. B. Verweildauern). Eine Studie, die dies unter Verwendung der SOEP Daten adressiert, ist die Studie von Weller und Kollegen (2009). Diese zeigt mithilfe von Längsschnittdaten, dass persönliche Rekrutierungskanäle im Vergleich zu formalen Kanälen zu geringeren initialen und langfristigen Kündigungstendenzen und damit zu höheren Verweildauern führen. Eine Studie von Linnehan und Blau (2003) kommt zu vergleichbaren Resultaten. Eine Betrachtung, wie von Weller und Kollegen durchgeführt, ist im Falle der vorliegenden Studie leider nicht möglich gewesen, da die Datenbasis dazu um Ereignisdaten (bzgl. Kündigung) erweitert werden müsste. Solche Daten sind in manchen Unternehmen zwar systematisch hinterlegt, allerdings weisen die hier untersuchten KMU diesbezüglich teils große Lücken auf, weshalb eine derartige Datenerhebung in KMU kaum erfolgversprechend sein dürfte. Dies wird auch davon gestützt, dass von den 345 befragten Unternehmen lediglich 88 (25,5 %) angaben, dass sie systematisch die Zeit pro Einstellung erfassen.

Diesem Umstand ist auch die Verwendung von individuellen Wahrnehmungsdaten geschuldet, anstelle von objektiveren Größen, wie Daten zur Verweildauer oder Arbeitsbeurteilungen. Subjektive Einschätzungen sind allerdings Wahrnehmungsverzerrungen unterworfen (Golden 1992). Verzerrungen von Wahrnehmungen eines Ereignisses werden zudem im Zeitverlauf größer. Länger zurückliegende Ereignisse (wie die konkrete Anzahl von Bewerbern auf eine spezifische Stelle) können somit schlechter rekapituliert und weniger exakt wiedergegeben werden (Miller et al. 1997). Dies trifft insbesondere zu, wenn nach konkreten Zahlen gefragt wird, die ein nicht-kritisches Ereignis betreffen. Daher wurde sich in dieser Studie dafür entschieden, das letzte Rekrutierungsereignis zur Erfassung der Bewerberquantität zu evaluieren, um Wahrnehmungsverzerrungen und die Auswirkungen dieser Limitation möglichst gering zu halten (Golden 1992). Für die weiteren Erfolgsmaße (Bewerberqualität, P-O-Fit und P-J-Fit) werden generelle Einschätzungen abgefragt und sich nicht ausschließlich auf den letzten Bewerbungsvorgang fokussiert. Dies ist dem Umstand geschuldet, dass eine Person, die erst vor kurzem eingestellt wurde, noch nicht valide hinsichtlich ihrer tatsächlichen Qualität sowie insbesondere ihrer Passung zu Organisation und Job eingeschätzt werden kann.

Zukünftige Studien könnten versuchen, diese Limitationen zu überwinden, indem die Datensammlung von objektiveren Rekrutierungserfolgskriterien avisiert wird. Dies ist natürlich abhängig von den tatsächlich im Unternehmen vorhandenen Daten. Sollten objektivere Messgrößen allerdings vorhanden sein, ergibt sich die Möglichkeit, eine stärker ökonomisch ausgerichtete Kosten-Nutzen-Analyse der verschiedenen Rekrutierungskanäle zu führen. Rekrutierungskosten könnten dann in Pre- und Post-Rekrutierungskosten sowie in direkte und indirekte Kosten untergliedert werden. Beispiele für direkte Pre-Rekrutierungskosten sind Kosten für Einsatz und Gestaltung des Rekrutierungskanals sowie interne Selektionskosten, indirekte Pre-Rekrutierungskosten sind Vakanzkosten bzw. Opportunitätskosten unbesetzter Stellen. Direkte Post-Rekrutierungskosten umfassen Kosten für Training und Einarbeitung neuer Angestellter, indirekte Post-Rekrutierungskosten ergeben sich dagegen aus dem nicht vollständig ausgeschöpften Produktivitätsniveau zu Beginn der Beschäftigungsphase (vgl. Patterson et al. 2010). Der ökonomische Nutzen von Rekrutierungskanälen könnte mithilfe der durchschnittlichen Verweildauer (Weller et al. 2009) oder der mittelfristigen Produktivität des Personals operationalisiert werden (Wright et al. 1994). Weitere Forschung, welche die Wirkung von Rekrutierungspraktiken auf die nachgelagerte Mitarbeiterfluktuation, sowie deren jeweilige ökonomische Auswirkungen untersucht, ist auch dahingehend wünschenswert, da diesbezüglich nur wenige Studien existieren (Glebbeek und Bax 2004) und diese sehr unterschiedliche Durchschnittskosten für Stellenneubesetzungen ausweisen. Diese rangieren von etwa 1.000 \$ pro Stellenneubesetzung in der Fast-Food Branche (Weller et al. 2009) über ca. 71.600 \$ bei Rettungsassistenten (Patterson et al. 2010) bis hin zu ca. 260.000 \$ für die Neubesetzung eines Krankenhausarztes (Buchbinder et al. 1999). Daher wäre die Untersuchung monetärer und ökonomischer Konsequenzen von verschiedenen Rekrutierungskanälen in unterschiedlichen Branchen und Unternehmensklassen ein gangbarer Weg für zukünftige Forschungsarbeiten.

Implikationen für die Praxis. Auf praktischer Ebene erweitert diese Studie das Verständnis über Rekrutierungskanäle in KMU. Bislang ist unser Verständnis bzw. unsere Erkenntnis zu diesem Thema nur eingeschränkt. Oft werden die Kanäle nicht in Relation zum Rekrutierungserfolg gesetzt, sondern nur deskriptiv berichtet. Tatsächlich neigen viele KMU dazu, sich jeder Maßnahme, die ihnen zur Verfügung steht und die für sie erschwinglich ist, zu bedienen, anstatt den Rekrutierungsprozess strategisch zu planen. Diese unzureichende Handhabung der Humanressourcen zieht oft niedrigere Produktivität sowie erhöhte Unzufriedenheit und Fluktuation bei den Mitarbeitern nach sich (vgl. Deshpande und Golhar 2004). Diese Studie weist auf strategische Implikationen speziell für kleine Firmen hin. Bevor ein Rekrutierungskanal eingesetzt wird, sollten KMU überlegen, welche Zielgruppe angesprochen und welche qualitativen und quantitativen Ziele erreicht werden sollen. Wenn der Bewerberpools vergrößert werden soll, kann die Verwendung von internetbasierten Rekrutierungsmethoden wie z. B. einer Unternehmenswebseite oder Online-Jobbörsen zielführend sein. Jedoch haben diese Rekrutierungskanäle nur einen beschränkten Einfluss auf die Qualität des Bewerberpools. Daher scheint es für KMU, die mit der Anzahl der erhaltenen Bewerbungen zufrieden sind, die aber die Qualität und den „Fit" dieser Bewerbungen verbessern wollen, besser, die Rekrutierung über informelle Kanäle wie persönliche oder Geschäftskontakte zu forcieren.

Literatur

Allen DG, Mahto RV, Otondo RF (2007) Web-based recruitment: effects of information, organizational brand, and attitudes: toward a Web site on applicant attraction. J Appl Psychol 92:1696–1708

Allison P (1999) Multiple regression: a primer. Thousand Oaks, Pine Forge

Armstrong JS, Overton TS (1977) Estimating non-response bias in mail surveys. J Mark Res 14:396–402

Bacon N, Hoque K (2005) HRM in the SME sector: valuable employees and coercive networks. Int J Hum Resour Man 16:1976–1999

Barber A, Wesson M, Roberson Q, Taylor S (1999) A tale of two job markets: organizational size and its effects on hiring practices and job search behaviour. Pers Psychol 52:841–867

Barney J (1991) Firm resources and sustained competitive advantage. J Manag 17:99–120

Baum M, Kabst R (2011) Arbeitgebermarkenaufbau durch informelle Hochschul-Personalmarketingmaßnahmen: Eine empirische Analyse im deutschen Mittelstand. Z Betriebswirt 81:327–349

Behrend T, Baker B, Thompson L (2009) Effects of pro-environmental recruiting messages: the role of organizational reputation. J Bus Psychol 24:341–350

Braddy P, Meade A, Kroustalis C (2006) Organizational recruitment website effects on viewers' perceptions of organizational culture. J Bus Psychol 20:525–543

Brannick MT, Chan D, Conway JM, Lance CE, Spector PE (2010) What is method variance and how can we cope with it? A panel discussion. Organ Res Methods 13:407–420

Breaugh J, Starke M (2000) Research on employee recruitment: so many studies, so many remaining questions. J Manag 26:405–434

Breaugh J, Macan T, Grambow D (2008) Employee recruitment: current knowledge and directions for future research. Hum Resour Manag R 18:2267–228

Breaugh JA, Greising LA, Taggart JW, Chen H (2003) The relationship of recruiting sources and pre-hire outcomes: examination of yield ratios and applicant quality. J Appl Soc Psychol 33:405–434

Brouthers LE, Nakos G, Hadjimarcou J Brouthers KD (2009) Key factors for successful export performance for small firms. J Int Mark 17:21–38

Buchbinder SB, Wilson M, Melick CF, Powe NR (1999) Estimates of costs of primary care physician turnover. Am J Mana C 5:1431–1438

Cable D, Yu KY (2006) Managing Job Seekers' Organizational image beliefs: the role of media richness and Media credibility. J Appl Psychol 91:828–840

Cable DM, DeRue DS (2002) The convergent and discriminant validity of subjective fit perceptions. J Appl Psychol 87:875–884

Cable DM, Judge TA (1996) Person-organization fit, job choice decisions, and organizational entry. Organ Behav Hum Dec 67:294–311

Cardon M, Stevens C (2004) Managing human resources in small organizations: what do we know? Hum Resour Manag R 14:295–323

Carless SA (2005) Person–job fit versus person–organization fit as predictors of organizational attraction and job acceptance intentions: a longitudinal study. J Occup Organ Psychol 78:411–429

Carless SA (2007) Graduate recruitment and selection in Australia. Int J Select Assess 15:153–166

Carroll M, Marchington M, Earnshaw J, Taylor S (1999) Recruitment in small firms: processes, methods and problems. Empl Relat 21:236–250

Chapman D, Uggerslev K, Carroll S, Piasentin K, Jones D (2005) Applicant attraction to organizations and job choice: a meta-analytic review of the correlates of recruiting outcomes. J Appl Psychol 90:928–944

Chapman DS, Webster J (2003) The use of technologies in the recruiting, screening, and selection processes for job candidates. Int J Sel Assess 11:113–120

Cober RT, Brown DJ, Keeping LM, Levy PE (2004) Recruitment on the net: how do organizational web site characteristics influence applicant attraction? J Manag 30:623–646

Collins C, Han J (2004) Exploring applicant pool quantity and quality: the effects of early recruitment practice strategies, corporate advertising, and firm reputation. Pers Psychol 57:685–717

Deshpande S, Golhar D (2004) HRM practices in large and small manufacturing firms: a comparative study. J Small Bus Manag 32:49–56

Dineen BR, Ling J, Ash SR, DelVecchio D (2007) Aesthetic properties and message customization: navigating the dark side of web recruitment. J Appl Psychol 92:356–372

Eberz LM, Baum M, Kabst R (2012) Der Einfluss von Rekrutiererverhaltensweisen auf den Bewerber: Ein mediierter Prozess. Z Personalforsch (im Druck)

Erdem T, Swait J (1998) Brand equity as a signaling phenomenon. J Consum Psychol 7:131–157

Erhart K, Ziegert J (2005) Why are individuals attracted to organizations? J Manag 31:901–919

Gatewood R, Gowan M, Lautenschlaeger G (1993) Corporate image, recruitment image and initial job choice decisions. Acad Manag J 36:414–427

Gilbert BA, McDougall PP, Audretsch DB (2006) New venture growth: a review and extension. J Manag 32:926–950

Glebbeek AC, Bax EH (2004) Is high employee turnover really harmful? An empirical test using company records. Acad Manag J 47: 77–286

Golden BR (1992) The past is the past – or is it? The use of retrospective accounts as indicators of past strategy. Acad Manag J 35:848–860

Grund C (2006) Mitarbeiterrekrutierung über das Internet – Marktanalyse und empirische Untersuchung von Determinanten und Konsequenzen für die Arbeitnehmer. Z Betriebswirt 76:451–472

Guthrie JP, Olian JD (1991) Does context affect staffing decisions? The case of general managers. Pers Psychol 44:263–292

Hausdorf P, Duncan D (2004) Firm size and internet recruiting in canada: a preliminary investigation. J Small Bus Manag 42:325–334

Heneman H, Berkley R (1999) Applicant attraction practices and outcomes among small businesses. J Small Bus Manag 37:53–74

Heneman R, Tansky J, Camp M (2000) Human resource management practices in small and medium-sized enterprises: unanswered questions and future research perspectives. Entrep Theory Pract 25:1042–2587

Huselid MA (1995) The impact of human resource management practices on turnover, productivity, and corporate financial performance. Acad Manag J 38:635–672

Kotey B, Sheridan A (2004) Changing HRM practices with firm growth. J Small Bus Enterp Develop 11:474–485

Kristof AL (1996) Person-organization fit: an integrative review of its conceptualizations, measurement, and implications. Pers Psychol 49:1–49

Kristof-Brown AL, Zimmerman RD, Johnson EC (2005) Consequences of individual's fit at work: a meta-analysis of person-job, person-organization, person-group, and person-suvervisor fit. Pers Psychol 58:281–342

Kundu SU, Katz JA (2003) Born-international SMEs: Bi-level impacts of resources and intentions. Small Bus Econ 20:25–47

Leung A (2003) Different ties for different needs: recruitment practices of entrepreneurial firms at different developmental phases. Hum Resour Manag 42:303–320

Leung A, Zhang J, Wong P, Foo M (2006) The use of networks in human resource acquisition for entrepreneurial firms: multiple fit considerations. J Bus Venturing 21:664–686

Lievens F, Harris MM (2003) Research on internet recruiting and testing: current status and future directions. Int Rev Int Org Psychol 16:131–165

Lievens F, Highhouse S (2003) The relation of instrumental and symbolic attributes to a company's attractiveness as an employer. Pers Psychol 56:75–102

Lin HF (2010) Applicability of the extended theory of planned behavior in predicting job seeker intentions to use job-search websites. Int J Select Assess 18:64–74

Linnehan F, Blau G (2003) Testing the impact of job search and recruitment source on new hire turnover in a maquiladora. Appl Psychol: Int Rev 52:253–271

Lyons B, Marler J (2011) Got image? Examining organizational image in web recruitment. J Manag Psychol 26:58–76

McEvoy G (1984) Small business personnel practices. J Small Bus Manag 22:1–8

Mencken FC, Winfield I (1998) In search of the „right stuff": the advantages and disadvantages of informal and formal recruiting practices in external labour markets. Ame J Econ Sociol 57:135–154

Miller CC, Cardinal LB, Glick WH (1997) Retrospective reports in organizational research: a re-examination of recent evidence. Acad Manag J 40:189–204

Nordhaug O, Gronhaug K (1994) Competences as resources in firms. Int J Hum Resour Man 5:89–106

Parry E, Tyson S (2008) An analysis of the use and success of online recruitment methods in the UK. Hum Resour Manag J 18:257–274

Patterson PD, Jones CB, Hubble MW, Carr M, Weaver MD, Engberg J, Castle N (2010) The longitudinal study of turnover and the cost of turnover in emergency medical services. Prehosp Emerg Care 14:209–221

Pearson T, Summers D, LaVelle M (2005) A profile of human resource personnel and practices in micro, small, and medium sized enterprises. Acad Entrepr J 11:105–124

Pearson T, Stinger D, LaVelle M, Summers D (2006) Micro vs small enterprises: a profile of human resource personnel, practices and support systems. J Manag Res 6:102–112

Pfieffelmann B, Wagner S, Libkuman T (2010) Recruiting on corporate web sites: perceptions of fit and attraction. Int J Select Assess 18:40–47

Phillips JM (1998) Effects of realistic job previews on multiple organizational outcomes: a meta-analysis. Acad Manag J 41:673–690

Ployhart RE (2006) staffing in the 21st century: new challenges and strategic opportunities. J Manag 32:868–897

Podsakoff PM, Organ DW (1986) Self-reports in organizational research: problems and prospects. J Manag 12:531–544

Podsakoff PM, MacKenzie SB, Podsakoff NP (2003) Common method biases in behavioral research: a critical review of the literature and recommended remedies. J Appl Psychol 88:879–903

Prahalad CK, Hamel G (1990) The core competence of the corporation. Harv Bus Rev 68:79–91

Rafaeli A, Hadomi O, Simons T (2005) Recruiting through advertising or employee referrals: costs, yields, and the effects of geographic focus. Eur J Work Organ Psy 14:355–366

Roberson Q, Collins C, Oreg S (2005) The effects of recruitment message specificity on applicant attraction to organizations. J Bus Psychol 19:319–339

Ryan AM, Horvath M, Kriska SD (2005) The role of recruiting source informativeness and organizational perceptions in decisions to apply. Int J Select Assess 13:235–249

Rynes S, Barber A (1990) Applicant attraction strategies: an organizational perspective. Acad Manag Rev 15:286–310

Rynes S, Boudreaugh J (1986) College recruiting in large organizations: practice, evaluation, and research implications. Pers Psychol 39:729–757

Rynes S, Bretz R, Gerhart B (1991) The importance of recruitment in job choice: a different way of looking. Pers Psychol 44:487–521

Rynes S, Orlitzky M, Bretz R (1997) Experienced hiring versus college recruiting: practices and emerging trends. Pers Psychol 50:309–339

Schneider B (1987) The people make the place. Pers Psychol 40:437–453

Spence M (1973) Job market signaling. Q J Econ 87:355–374

Suchman M (1995) Managing legitimacy: strategic and institutional approaches. Acad Manag Rev 20:571–610

Tocher N, Rutherford M (2009) Perceived acute human resource management problems in small and medium firms: an empirical examination. Entrep Theory Pract 33:455–479

Turban D, Cable D (2003) Firm reputation and applicant pool characteristics. J Organ Behav 24:33–751

van Hoye G, Lievens F (2007) Investigating web-based recruitment sources: employee testimonials vs word-of-mouth. Int J Select Assess 15:372–382

van Hoye G, Lievens F (2009) Tapping the grapevine: a closer look at word-of-mouth as a recruitment source. J Appl Psychol 94:341–352

Walker HJ, Feild HS, Giles WF, Bernerth JB (2008) The interactive effects of job advertisement characteristics and applicant experience on reactions to recruitment messages. J Occup Organ Psychol 81:619–638

Weller I, Holtom BC, Matiaske W, Mellewigt T (2009) Level and time effects of recruitment sources on early voluntary turnover. J Appl Psychol 94:1146–1162

Wernerfelt B (1984) A Resource based view of the firm, Strateg Manag J 5:171–180

Wilkinson A (1999) Employment relations in SMEs. Empl Relat 21:206–217

Williamson I (2000) Employer legitimacy and recruitment success in small businesses. Entrep Theory Pract 25:27–42

Williamson I, Cable D, Aldrich H (2002) Smaller but not necessarily weaker: how small businesses can overcome barriers to recruitment. Man People Entrepr Organ 5:83–106

Winter S (1997) Personalbeschaffung durch Mitarbeiter, Selbstselektion und Vetternwirtschaft. Z Personalforsch 11:247–262

Wright PM, McMahan GC, McWilliams A (1994) Human resources and sustained competitive advantage: a resource-based perspective. Int J Hum Resour Manag 5:301–326

Wright PM, Dunford BB, SnellSA (2001) Human resources and the resource based view of the firm. J Manag 27:701–721

Wright PM, Gardner TM, Moynihan LM (2003) The impact of human resource practices on business unit operating and financial performance. Hum Resour Manag J 13:21–36

Youndt MA, Snell SA, Dean JW, Lepak DP (1996) Human resource management, manufacturing strategy, and firm performance. Acad Manag J 39:836–866

The impact of informal and web-based recruitment sources on SME recruitment success

Abstract: This study analyses the impact of informal and web-based recruitment sources on several dimensions of SME recruitment success. Our results show that informal recruitment sources unfold a different impact on applicant-pool quantity and -quality, and applicant fit than web-based recruitment sources. Informal recruitment sources (recruitment via personal networks, employee referrals etc.) enhance applicant-pool quality, person-organization fit and person-job fit. Web-based recruitment sources primarily increases applicant-pool quantity. HR-recruitment websites also unfold a positive effect on applicant-pool quality. Accordingly, the use of these recruitment sources needs to be planned in a strategic manner, in order to achieve firm specific recruitment goals regarding applicant-pool quantity and -quality.

Keywords: Recruitment sources · Human resource management · SMEs · Person-organization fit · Person-job fit

ZfB-SPECIAL ISSUE 3/2012

Greenfield Investment versus Akquisition

Der moderierende Einfluss wahrgenommener institutioneller Unsicherheit bei der Internationalisierung von KMU

Julia Eiche · Christian Schwens · Rüdiger Kabst

Zusammenfassung: Basierend auf dem Neo-Institutionalismus, untersucht die vorliegende Studie die moderierende Wirkung der wahrgenommenen institutionellen Unsicherheit im Zielland bei der Markteintrittsentscheidung (Greenfield Investment versus Akquisition) deutscher kleiner und mittlerer Unternehmen (KMU). Die empirischen Ergebnisse verdeutlichen, dass der Grad der wahrgenommenen institutionellen Unsicherheit im Zielland die Beziehungen zwischen dem Investitionsvolumen, dem Marktwachstum und der Entscheidung für den Aufbau eines Greenfield Investments (versus Akquisition) beim ausländischen Markteintritt von KMU moderiert. Durch die Fokussierung auf die wahrgenommene institutionelle Unsicherheit trägt die Studie dem Umstand Rechnung, dass Manager aufgrund der limitierten Ressourcenausstattung des KMUs ihre strategischen Entscheidungen häufig nicht auf Basis umfangreicher Analysen treffen können und nicht selten intuitiv agieren müssen. Der zentrale Beitrag der Studie liegt somit an der Schnittstelle wichtiger Einflussfaktoren

© Gabler-Verlag 2012

Prof. Dr. J. Eiche (✉)
Professur für Betriebswirtschaftslehre und Projektmanagement, Hochschule München,
Dachauerstr. 98b, 80335 München, Deutschland
E-Mail: julia.eiche@hm.edu

Prof. Dr. C. Schwens
Lehrstuhl für Management, Heinrich-Heine-Universität Düsseldorf,
Universitätsstraße 1, 40225 Düsseldorf, Deutschland
E-Mail: christian.schwens@hhu.de

Prof. Dr. R. Kabst
Lehrstuhl für Personalmanagement, Mittelstand und Entrepreneurship,
Justus-Liebig-Universität Gießen, Licher Str. 62, 35394 Gießen, Deutschland
E-Mail: ruediger.kabst@wirtschaft.uni-giessen.de

für den ausländischen Markteintritt von KMU und der wahrgenommenen institutionellen Unsicherheit durch das KMU-Management. Dieser Fokus macht es möglich, vorherrschende heterogene Ergebnisbefunde zu reduzieren und die bislang vernachlässigte Unternehmenspopulation der KMU stärker in den Fokus der Betrachtung zu rücken.

Schlüsselwörter: Kleine und mittlere Unternehmen (KMU) · Internationalisierung · Wahrgenommene institutionelle Unsicherheit · Greenfield Investment versus Akquisition

JEL Classification: F23 · M16

1 Einleitung

Unternehmen können ausländische Märkte auf verschiedene Art und Weise erschließen. Nach Pan und Tse (2000) werden direktinvestive Markteintrittsformen danach unterschieden, ob das Unternehmen gemeinsam mit einem Partner ein Joint Venture im Ausland eingeht oder sich für die Etablierung einer ausländischen Tochtergesellschaft entscheidet. Verfolgt das Unternehmen letztgenannte Strategie, stellt sich die Frage, ob es sich für eine Firmenneugründung ‚auf der grünen Wiese' – das sogenannte *Greenfield Investment* – oder aber für die Übernahme eines bestehenden Unternehmens – die sogenannte *Akquisition* – entscheidet. Die Akquisition kann dabei in Form einer Komplettübernahme (100 % Beteiligung) oder teilweise, durch prozentuale Beteiligung in unterschiedlicher Höhe, erfolgen. Beide Strategien haben Vor- und Nachteile. Greenfield Investments bieten die Möglichkeit, die eigenen Unternehmensstrukturen im Auslandsmarkt zu etablieren. Gleichsam ist der Aufbau eines Greenfield Investments häufig sehr kostenintensiv und mit einer gewissen Anlaufzeit verbunden. Ferner müssen wertvolle Netzwerkkontakte im Ausland meist neu etabliert werden. Akquisitionen bieten die Möglichkeit schneller in einen Markt einzutreten und von bereits vorhandenen Strukturen zu profitieren. Gleichzeitig besteht die Herausforderung, die zumeist unterschiedlichen Strukturen zweier Unternehmen ineinander zu integrieren, was häufig zu erheblichen Friktionen führt (Dikova und van Witteloostuijn 2007).

Obwohl die Wahl zwischen einem Greenfield Investment und einer Akquisition Gegenstand zahlreicher wissenschaftlicher Studien war, ist der bisherige Kenntnisstand bezüglich der Einflussfaktoren für diese bedeutende strategische Entscheidung sehr heterogen. Laut Slangen und Hennart (2007) ist die Tatsache, dass vorherige Studien häufig Einflussfaktoren auf organisationaler Ebene isoliert betrachtet haben (unter Rückgriff auf verschiedenste Theorien), ohne dabei die interaktive Wirkung anderer umweltbezogener Faktoren näher zu berücksichtigen, ein wesentlicher Grund für die bislang sehr heterogenen Ergebnisbefunde. Um diese heterogenen Ergebnisbefunde zu reduzieren scheint es daher angezeigt, eine weniger isolierte Betrachtungsweise vorzunehmen und die interaktive Wirkung institutioneller Einflussfaktoren in das Zentrum der Betrachtung zu rücken (Dikova und Witteloostuijn 2007).

Eine solch interaktive Betrachtungsweise scheint gerade im Kontext kleiner und mittlerer Unternehmen (KMU) besonders relevant zu sein. KMU sind in der Regel durch limitierte Ressourcen (finanziell, personell) gekennzeichnet und unterscheiden sich dadurch maßgeblich von multinationalen Großunternehmen. Empirische Studien haben gezeigt, dass strategische Entscheidungen von KMU und von Großunternehmen insbesondere dann variieren, wenn Unsicherheit aufgrund des institutionellen Kontextes im Auslandsmarkt vorherrscht (Erramilli und D'Souza 1993, 1995). KMU weisen somit eine besondere Sensitivität gegenüber äußeren Einflüssen auf. Dieser Umstand wird noch verstärkt durch die Tatsache, dass KMU aufgrund ihrer limitierten personellen und finanziellen Ressourcenausstattung häufig nicht in der Lage sind, umfangreiche Analysen der Marktgegebenheiten zur Reduktion von Unsicherheit im Ausland vorzunehmen. Somit kommt der persönlichen Wahrnehmung der äußeren Umstände durch einzelne Hauptentscheidungsträger (wie beispielsweise dem Inhaber eines familiengeführten Unternehmens) eine ganz wesentliche Rolle zu (Dow und Larimo 2009).

Das Ziel der vorliegenden Studie ist es, den moderierenden Einfluss der *wahrgenommenen institutionellen Unsicherheit* im Zielland auf die Wahl zwischen Greenfield Investment und Akquisition beim ausländischen Markteintritt von deutschen KMU zu untersuchen. Die wahrgenommene institutionelle Unsicherheit beschreibt das Ausmaß, zu dem der Hauptentscheidungsträger einer Organisation Unterschiedlichkeiten zwischen dem Heimat- und Zielland in Bezug auf politische, rechtliche, kulturelle und wirtschaftliche Umstände wahrnimmt (Dow und Larimo 2009). Die Argumentation ist, dass die persönliche Wahrnehmung äußerer Umstände wesentliche strategische Entscheidungsfaktoren und deren Auswirkungen maßgeblich beeinflussen und verändern kann. Manager treffen ihre Entscheidungen häufig auf Basis ihrer Wahrnehmungen der äußeren Umstände (Evans und Mavondo 2002; Sousa und Bradley 2008; Stottinger und Schlegelmilch 1998). Nach Dow und Larimo (2009) ermöglicht es eine dezidierte Betrachtung der wahrgenommenen institutionellen Unsicherheit, auch individuelle Aspekte in der Wahrnehmung des Entscheiders beim ausländischen Markteintritt zu berücksichtigen. Auch wenn diese Argumentation sowohl für KMU als auch multinationale Großunternehmen gelten kann, ist sie insbesondere für KMU bedeutsam. Aufgrund ihrer Ressourcenbeschränkungen haben KMU meist nicht die Möglichkeit ihre Entscheidungen auf Basis umfangreicher vorheriger Analysen zu stützen, was häufig dazu führt, dass Entscheidungen verstärkt auf Basis von Intuition zentraler Entscheidungsträger getroffen werden.

Die Studie leistet zwei wesentliche Beiträge zur bestehenden Literatur. Erstens wird durch die differenzierte Betrachtung der moderierenden Wirkung der wahrgenommenen institutionellen Unsicherheit im Zielland eine Kontextualisierung vorherrschender Ergebnisbefunde vorgenommen, welche einen Beitrag zur Reduktion der bislang meist uneinheitlichen Ergebnisse liefert. Eine solche Herangehensweise ist im Einklang mit der Forderung von Brouthers und Hennart (2007), „that the way forward[...] is to examine the interactive effects of institutional factors on other decision-making criteria." Zweitens wird durch die Wahl von KMU als Untersuchungsgegenstand der Schwerpunkt auf eine bislang vernachlässigte Unternehmensgruppe im Rahmen der Literatur zur Entscheidung zwischen Greenfield Investment und Akquisition gelegt. Da gerade für KMU eine solch kostenintensive Entscheidung zwischen Greenfield Investment und Akquisition von fundamentaler Tragweite sein kann (Sapienza et al. 2006) und KMU sich aufgrund der oben beschriebenen inhärenten Charakteristika von multinationalen Großunternehmen stark unterscheiden, ist es notwendig, KMU als spezifische Form von Unternehmen dezidiert zu untersuchen.

Nachfolgend wird ein Überblick über die bestehende Literatur zur strategischen Entscheidung zwischen Greenfield Investments und Akquisitionen gegeben und auf Basis neo-institutionalistischer Argumentationen das Forschungsmodell abgeleitet. Im darauffolgenden Abschnitt werden Hypothesen entwickelt, die im Anschluss anhand eines branchenübergreifenden Samples von 95 deutschen KMU mit ausländischen Greenfield Investments oder Akquisitionen getestet werden. Abschließend werden die Resultate diskutiert, Limitationen adressiert und Implikationen abgeleitet.

2 Literaturüberblick, theoretische Grundlagen und Hypothesen

Die Wahl zwischen einem Greenfield Investment und einer Akquisition – die sogenannte „Foreign Establishment Mode Choice" (Cho und Padmanabhan 1995) – ist eine komplexe strategische Entscheidung. Um der Komplexität dieser strategischen Entscheidung Herr zu werden, hat die bisherige Literatur die Thematik aus unterschiedlichen theoretischen Blickwinkeln beleuchtet (für einen umfangreichen Überblick siehe Slangen und Hennart 2007).

Transaktionskostentheoretisch fundierte Studien haben Einflussfaktoren wie beispielsweise die *Wissensintensität* untersucht. Wissensintensität ist definiert als das Ausmaß zu dem die Produkte des Unternehmens schützenswertes inhärentes Know-how aufweisen (Autio et al. 2000). Nach der Theorie sind die Transaktionskosten für Firmen mit schützenswertem Wissen häufig geringer, wenn sie sich für Greenfield Investments entscheiden, da Greenfield Investments die Gelegenheit bieten, das Wissen durch sorgfältig und eigens ausgewählte Mitarbeiter zu schützen (Slangen und Hennart 2007). Institutionell fundierte Ansätze gehen oft davon aus, dass sowohl tangible (Ressourcen) wie auch intangible (organisationale Fähigkeiten) Faktoren die Wahl zwischen Greenfield Investments und Akquisitionen beeinflussen. Tangible Faktoren schließen dabei beispielsweise finanzielle und Technologieressourcen ein. In diesem Zusammenhang wird meist das *Investitionsvolumen* (relativ zu den bisher getätigten Investitionen des Unternehmens) untersucht. Je höher das Investitionsvolumen, umso eher präferieren Unternehmen Akquisitionen, da sie neue Zugänge zu Kapital- und Managementressourcen ermöglichen (Brouthers und Brouthers 2000). Studien, die durch die „Industrial Organization" Perspektive fundiert waren, haben schließlich Faktoren, wie beispielsweise die Einschätzung des *Marktwachstums* im Zielmarkt, als zentrale Einflussgröße analysiert (Meyer und Estrin 1997). Das Marktwachstum umfasst dabei meist sowohl die aktuelle als auch die zukünftige Einschätzung des Marktwachstums des Zielmarktes. Die Argumentation ist, dass ausländische Unternehmen in Märkten mit geringerem Wachstumspotenzial eher Akquisitionen wählen, da die Wettbewerber im Auslandsmarkt auf Greenfield Investments aggressiver reagieren würden, weil sie die Gefahr des Verlustes von Marktanteilen sehen (Slangen und Hennart 2007). Bei hohen Marktwachstumsraten hingegen werden eher Greenfield Investments für den Auslandsmarkteintritt gewählt (Zejan 1990).

Obwohl diese Betrachtung aus verschiedenen theoretischen Blickwinkeln zu wertvollen Erkenntnisfortschritten geführt hat, ist die Literatur ebenso durch ein erhebliches Maß an Heterogenität gekennzeichnet. So haben beispielsweise manche Studien herausgefunden, dass die oben ausgeführte Variable des Marktwachstums eher zur Wahl von Greenfield

Investments führt (Zejan 1990), wohingegen andere Studien postuliert haben, dass ein hohes Marktwachstum eher zur Wahl von Akquisitionen führt (Hennart und Park 1993). Solche heterogene Befunde sind charakteristisch für das Feld. Slangen und Hennart (2007) verdeutlichen, dass von den 22 bislang untersuchten Einflussfaktoren im Forschungsfeld nur wenige Faktoren homogene Ergebnisse geliefert haben. Dikova und van Witteloostuijn (2007) ebenso wie Slangen und Hennart (2007) führen aus, dass ein Großteil der heterogenen Befunde insbesondere darauf zurückzuführen sind, dass wichtige kontextualisierende Einflussfaktoren, wie beispielsweise Unsicherheiten aufgrund des institutionellen Umfeldes, bislang wenig beleuchtet wurden. Eine isolierte Betrachtungsweise der komplexen Thematik erscheint somit problematisch und legt nahe, dass Beziehungen im Forschungsfeld eher in einen kontextualisierenden Zusammenhang gestellt werden sollten (Dikova und van Witteloostuijn 2007).

Der Neo-Institutionalismus bietet die Möglichkeit einer solch kontextualisierenden Betrachtung, da er explizit berücksichtigt, dass soziale Akteure in das länderspezifische institutionelle Umfeld eingebettet sind (North 1990). In Anlehnung an Henisz und Kollegen wird in der vorliegenden Studie davon ausgegangen, dass der wahrgenommene institutionelle Kontext die Markteintrittsstrategien von Organisationen beeinflusst (Henisz 2002; Henisz und Delios 2002; Henisz und Zelner 2003). Um im Zielland erfolgreich zu sein, müssen Organisationen ihre Entscheidungen und organisationalen Strategien an den institutionellen Kontext anpassen (Estrin et al. 2009; Peng 2000). Starke Institutionen mit beständigen Regeln unterstützen effiziente Geschäftsvorgänge (Gelbuda et al. 2008). Im Gegensatz dazu, bedeuten schwache Institutionen ein hohes Maß an Restriktionen für international agierende Unternehmen (Peng 2002). Wenn etwa Besitzrechte nicht gewährt werden, die Rückführung von Einnahmen nicht gesichert ist und die Geschäftsregeln unbeständig und unvorhersehbar sind, bewirken Institutionen hohe Risiken und erschweren unternehmerisches Handeln.

Im Falle hoher Komplexität und Undurchschaubarkeit der institutionellen Rahmenbedingungen im Ausland, kommt es zu Unsicherheit bezüglich der vorherrschenden Regeln und Normen, was das unternehmerische Handeln erheblich erschwert (Whitley 2001). Die Höhe der wahrgenommenen institutionellen Unsicherheit im Zielland ist abhängig davon, welche Gefahren und Risiken die unternehmerischen Entscheidungsträger im Zielland wahrnehmen und wie groß sie die Unterschiede zwischen dem Heimat- und Zielland bewerten (Agarwal und Ramaswami 1992). Somit hängen die strategischen Entscheidungen eines Unternehmens erheblich von der wahrgenommenen institutionellen Unsicherheit im Zielland ab (Delios und Henisz 2003; Slangen und van Tulder 2009). Je höher die wahrgenommene institutionelle Unsicherheit, desto mehr werden unzureichend funktionierende politische, juristische oder ökonomische Institutionen vom Management erwartet und desto größer ist die Herausforderung für das Management, das Unternehmen an das vorherrschende Umfeld anzupassen (Narula und Dunning 2000; Peng 2000). Das Ausmaß der wahrgenommenen institutionellen Unsicherheit beschränkt das individuelle und organisatorische Handeln und hat Folgen für die Entscheidung über die Ressourcenallokationen eines Unternehmens in einem ausländischen Markt (Ingram und Silverman 2002; Pedersen und Petersen 2004). Daher kann die strategische Entscheidung zwischen dem Aufbau eines Greenfield Investments gegenüber der Durchführung einer Akquisition und

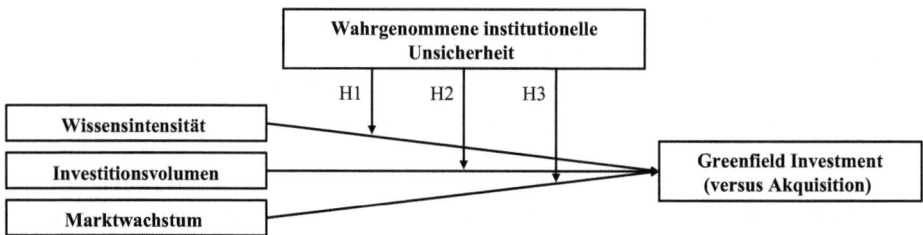

Abb. 1: Forschungsmodell

dessen Einflussfaktoren wesentlich durch die wahrgenommene institutionelle Unsicherheit beeinflusst werden (vgl. Ruzzier et al. 2007).

Vor diesem Hintergrund analysiert die vorliegende Studie, wie die wahrgenommene institutionelle Unsicherheit des Hauptentscheidungsträgers den Einfluss von a) der Wissensintensität, b) des Investitionsvolumens und c) des Marktwachstums auf die Wahl der Establishment Mode (Greenfield Investment vs. Akquisition) moderierend beeinflusst. Somit wird eine kontextualisierende Betrachtung der Wirkung der oben genannten zentralen Einflussfaktoren auf den Establishment Mode vorgenommen, um einen ersten Beitrag zur Reduktion vorherrschender Ergebnisheterogenität zu leisten. Desweiteren legt die Studie einen Schwerpunkt auf KMU, die bislang weitestgehend in der Literatur vernachlässigt wurden. Die oben aufgeführten Argumentationen sind jedoch gerade für KMU von besonderer Relevanz, weil sie aufgrund ihrer limitierten personellen und finanziellen Ressourcenausstattung häufig nicht in der Lage sind, umfangreiche Analysen über die ausländischen Marktgegebenheiten vorzunehmen. Dies führt dazu, dass Entscheidungen häufiger auf Basis von Intuition getroffen werden, was eine dezidierte Untersuchung der wahrgenommenen institutionellen Unsicherheit notwendig macht. Abbildung 1 visualisiert das der vorliegenden Studie zugrundeliegende Forschungsmodell. Nachfolgend werden die dem Forschungsmodell zugrundeliegenden Hypothesen differenziert abgeleitet.

Die einschlägige Literatur verweist auf die Wissensintensität des Unternehmens und seiner Produkte als entscheidenden Einflussfaktor bei der Wahl zwischen dem Aufbau eines Greenfield Investments und der Durchführung einer Akquisition (vgl. Meyer und Estrin 1997). Die Wissensintensität des investierenden Unternehmens beeinflusst die Kosten alternativer Eintrittsstrategien, da ein Unternehmen mit bedeutenden immateriellen Anlagewerten zusätzliche Vorkehrungen zum Schutz dieser Investitionen vornehmen muss (Klein 1989; Meyer und Estrin 1997). Für wissensintensive Unternehmen scheint es ein geeigneter Weg zu sein, die eigene Unternehmenskultur im Rahmen des ausländischen Markteintritts, beispielsweise durch die Etablierung eines Greenfield Investments, in den Vordergrund zu rücken, um so eventuellen Risiken der Wissensdiffusion vorzubeugen (Meyer und Estrin 1997). So wurde in früheren Studien häufig argumentiert, dass wissensintensive Unternehmen Greenfield Investments gegenüber Akquisitionen präferieren, um ihr geistiges Eigentum besser schützen zu können und Wissensdiffusion zu vermeiden (Brouthers und Brouthers 2003; Gatignon und Anderson 1988).

Markteintritte in Zielländer mit einem hohen Maß an wahrgenommener institutioneller Unsicherheit verstärken die Notwendigkeit des Schutzes von Wissen. Wenn Manager hohe institutionelle Unsicherheit wahrnehmen, stellen sie ganz besonders den Schutz geistigen Eigentums in den Vordergrund. Gerade für KMU kann der Schutz proprietären Wissens ganz entscheidend für den Fortbestand des Unternehmens sein (Chen und Zeng 2004; Larimo 2003). KMU sind häufig in Nischenmärkten mit wissensintensiven und spezialisierten Produkten tätig (Nakos und Brouthers 2002). Sollte dieses Wissen diffundieren, verlieren KMU häufig ihren einzigartigen Wettbewerbsvorteil. Zum Schutze ihres Wissens in institutionell unsicheren Kontexten sind zuverlässige Management- und Kontrollsysteme für KMU unabdingbar. Wissensintensive KMU können ihre Wettbewerbsvorteile im Ausland am besten durch Anwendung eigener bewährter Betriebspraktiken sowie durch vertraute Geschäftsstrukturen schützen (Dunning 1986). Im Rahmen von Auslandsinvestitionen kann dies am besten durch die Neugründung einer Tochtergesellschaft im Sinne eines Greenfield Investments erreicht werden (Hennart und Park 1993). So können KMU Mechanismen zur effizienten Steuerung und Kontrolle ihres Firmenwissens etablieren. Greenfield Investments erlauben es wissensintensiven Unternehmen, auch in Zielländern mit hoher wahrgenommener institutioneller Unsicherheit, die Verbreitung firmenspezifischen Wissens zu vermeiden (Brouthers und Brouthers 2000).

Hypothese 1: Der Einfluss von Wissensintensität auf die Wahl eines KMU für ein Greenfield Investment wird mit zunehmender wahrgenommener institutioneller Unsicherheit im Zielland stärker.

Das Investitionsvolumen gilt als weitere wesentliche Determinante für die Entscheidung zwischen Greenfield Investment und der Durchführung einer Akquisition. So können direktinvestive Markteintritte, die hohe Investitionen notwendig machen, zu einer Verknappung sowohl von Finanz- als auch von Managementressourcen führen (Brouthers und Brouthers 2000). Diese Einschränkung der Ressourcenverfügbarkeit nimmt mit steigendem Investitionsvolumen zu (Hennart und Park 1993). Die Akquisition bestehender Unternehmen bietet in diesem Zusammenhang die Möglichkeit neue Finanz- und Managementressourcen zu erlangen. Die einschlägige Literatur stimmt daher größtenteils überein, dass sich Unternehmen mit steigendem Investitionsvolumen eher für die Durchführung einer Akquisition als für die Etablierung eines Greenfield Investments entscheiden (Brouthers und Brouthers 2000).

Wird jedoch ein hohes Maß an institutioneller Unsicherheit im Zielland wahrgenommen, so sind KMU-Manager besonders herausgefordert, die mit großen Investitionsvolumina einhergehenden Risiken im Gleichgewicht mit den erwarteten Gewinnen zu halten. Ausländische Investitionen mit hohem Volumen erreichen relativ gesehen eine noch stärkere strategische Bedeutung bei KMUs als bei Großunternehmen. Wird von zentralen Entscheidungsträgern davon ausgegangen, dass das Zielland institutionell unsicher ist, müssen ressourcenschwache KMU hohe Investitionsvolumina schützen, um eine nachhaltige Entwicklung des Unternehmens zu gewährleisten und den Verlust von Wettbewerbsvorteilen zu vermeiden (Oviatt und McDougall 1994). In solchen Umgebungen müssen KMU Strukturen etablieren, die es ermöglichen, opportunistisches Verhalten zu minimieren und Investitionen zu protektionieren (Gatignon und Anderson 1988; Klein et al. 1990; Williamson 1985). Dies lässt sich am besten durch Neugründung einer Tochtergesellschaft erreichen, bei denen KMU bewährte Strukturen und wirksame Schutzmechanismen etablieren können. Somit ist davon auszugehen, dass KMU bei stärker wahrgenommener institutioneller Unsicherheit weniger häufig Akquisitionen wählen und vermehrt in Richtung der Etablierung eines Greenfield Investments entscheiden.

Hypothese 2: Der Einfluss des Investitionsvolumens auf die Wahl eines KMUs für eine Akquisition wird mit zunehmender wahrgenommener institutioneller Unsicherheit schwächer.

Die einschlägige Literatur diskutiert die Bedeutung der Einschätzung des aktuellen und zukünftigen Marktwachstums im Zielland für die Entscheidung zwischen der Gründung eines Greenfield Investments gegenüber der Durchführung einer Akquisition weitestgehend kontrovers. Einerseits wird argumentiert, dass Unternehmen, denen hohe Opportunitätskosten durch einen langwierigen Prozess der Neugründung einer eigenen Tochtergesellschaft entstehen würden, eher Akquisitionen in Märkten bevorzugen in denen sie hohes Wachstum und Wachstumspotenzial erwarten (Hennart und Park 1993). Mit Hilfe von Akquisitionen können schneller Marktanteile erlangt werden und Unternehmen können von kurzfristigen Gewinnmöglichkeiten profitieren (Meyer und Estrin 1997). Andererseits hat die bisherige Forschung aufgezeigt, dass gerade Märkte mit wahrgenommen hohen Wachstumsraten und -potenzialen attraktiv für Greenfield Investments sind (Andersson und Svensson 1994). Ein in der Einschätzung schnell wachsender Markt erleichtert es, zusätzliche Kapazitätssteigerungen zu erzielen (Zejan 1990). Schätzen hingegen Manager das Wachstum in Märkten als eher langsam ein, mit wenig Raum für Kapazitätssteigerungen, ziehen KMUs Akquisitionen vor, welche die Kapazitäten innerhalb der Branchennische nicht erhöhen und das Wettbewerbsgefüge kaum verändern (Brouthers und Brouthers 2000).

Nehmen zentrale Entscheidungsträger eine hohe institutionelle Unsicherheit in dem ausländischen Umfeld wahr, ist die zukünftige Marktentwicklung für die Entscheidungsträger jedoch intuitiv schwerer einschätzbar. Die Abschätzung der erwarteten strategischen Potenziale durch die Etablierung eines Greenfield Investments scheint infolgedessen problematisch. Bedingt durch ihre eingeschränkte Ressourcenverfügbarkeit ist es für KMU besonders wichtig, die mit einer ausländischen Investition verbundenen Risiken im Vorfeld möglichst genau abschätzen zu können. Wenn ein hohes Maß an wahrgenommener institutioneller Unsicherheit besteht, gehen die Entscheidungsträger von einem höheren Ausfallrisiko aus und passen ihre strategischen Entscheidungen entsprechend an. Infolgedessen ist es für KMU in wahrgenommenen institutionell unsicheren Umgebungen besonders wichtig, schnell Zugang zu einem funktionierenden Netzwerk und zu Insiderwissen im Zielmarkt zu erlangen (Meyer und Estrin 1997). Akquisitionen bieten einen solch direkten Zugang zu funktionierenden Netzwerken und Insiderwissen und sie erlauben es, Potenziale aus hohen Marktwachstumsraten zu nutzen. Bei hoher wahrgenommener institutioneller Unsicherheit werden KMU in Märkten mit hohem Wachstum daher weniger wahrscheinlich Greenfield Investments etablieren und sich eher in Richtung Akquisition orientieren.

Hypothese 3: Der Einfluss des Marktwachstums auf die Wahl eines KMU für ein Greenfield Investment wird mit zunehmender wahrgenommener institutioneller Unsicherheit schwächer.

3 Methodik

3.1 Daten

Die empirische Analyse stützt sich auf Daten deutscher KMU. Dabei werden in Übereinstimmung mit Lu und Beamish (2001) und der Definition des Instituts für Mittelstandsforschung (1997) Unternehmen mit bis zu 500 Mitarbeitern betrachtet. Darüber wurden nur die Unternehmen berücksichtigt, die mindestens 10 % der Eigentumsanteile an ausländischen Investitionen halten. Diese Abgrenzung ist konsistent mit zahlreichen vorherigen Studien im Forschungsfeld (Brouthers et al. 2002; Meyer et al. 2009). Unter Anwendung dieser Kriterien sowie auf Grundlage der Datenbank von Bureau van Dijk (Dikova und van Witteloostuijn 2007) wurde eine Gesamtheit von 961 deutschen mittelständischen Unternehmen identifiziert. Die Daten wurden mit Hilfe von standardisierten postalisch versendeten Fragebögen erhoben. Die Fragebögen waren an die Geschäftsführer der Unternehmen adressiert, denen die größte Kenntnis in Bezug auf die internationalen Markteintritte des jeweiligen KMU zugesprochen wurde. Da sich die Stichprobe ausschließlich aus deutschen Unternehmen zusammensetzt, wurde der Fragebogen in deutscher Sprache unter Berücksichtigung anerkannter Übersetzungs- und Rückübersetzungsliteratur für international bewährte Konstrukte verfasst (Brislin 1970; Hui und Triandis 1985; van den Vijver und Hambleton 1996). Um Verzerrungen aufgrund von Erinnerungslücken entgegen zu wirken, wurde der letzte internationale Markteintritt als Bezugspunkt für den vorliegenden Datensatz gewählt (Meyer et al. 2009). Im Durchschnitt lagen die jeweiligen ausländischen Engagements etwa 7 Jahre zurück, was das Risiko von ‚Recall Bias' drastisch reduziert. Der Rücklauf der Erhebung umfasste insgesamt 111 Fragebögen, was einer Quote von 11,6 % entspricht. Aufgrund fehlender Werte wurden schließlich 95 Fälle in der Studie berücksichtigt. Die Daten aus diesen 95 Fragebögen wurden einem Test auf Non-Response Bias unterzogen und in Anlehnung an Oppenheim (1992) mittels T-Tests überprüft (Anzahl der Mitarbeiter, Unternehmensalter). Die Ergebnisse dieses Tests zeigten keine signifikanten Unterschiede zwischen den ersten 20 % („early respondents") und den letzten 20 % („late respondents") des Rücklaufs.

Der Datensatz umfasst Unternehmen mit durchschnittlich 277 Mitarbeitern und ausländischen Engagements in 28 Ländern. Da der Datensatz aus Unternehmen mit einem einzigen Heimatmarkt (Deutschland) und zahlreichen ausländischen Zielmärkten besteht, können Ländereffekte der Zielmärkte differenziert untersucht werden (Slangen und Hennart 2007).

3.2 Operationalisierung

Die abhängige Variable **Greenfield Investment (versus Akquisition)** wurde in Anlehnung an Slangen und Hennart (2008) dichotom gemessen. Die Kategorie Greenfield Investment (mit „1" kodiert) umfasst die Gründung einer eigenen Tochtergesellschaft mit und ohne Produktion im Auslandsmarkt. Die Kategorie Akquisition (mit „0" kodiert) umfasst die Komplettübernahme eines bestehenden Unternehmens (100 %ige Beteiligung) und die teilweise Beteiligung an einem bestehenden Unternehmen (10–99 %).

Die direkten Einflussfaktoren und die Moderatorvariable wurden alle durch bewährte Item-Batterien in Form von Likert-Skalen („1" stimme nicht zu – „5" stimme vollkommen zu) erhoben. Die moderierende Variable *wahrgenommene institutionelle Unsicherheit* wurde in Anlehnung an Kim und Hwang (1992) mit einer Vier-Item-Skala gemessen (Cronbach's Alpha 0,93). Die Auskunftspersonen wurden darüber befragt, ob sie die politischen, wirtschaftlichen, kulturellen sowie rechtlichen Unterschiede zwischen dem Heimat- und dem Zielland als hoch empfinden. In Anlehnung an Harzing (2002) stützt sich die vorliegende Studie somit auf die Wahrnehmung des Managements, um den Einfluss institutioneller Unsicherheit auf die Wahl der Markteintrittsform zu messen.

Die Variable *Wissensintensität* wurde in Anlehnung an die einschlägige Literatur (Brouthers und Brouthers 2000; Erramilli und Rao 1993) anhand einer Fünf-Item-Skala gemessen (Cronbach's Alpha 0,74). Die Befragten wurden nach der Einzigartigkeit ihrer Produkte in Bezug auf Qualität, Technologie und Design befragt. Zwei weitere Items haben abgefragt, zu welcher Intensität die Produkte einer spezifischen Beratung bedürfen und wie schwer die Produkte imitiert werden können. Auf der Ebene der ausländischen Tochterfirma wurde das *Investitionsvolumen* gemäß Scott-Kennel (2007) anhand einer Zwei-Item-Skala gemessen (Cronbach's Alpha 0,82). So wurden die Unternehmen gefragt, zu welcher Intensität die internationalen Aktivitäten besondere Investitionsvolumina und Technologietransfers im Vergleich zu bisherigen Investitionen nötig machten. Auf Branchenebene wurde das *Marktwachstum* mit einer Zwei-Item-Skala (Cronbach's Alpha 0,89) in Anlehnung an Dikova und van Witteloostuijn (2007) gemessen, welche die Befragten nach der Einschätzung bezüglich des tatsächlichen und zukünftigen Marktwachstums im relevanten Zielmarkt fragte.

Als Kontrollvariable wurde zunächst die *Firmengröße*, gemessen durch die Anzahl der Vollzeitbeschäftigten des Unternehmens zum Zeitpunkt des untersuchten ausländischen Markteintritts, in die Analyse aufgenommen (Single-Item). Die Firmengröße wird häufig als Proxy-Variable für die Verfügbarkeit von Ressourcen verwendet und hat somit eine hohe Relevanz bei der Internationalisierung mittelständischer Unternehmen. Ferner wurde die *internationale Erfahrung* des Unternehmens und Managements als Kontrollvariable und in Interaktion mit wahrgenommener institutioneller Unsicherheit eingefügt. Die wahrgenommene institutionelle Unsicherheit kann maßgeblich davon abhängen, inwieweit das Unternehmen vorherige internationale Erfahrung hatte, was es notwendig macht, für diesen Umstand zu kontrollieren. Die internationale Erfahrung wurde in Anlehnung an frühere Forschungsarbeiten (Agarwal und Ramaswami 1992; Brouthers und Nakos 2004) mittels einer Drei-Item-Skala gemessen. Die Respondenten wurden gefragt, zu welchem Ausmaß die Eigentümer, die (sonstigen) Führungskräfte und das Unternehmen insgesamt zum Zeitpunkt des Eintritts in den relevanten Auslandsmarkt über internationale Erfahrung verfügten. Des Weiteren fand die Zwei-Item-Skala *Ressourcenausstattung* (Cronbach's Alpha 0,78) zum Zeitpunkt des Auslandsmarkteintritts Berücksichtigung. Die Auskunftspersonen wurden gefragt, inwieweit das Unternehmen zum Zeitpunkt des Markteintritts über ausreichend allgemeine personelle Ressourcen und über spezielle Managementressourcen verfügte. Die Ressourcenausstattung spielt im Rahmen der Internationalisierung von KMU eine zentrale Rolle und sollte daher kontrollierend berücksichtigt werden (Meyer und Skak 2002). Darüber hinaus wurde kontrolliert, inwieweit das *Risiko für Kapitaltransfer* (Single-Item) vom Zielland in das Heimatland die Internationalisierungsentscheidung beeinflusst hat. Des Weiteren schlagen Slangen und Hennart (2007) vor, auch Eigenschaften des Ziellandes als Kontrollvariable zu berücksichtigen. Daher wurde in Anlehnung an Meyer et al. (2009) die *institutionelle Qualität* des Ziellandes durch den „Economic Freedom" Index als Proxy in der vorliegenden Studie berücksichtigt. Der Economic Freedom Index besteht aus einer Reihe wirtschaftlicher Kennzahlen (gemessen auf einer Skala von 0–100), die von der Heritage Foundation und dem Wall Street Journal erstellt werden und beispielsweise die Gebiete Unternehmensfreiheit, Eigentumsrechte, Kampf gegen Korruption, Anlagefreiheit und Freizügigkeit der Arbeitnehmer im jeweiligen Auslandsmarkt umfasst. Ferner wurde ein dichotomes Item in die Analysen aufgenommen, das zwischen *Familienunternehmen* und Nicht-Familienunternehmen unterscheidet, um so den Eigentümerstatus der Firma zu berücksichtigen (Familienunternehmen = „1", Nicht-Familienunternehmen = „0" kodiert). Der Besitzer ist ein wichtiger Entscheidungsträger bei der Wahl der Markteintrittsstrategie von KMU und kann diese maßgeblich beeinflussen. Darüber hinaus wurde für die *Größe der ausländischen Direktinvestition* kontrolliert, indem für die Anzahl der Mitarbeiter, die zum Zeitpunkt der Datenerhebung in der Auslandsgesellschaft beschäftigt waren, kontrolliert wurde. Schließlich wurde kontrolliert inwieweit das *Motiv der Risikodiversifikation* Auswirkungen auf die Entscheidung zwischen Greenfield Investment und Akquisition hatte. Die Auskunftspersonen wurden gefragt, inwieweit Risikostreuung ein wesentlicher Motivfaktor für das Auslandsengagement war. Vorherige Studien haben gezeigt, dass die Motive für die internationalen Aktivitäten eine zentrale Rolle bei der Wahl der ausländischen Markteintrittsform spielen (Tatoglu et al. 2003).

4 Empirische Ergebnisse

Tabelle 1 zeigt die Ergebnisse der bivariaten Korrelationsanalyse sowie die Mittelwerte und Standardabweichungen der im Modell enthaltenen Variablen. Die Korrelationskoeffizienten zeigen kein bedeutendes Risiko für Multikollinearität, da alle Korrelationen unter dem Richtwert von 0,7 bleiben (Anderson et al. 1996). Zur weiteren Überprüfung von Multikollinearität wurden zusätzlich die Variance Inflation Factor (VIF) Werte berechnet. Der höchste VIF Wert liegt bei 1,98 und bleibt somit unter dem von Allison (1999) empfohlenen Maximum von 2,5. Daher besteht auch hier kein Verdacht auf Multikollinearität zwischen den abhängigen, Kontroll-, direkten, moderierenden und Interaktionsvariablen.

Da die Messungen der Untersuchung auf Selbstauskunft einer identischen Quelle (Geschäftsführer, CEO) beruhen, könnte es ein Problem der Einheitsmethodenvarianz („Common Method Variance", (CMV)) geben (Hair et al. 1995). Die Autoren der vorliegenden Studie gehen jedoch aus mindestens fünf Gründen nicht davon aus, dass CMV ein Problem für die vorliegende Untersuchung darstellt. Erstens: Die abhängige Variable Greenfield versus Akquisition ist eher objektiver als subjektiver Natur, was die Gefahr von CMV reduziert (Brouthers und Brouthers 2003). Zweitens: In der vorliegenden Studie werden Interaktionseffekte untersucht, was das Risiko für CMV weniger relevant macht, denn „such a complex relation is, in all likelihood, not part of the respondents' theory-in-use" (Chang et al. 2010, S. 180). Drittens: 81 % der Unternehmen des vorliegenden Datensatzes sind familiengeführte Unternehmen. Da der Fragebogen an den Geschäftsführer oder den

Tab. 1: Bivariate Korrelationen, Mittelwerte, Standardabweichungen

Korrelationsmatrix	Mittelw.	Std. Ab.	1	2	3	4	5	6	7	8	9	10	11	12	13	14	15	16	17
1 Greenfield Investment (versus Akquisition)	0,66	0,47	1																
2 Wissensintensität	3,38	0,81	0,18	1															
3 Investitionsvolumen	3,06	1,37	−0,17	0,25*	1														
4 Marktwachstum	3,76	1,14	0,26**	0,21*	0,02	1													
5 Wahrgenommene institutionelle Unsicherheit	3,47	1,13	0,23*	0,06	0,16	0,28**	1												
6 WahrInstUnsichXWissensintensität	0,05	0,77	0,06	0,03	0,08	0,11	−0,11	1											
7 WahrInstUnsichXInvestitionsvolumen	0,24	1,65	0,07	0,01	−0,13	−0,01	−0,14	0,23*	1										
8 WahrInstUnsichXMarktwachstum	0,36	1,26	−0,06	0,11	−0,02	0,08	0,09	0,22*	0,04	1									
9 WahrInstUnsichXInternationale Erfahrung	0,23	1,05	0,22*	0,15	0,04	0,20*	0,27**	0,20*	0,04	0,22*	1								
10 Firmengröße	277,25	134,94	0,11	0,19*	−0,08	0,17	0,13	0,18	0,14	0,18	0,13	1							
11 Internationale Erfahrung	3,55	0,94	0,03	0,21*	0,04	0,26*	0,22*	0,16	0,03	0,20*	−0,05	0,08	1						
12 Ressourcenausstattung	3,23	0,87	0,14	0,05	0,19	0,11	0,05	−0,00	0,04	0,07	0,13	0,04	0,24*	1					
13 Risiko für Kapitaltransfer	3,03	1,24	0,07	0,22*	−0,01	0,28***	−0,06	−0,27**	−0,03	0,03	0,12	−0,05	−0,20*	1				
14 Institutionelle Qualität	62,64	10,99	−0,02	−0,04	−0,26**	−0,13	−0,55***	0,12	0,06	0,05	0,02	−0,14	−0,12	−0,13	−0,16	1			
15 Familienunternehmen	0,81	0,41	0,02	0,12	−0,02	−0,18	0,02	−0,10	−0,14	0,00	−0,04	0,01	−0,03	−0,12	0,07	1		
16 Größe der ausländischen Direktinvestition	51,46	120,39	−0,23*	0,04	0,21*	0,05	0,24*	0,04	0,12	0,16	−0,03	0,21*	0,04	0,15	0,09	−0,32***	−0,19	1
17 Motiv Risikodiversifikation	2,61	1,35	0,02	−0,09	−0,09	0,18	−0,13	0,15	0,00	0,13	0,09	0,06	0,05	0,11	0,06	0,15	−0,24*	0,11	1

Mittelw. Mittelwert; *Std. Ab.* Standardabweichung
Signifikanzniveau (2-seitig): ***p ≤ 0,001; **p ≤ 0,01; *p ≤ 0,05

CEO versendet wurde, ist es sehr wahrscheinlich, dass der Auszufüllende sehr vertraut mit den Internationalisierungsaktivitäten des Unternehmens war. Studien haben gezeigt, dass dies das Risiko fehlerhafter Angaben drastisch reduziert (Golden 1992; Miller et al. 1997). Viertens: Es wurde mittels Faktorenanalyse überprüft, inwieweit die unabhängigen Variablen des Modells alle auf einen Faktor laden und ob ein Faktor alleine den Großteil der Varianz erklärt. Insgesamt wurden fünf Faktoren mit einem Eigenwert größer 1 extrahiert, wovon der Stärkste 12,7 % der Varianz erklärt. Fünftens: Es wurde nach Podsakoff et al. (2003) ein Modell mit einem latenten Methodenfaktor („Latent Common Factor Model") etabliert. In Anlehnung an Stam und Elfring (2008) wurde zunächst ein erstes Modell berechnet, in dem alle Items auf einen latenten Methodenfaktor laden. In einem zweiten Modell haben alle Items auf ihre theoretisch zugewiesenen Konstrukte geladen. In einem dritten Modell haben die Items sowohl auf die theoretisch zugewiesenen Konstrukte als auch auf einen latenten Methodenfaktor geladen. Die Modellfits dieses Tests wiesen keine signifikanten Probleme für CMV auf.

Zur Überprüfung der Hypothesen wurde aufgrund des dichotomen Skalenniveaus der abhängigen Variable eine binär-logistische Regressionsanalyse herangezogen. Die Anwendung von Interaktionstermen in logistischen Regressionsmodellen erfordert detailliertere Anmerkungen, da in der aktuellen Managementliteratur eine intensive Diskussion diesbezüglich besteht (Hoetker 2007; Li und Meyer 2009; Powers 2005; Shaver 2005). Nach Hoetker (2007) sind Interaktionseffekte in nichtlinearen Modellen anspruchsvoll zu berechnen und zu interpretieren. Interaktionseffekte können bei nicht-linearen Modellen nicht einfach durch das Betrachten des Vorzeichens, der Größe oder der statistischen Signifikanz des Koeffizienten interpretiert werden. Vor diesem Hintergrund wird im vorliegenden Aufsatz zum Berechnen und Interpretieren der Interaktionseffekte den Vorgehensweisen nach Ai und Norton (2003) und Jaccard (2001) gefolgt. Dabei werden die korrekten marginalen Effekte für die Einflüsse der Interaktionsvariablen sowie die korrekten Standardfehler gemäß dem Verfahren von Norton et al. (2004) berechnet.

Die Darstellung der Ergebnisse erfolgt in Anlehnung an Coeurderoy und Murray (2008) in hierarchischer Weise mit vier Modellen. In Modell 1 wurden zunächst ausschließlich die Kontrollvariablen berücksichtigt. Modell 2 beinhaltet zusätzlich die direkten Einflussvariablen. In Modell 3 wurde die moderierende Variable ‚wahrgenommene institutionelle Unsicherheit' hinzugefügt. In Modell 4 wurden schließlich die Interaktionsterme zur Überprüfung der Hypothesen inkludiert. Tabelle 2 stellt die Ergebnisse der Regressionsanalyse dar.

Modell 1 untersucht die Wirkung der Kontrollvariablen auf die Gründung eines Greenfield Investments (im Vergleich zur Durchführung einer Akquisition). Die Ergebnisse zeigen, dass die Größe der Tochterfirma einen signifikanten Einfluss auf die Wahl einer Akquisition hat. Demnach scheinen KMU für relativ große Investitionen Akquisitionen im Vergleich zu Greenfield Investments vorzuziehen. Ferner hat die Ressourcenausstattung einen signifikanten Einfluss auf die Etablierung eines Greenfield Investments. Der Neuaufbau einer Tochtergesellschaft auf ‚der grünen Wiese' ist ein ressourcenintensiver Prozess, was durch die Ergebnisse untermauert wird.

Modell 2 untersucht die direkten Einflüsse von Wissensintensität, Investitionsvolumen und Marktwachstum auf die Wahl eines Greenfield Investments (versus Akquisition). Durch die Aufnahme der direkten Variablen kommt es zu einer höheren Varianzaufklärung.

Tab. 2: Empirische Ergebnisse (abhängige Variable: Greenfield Investment (versus Akquisition))

Ergebnisse Binär-logistische Regressionsanalyse

	Modell 1 Kontrollvariablen	Modell 2 + unabhängige Variablen	Modell 3 + Moderatorvariable	Modell 4 + Interaktionseffekte
Direkte Einflussvariablen				
Wissensintensität		0,93*	0,97*	1,37*
Investitionsvolumen		−0,56*	−0,58*	−0,78*
Marktwachstum		0,46†	0,36	0,27
Moderatorvariable				
Wahrgenommene institutionelle Unsicherheit			0,88*	1,07*
Interaktionseffekte				
WahrInstUnsichXWissensintensität				0,52
WahrInstUnsichXInvestitionsvolumen				0,39†
WahrInstUnsichXMarktwachstum				−1,01*
WahrInstUnsichXInternationale Erfahrung				0,82†
Kontrollvariablen				
Firmengröße	0,00	0,00	0,01	0,00
Internationale Erfahrung	−0,02	−0,43	−0,55	−0,42
Ressourcenausstattung	0,53†	0,93*	1,01**	1,05**
Risiko für Kapitaltransfer	0,18	0,51†	0,34	0,67†
Institutionelle Qualität	−0,02	−0,03	0,01	−0,01
Familienunternehmen	0,06	0,27	0,07	0,44
Größe der ausländischen Direktinvestition	−0,01*	−0,01*	−0,01*	−0,02*
Motiv Risikodiversifikation	0,01	−0,01	0,14	0,18
Konstante	−0,54	−3,53	−8,08	−10,00
Chi Quadrat	15,37	28,22	36,12	44,65
R2 (Nagelkerke)	0,21	0,36	0,44	0,52
R2 (Cox und Snell)	0,15	0,26	0,32	0,38
Signifikanz	0,05	0,03	0,00	0,00
N	95	95	95	95

N sample; *R2* Varianz; abhängige Variable: binär (Greenfield Investment vs. Akquisition)
***p ≤ 0,001; **p ≤ 0,01; *p ≤ 0,05; †p ≤ 0,1

Das R^2 steigt von 0,21 auf 0,36 (Nagelkerke), beziehungsweise von 0,15 auf 0,26 (Cox und Snell). Die Ergebnisse zeigen, wie erwartet, signifikante Beziehungen zwischen der Wissensintensität sowie dem Marktwachstum und der Wahl von Greenfield Investments. Zusätzlich konnte die erwartete signifikante Beziehung zwischen der Höhe des Investitionsvolumens und der Wahl einer Akquisition durch die negative Beziehung der Variable bestätigt werden.

Modell 3 berücksichtigt zusätzlich die wahrgenommene institutionelle Unsicherheit als moderierende Variable, was zu einer höheren Varianzaufklärung führt. R^2 steigt von 0,36 auf 0,44 (Nagelkerke) und von 0,26 auf 0,32 (Cox und Snell). Es konnte ein signifikanter direkter Effekt von der wahrgenommenen institutionellen Unsicherheit auf die Etablierung eines Greenfield Investments nachgewiesen werden. Wenn die wahrgenommene institutionelle Unsicherheit hoch ist, tendieren KMU eher dazu Greenfield Investments vorzunehmen als eine Akquisition durchzuführen, um die Risiken der Internationalisierung direkt internalisieren zu können.

Zur Überprüfung der Hypothesen werden schließlich in Modell 4 die Interaktionsterme hinzugefügt. Die Erweiterung des statistischen Modells um die Interaktionsterme sorgt für eine deutlich höhere Varianzaufklärung. R^2 steigt von 0,44 auf 0,52 (Nagelkerke) beziehungsweise von 0,32 auf 0,38 (Cox und Snell). Die Interaktionseffekte zwischen wahrgenommener institutioneller Unsicherheit und den beiden Einflussvariablen Investitionsvolumen sowie Marktwachstum zeigen signifikante Effekte. Zur besseren Interpretation der Interaktionsterme werden die numerischen Informationen in Einklang mit Jaccard (2001) und Hoetker (2007) durch Grafiken ergänzt. Gemäß Jaccard (2001) wurde ein niedriges, mittleres und hohes Maß für die Moderatorvariable gewählt. Die „low level condition" ist dabei als eine Standardabweichung unter dem Mittelwert des Moderators, die „medium level condition" als der Mittelwert, und die „high level condition" als eine Standardabweichung über dem Mittelwert des Moderators definiert. Die Abbildungen 2 und 3 illustrieren die Predicted Log Odds der Wahl eines Greenfield Investments im Vergleich zur Akquisition (abhängige Variable) als eine Funktion von Investitionsvolumen,

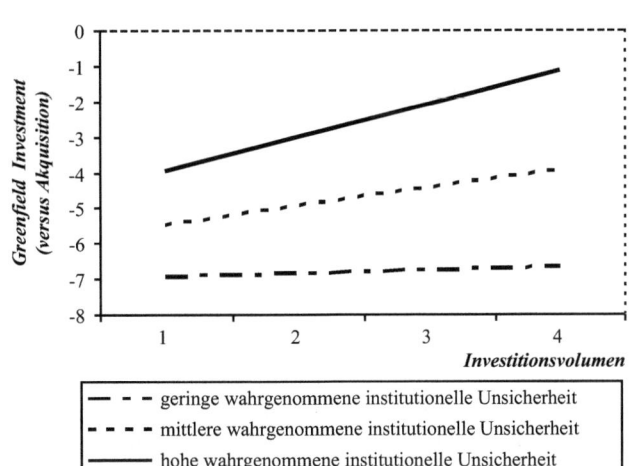

Abb. 2: Interaktion Investitionsvolumen und wahrgenommene institutionelle Unsicherheit

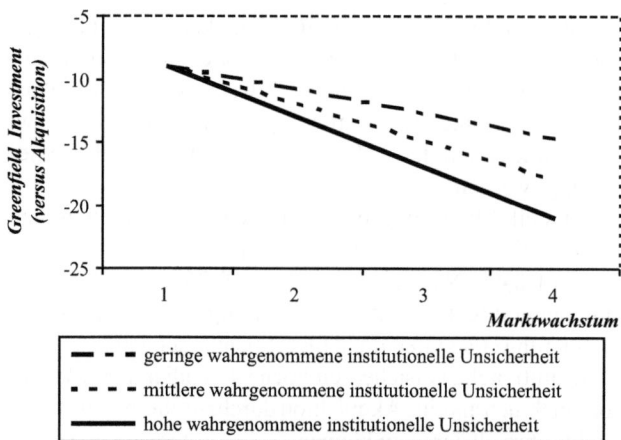

Abb. 3: Interaktion Marktwachstum und wahrgenommene institutionelle Unsicherheit

Marktwachstum (Einflussvariablen) und wahrgenommener institutioneller Unsicherheit (moderierende Variable).

Hypothese 1 postuliert, dass hohe wahrgenommene institutionelle Unsicherheit den Einfluss von Wissensintensität auf die Etablierung eines Greenfield Investments weiter verstärkt. Die empirischen Resultate belegen Hypothese 1 nicht. Es scheint, dass hohe institutionelle Unsicherheit die Beziehung zwischen Wissensintensität und der Wahl eines Greenfield Investments nicht notwendigerweise beeinflusst. Eine Erklärung hierfür könnte sein, dass wissensintensive KMU ihr Know-how unabhängig vom wahrgenommenen institutionellen Kontext im Zielland schützen müssen. Um im ausländischen Markt erfolgreich zu sein, müssen KMU sicherstellen, dass ihr Wissen grundsätzlich – beispielsweise über funktionierenden Patentschutz – gesichert ist, um nachhaltig Wettbewerbsvorteile erlangen zu können. Dieses Ergebnis könnte für zukünftige Studien von zentraler Bedeutung sein.

In Hypothese 2 wurde angenommen, dass der Einfluss des Investitionsvolumens auf die Wahl einer Akquisition bei hoher wahrgenommener institutioneller Unsicherheit schwächer wird und die Entscheidung eher in Richtung eines Greenfield Investments fällt. Die Regressionsergebnisse untermauern diese Hypothese durch einen signifikanten und positiven Interaktionseffekt. Anscheinend können KMU, die in ausländische Märkte mit einem als schwierig wahrgenommenen institutionellen Kontext eintreten, ihre strategisch wichtigen Direktinvestitionen am besten durch Greenfield Investments schützen. Abbildung 2 stellt diese Beziehung dar und zeigt, dass KMU bei hoher wahrgenommener Unsicherheit dazu neigen, für ihre großen Investitionsvolumina Greenfield Investments zu wählen. Dieser Effekt wird bei mittlerer oder niedriger wahrgenommener institutioneller Unsicherheit abgeschwächt und wird negativ, wenn institutionelle Unsicherheit gar nicht beachtet wird (siehe direkter Effekt von Investitionsvolumen in Modell 2 in Tab. 2).

Zudem wurde in Hypothese 3 postuliert, dass eine hohe wahrgenommene institutionelle Unsicherheit die Beziehung zwischen Marktwachstum und der Wahl von Greenfield Investments abschwächt. Die Ergebnisse belegen Hypothese 3 mit einem signifikant negativen Interaktionseffekt. KMU-Manager scheinen sich folglich von den vorherrschenden und als schwierig wahrgenommenen institutionellen Rahmenbedingungen herausgefordert zu fühlen und erwarten ein höheres Ausfallrisiko bei hoher Unsicherheit. In solchen Situationen bevorzugen es KMU, einen direkten Zugang zu einem funktionierenden Unternehmensnetzwerk zu bekommen, um so den Schutz ihrer ohnehin begrenzten Ressourcen durch Akquisition gewährleisten zu können. Abbildung 3 zeigt, dass der Einfluss von Marktwachstum im Zielland auf die Wahl eines Greenfield Investments bei hoher wahrgenommener institutioneller Unsicherheit reduziert wird. Wenn die wahrgenommene institutionelle Unsicherheit nicht berücksichtigt wird, hat das Marktwachstum einen positiven und signifikanten Einfluss auf die Wahl eines Greenfield Investments (siehe direkter Effekt von Marktwachstum in Modell 2 in Tab. 2).

5 Zusammenfassung, Limitationen und Implikationen

Ziel der vorliegenden Studie war es, den Einfluss der wahrgenommenen institutionellen Unsicherheit im Zielland auf die Entscheidung zwischen Greenfield Investment gegenüber der Durchführung einer Akquisition bei der Internationalisierung von KMU zu untersuchen. Während die Wahl ausländischer Markteintrittsformen von der Wissenschaft bereits intensiv diskutiert und erforscht wurde, wurden KMU und ihre Entscheidung zwischen Greenfield und Akquisition als direktinvestive Markteintrittsformen bisher weitestgehend vernachlässigt. Als Reaktion auf die kürzlich geäußerte Forderung nach vermehrter Berücksichtigung des institutionellen Kontexts im Rahmen von Markteintrittsstrategien (Slangen und Hennart 2007), wurde in der vorliegenden Studie gezeigt, dass die wahrgenommene institutionelle Unsicherheit bestehende Beziehungen und deren Einfluss auf die Wahl zwischen Greenfield Investments und Akquisition moderierend verändert.

Slangen und Hennart (2007, S. 417) stellen in ihrem Literaturüberblick fest, „that the empirical literature on the determinants of establishment mode choice has often obtained inconsistent findings. We argue that these inconsistencies are caused by the existence of unrecognized moderating effects." Der vorliegende Beitrag leistet durch die Betrachtung der moderierenden Wirkung der wahrgenommenen institutionellen Unsicherheit einen entscheidenden Beitrag zur Reduktion der vorherrschenden uneinheitlichen Ergebnisbefunde. In der bisherigen Literatur wurde beispielsweise der Einfluss des Marktwachstums im Zielland auf die Wahl eines Greenfield Investments im Gegensatz zur Durchführung einer Akquisition kontrovers diskutiert. Hennart und Park (1993) beispielsweise postulierten, dass ein hohes Marktwachstum dazu führt, dass Unternehmen tendenziell eher Akquisitionen wählen, wohingegen Autoren wie Zejan (1990) argumentierten, dass ein starkes Wachstum im Zielmarkt eher zur Etablierung von Greenfield Investments führt. Die vorliegende Studie liefert differenziertere Ergebnisse und zeigt, dass der Einfluss des Marktwachstums variieren kann, je nachdem wie stark die wahrgenommene institutionelle Unsicherheit ist. Somit stellt die wahrgenommene institutionelle Unsicherheit eine entscheidende Kontingenzvariable dar, die vorherrschende Beziehungen verändern kann. Diese Befunde verdeutlichen, dass eine isolierte Betrachtungsweise ohne Berücksichtigung kontextualisierender Einflussfaktoren erhebliche Schwächen hat. Der vorliegende Ansatz ist konsistent mit und ergänzt die Vorgehensweise von Dikova und van Witteloostuijn (2007), die für den Markteintritt von Unternehmen in Osteuropa gezeigt haben, dass die Fortschrittlichkeit der vorherrschenden Institutionen die Wahl der Markteintrittsform beeinflusst. Auch Delios und Henisz (2000) verdeutlichten, wie die Entscheidungen für direktinvestive Maßnahmen in Entwicklungsländern davon abhängen, zu welchem Ausmaß der Einsatz von Unternehmensressourcen durch im Ausland bestehende Gefahren von Zwangsenteignung beeinträchtigt wird. Die vorliegende Studie ergänzt diese Arbeiten und liefert einen Beitrag zur weiteren Erforschung von kontextualisierenden Beziehungen, indem die vom Management wahrgenommene institutionelle Unsicherheit in den Fokus gerückt wird.

Ein weiterer wichtiger Beitrag der vorliegenden Studie liegt in der Fokussierung auf KMU. Die bisherige Literatur zur Wahl zwischen Greenfield Investments und Akquisitionen hat sich vornehmlich auf multinationale Großunternehmen konzentriert. Brouthers und Nakos (2004) und Nakos und Brouthers (2002) haben hingegen einen expliziten Fokus auf den ausländischen Markteintritt von KMU gelegt. Allerdings unterscheiden die Autoren ausschließlich zwischen direktinvestiven („equity modes") im Vergleich zu nicht-direktinvestiven Markteintrittsmechanismen („non-equity modes"). Die vorliegende Studie liefert einen wichtigen Beitrag zur weiteren Erforschung des ausländischen Markteintritts von KMU, indem sie innerhalb der Kategorie der direktinvestiven Markteintrittsmechanismen noch differenzierter zwischen der Wahl von Greenfield Investments und Akquisitionen unterscheidet. Ferner ergänzt die vorliegende Studie die Ergebnisse des kürzlich veröffentlichten Beitrags von Schwens et al. (2011), in dem gezeigt wird, dass die Wahl zwischen direktinvestiven und nicht-direktinvestiven Markteintrittsformen von der informellen institutionellen Distanz zwischen dem Heimat- und Auslandsmarkt und dem formellen institutionellen Risiko im Auslandsmarkt abhängig ist. Wohingegen Schwens et al. (2011) mittels Sekundärindizes die institutionellen Voraussetzungen im Auslandsmarkt abgebildet haben, wird in der vorliegenden Studie die wahrgenommene institutionelle Unsicherheit betrachtet. Nach Pan und Tse (2000) haben die tatsächlichen institutionellen Rahmenbedingungen insbesondere bei der Entscheidung zwischen direktinvestiven und nicht-direktinvestiven Auslandsmarkteintritten einen Einfluss. Die vorliegende Studie ergänzt diese Befunde, indem gezeigt wird, dass die wahrgenommene institutionelle Unsicherheit bei Entscheidungen innerhalb der direktinvestiven Markteintritte und somit bei der Entscheidung zwischen der Etablierung eines Greenfield Investments gegenüber einer Akquisition von besonderer Bedeutung ist.

Wie es häufig der Fall bei empirischen Untersuchungen ist, müssen auch bei der vorliegenden Studie einige Limitationen adressiert werden. Bei den Einflussvariablen hat sich die vorliegende Studie auf die Wissensintensität, das Investitionsvolumen und das Marktwachstum und deren Auswirkung auf die Wahl des Establishment Modes konzentriert. Vor dem Hintergrund, dass bislang zahlreiche weitere Einflussvariablen untersucht wurden (Slangen und Hennart 2007), könnte die Auswahl der drei Variablen als arbiträr erscheinen. Es wurde jedoch darauf verzichtet, die Einflussfaktoren auf der unabhängigen Seite theoretisch näher zu fundieren, da hierdurch eine differenzierte Betrachtung wichtiger Einflussfaktoren nicht möglich gewesen wäre. Es wäre beispielsweise möglich gewesen, die Variable der Wissensintensität transaktionskostentheoretisch zu fundieren, allerdings wäre hierdurch keine differenzierte Betrachtung des Marktwachstums möglich gewesen. Da es ein entscheidender Beitrag der vorliegenden Studie ist, die bislang heterogenen Befunde im Forschungsfeld durch Kontextualisierung zu adressieren, wurden sehr häufig untersuchte Faktoren gewählt, die nicht zwangsläufig einer Theorie entstammen. Die theoretische Fundierung der vorliegenden Arbeit hingegen hat sich auf die zentrale Moderatorvariable wahrgenommene institutionelle Unsicherheit fokussiert. Diese Vorgehensweise ist konsistent mit vorherigen ähnlichen Studien wie beispielsweise der Untersuchung von Dikova und van Witteloostuijn (2007). Die vorliegende Studie sieht hingegen erhebliches weiteres Forschungspotenzial für eine Kontextualisierung weiterer Einflussvariablen durch beispielsweise den institutionellen Kontext, aber auch durch andere kontextualisierende Einflussfaktoren wie beispielsweise Industrieeffekte, um einen Beitrag zur Reduktion inkonsistenter empirischer Befunde zu leisten.

Ferner müssen Einschränkungen bezüglich des zugrundeliegenden Datensatzes gemacht werden. Aufgrund von fehlenden Werten konnten nur 95 der insgesamt 111 ausgefüllten Fragebögen berücksichtigt werden. Diese begrenzte Anzahl von vollständig ausgefüllten Fragebogen verhinderte den Einbezug von branchenspezifischen Determinanten in die empirische Analyse. Zukünftige Studien, die sich auf großzahlige Datensätze stützen, könnten durch Berücksichtigung von Faktoren auf Branchenebene weitere Determinanten der Wahl zwischen Greenfield Investments und Akquisitionen auf Branchenebene untersuchen. Durch die limitierte Anzahl an Fällen war es darüber hinaus nicht möglich, weitere Robustness-Checks durch beispielsweise Subgruppenanalysen durchzuführen. So wäre es interessant gewesen, wie sich die Ergebnisse für Familienunternehmen und Nicht-Familienunternehmen unterscheiden. Zukünftige KMU-Studien, die größere Fallzahlen inkludieren, sollen damit ermutigt sein, differenziertere Analysen vorzunehmen, in denen beispielsweise noch fundierter nach Eigentumseffekten analysiert wird. Auch Eigentumseffekte könnten Gründe für vorherrschende uneinheitliche Ergebnisbefunde sein.

Des Weiteren ist die vorliegende Studie auf die Wahl direktinvestiver Markteintrittsformen deutscher KMU beschränkt. Es könnte somit von Interesse sein, inwieweit die gefundenen Effekte für Unternehmen mit Stammsitz in anderen Ländern als Deutschland gültig sind. Ferner wäre es wünschenswert, einen direkten Vergleich zwischen KMU und multinationalen Großunternehmen zu ziehen, um differenziert betrachten zu können, wie genau sich die Effekte zwischen beiden Unternehmenstypen unterscheiden. Insbesondere vor dem Hintergrund, dass KMU-Manager aufgrund limitierter Ressourcen ihre Entscheidungen häufig intuitiv und nicht auf Basis umfangreicher Analysen treffen müssen, wäre es interessant zu sehen, wie sich die Wirkung der wahrgenommenen institutionellen Unsicherheit zwischen KMU und Großunternehmen bei wichtigen strategischen Entscheidungen unterscheidet. Auch an dieser Stelle ist noch viel Spielraum für zukünftige Forschungsarbeiten.

Literatur

Agarwal S, Ramaswami SN (1992) Choice of foreign market entry mode: impact of ownership, location and internalization factors. J Int Bus Stud 23:1–27
Ai C, Norton EC (2003) Interaction terms in logit and probit models. Econ Lett 80:123–129
Allison PD (1999) Logistic regression using sas→: theory and application. SAS Publishing, Cary
Anderson DR, Sweeney DJ, Williams TA (1996) Statistics for business and economics. South-Western College Publishing, St. Paul

Andersson T, Svensson R (1994) Entry modes for direct investment determined by the composition of firm-specific skills. Scand J Econ 96:551–560

Autio E, Sapienza HJ, Almeida JG (2000) Effects of age at entry, knowledge intensity, and imitability on international growth. Acad Manag J 43:909–924

Brislin RW (1970) Back-translation for cross-cultural research. J Cross Cult Psychol 1:185–216

Brouthers KD, Brouthers LE (2000) Acquisition or greenfield start-up? Institutional, cultural and transaction cost influences. Strat Manag J 21:89–97

Brouthers KD, Brouthers LE (2003) Why service and manufacturing entry mode choices differ: the influence of transaction cost factors, risk and trust. J Manag Stud 40:1179–1204

Brouthers KD, Brouthers LE, Werner S (2002) Industrial sector, perceived environmental uncertainty and entry mode strategy. J Bus Res 55:495–507

Brouthers KD, Hennart J-F (2007) Boundaries of the firm: insights from international entry mode research. J Manag 33:395–425

Brouthers KD, Nakos G (2004) SME entry mode choice and performance: a transaction cost perspective. Entrepr Theory Pract 28:229–247

Chang SJ, van Witteloostuijn A, Eden L (2010) From the editors: common method variance in international business research. J Int Bus Stud 43:178–184

Chen S-F, Zeng M (2004) Japanese investors' choice of acquisitions vs. startups in the US: the role of reputation barriers and advertising outlays. Int J Res Mark 21:123–136

Cho KR, Padmanabhan P (1995) Acquisition versus new venture: the choice of foreign establishment mode by Japanese firms. J Int Manag 1:255–285

Coeurderoy R, Murray G (2008) Regulatory environments and the location decision: evidence from the early foreign market entries of new technology based firms. J Int Bus Stud 39:670–687

Delios A, Henisz WJ (2000) Japanese firms' investment strategies in emerging economies. Acad Manag J 43:305–323

Delios A, Henisz WJ (2003) Policy uncertainty and the sequence of entry by Japanese firms. J Int Bus Stud 34:227–241

Dikova D, van Witteloostuijn A (2007) Foreign direct investment mode choice: entry and establishment modes in transition economies. J Int Bus Stud 38:1013–1033

Dow D, Larimo J (2009) Challenging the conceptualization and measurement of distance and international experience in entry mode choice research. J Int Mark 17:74–98

Dunning JH (1986) Japanese participation in British industry. Croom Helm, London

Erramilli MK, D'Souza DE (1993) Venturing Into foreign markets: the case of the small service firm. Entrepr Theory Pract 17:29–41

Erramilli MK, D'Souza DE (1995) Uncertainty and foreign direct investment: the role of moderators. Int Market Rev 12:47–60

Erramilli MK, Rao CP (1993) Service firms' international entry-mode choice: a modified transaction-cost analysis approach. J Mark 57:19–38

Estrin S, Baghdasaryan D, Meyer K (2009) The impact of institutional and human resource distance on international entry strategies. J Manag Stud 46:1171–1196

Evans J, Mavondo FT (2002) Psychic distance and organizational performance: an empirical examination of international retailing operations. J Int Bus Stud 33:515–532

Gatignon H, Anderson E (1988) The multinational corporation's degree of control over foreign subsidiaries: an empirical test of a transaction cost explanation. J Law Econ Organ 19:305–336

Gelbuda M, Meyer KE, Delios A (2008) International business and institutional development in Central and Eastern Europe. J Int Manag 14:1–11

Golden KA (1992) The individual and organizational culture: strategies for action in highly-ordered contexts. J Manag Stud 29:1–21.

Hair JF, Anderson RE, Tathma RL, Black WC (1995) Multivariate data analysis: with readings. Prentice-Hall, Englewood Cliffs

Harzing AW (2002) Acquisitions versus greenfield investments: international strategy and management of entry modes. Strat Manag J 23:211–227
Henisz WJ (2002) The institutional environment for infrastructure investment. Ind Corp Chang 11:355–389
Henisz WJ, Delios A (2002) Learning about the institutional environment. In: Ingram P, Silverman BS (Hrsg) The new institutionalism in strategic management. Emerald Group Publishing, Oxford
Henisz WJ, Zelner BA (2003) The strategic organization of political risks and opportunities. Strat Org 1:451–460
Hennart J-F, Park Y-R (1993) Greenfield vs. Acquisition: the strategy of Japanese investors in the United States. Manag Sci 39:1054–1070
Hoetker G (2007) The use of logit and probit models in strategic management research: critical issues. Strat Manag J 28:331–343
Hui CH, Triandis HC (1985) Measurement in cross-cultural psychology. J Cross Cult Psychol 16:131–152
Ingram P, Silverman BS (2002) Introduction: the new institutionalism in strategic management. In: Ingram P, Silverman BS (Hrsg) The new institutionalism in strategic management. Emerald Group Publishing, Oxford
Institut für Mittelstandsforschung Bonn (1997) Unternehmensgrößenstatistik 1997/98. Bundesministerium für Wirtschaft und Technologie (BMWI), Bonn
Jaccard J (2001) Interaction effects in logistic regression. Sage, Thousand Oaks
Kim WC, Hwang P (1992) Global strategy and multinationals' entry mode strategy. J Int Bus Stud 23:29–53
Klein S (1989) A transaction cost explanation of vertical control in international markets. Acad Manag Sci 17:253–262
Klein S, Frazier GL, Roth VJ (1990) A transaction cost analysis model of channel integration in international markets. J Mark Res 27:196–208
Larimo J (2003) Form of investment by nordic firms in world markets. J Bus Res 56:791–803
Li PY, Meyer KE (2009) Contextualizing experience effects in international business: a study of ownership strategies. J World Bus 44:370–382
Lu JW, Beamish PW (2001) The internationalization and performance of SMEs. Strat Manag J 22:565–586
Meyer KE, Estrin S (1997) Privatisation, acquisition and direct foreign investment: who buys state-owned enterprises? MOCT-MOST 7:159–172
Meyer KE, Estrin S, Bhaumik SK, Peng MW (2009) Institutions, resources, and entry strategies in emerging economies. Strat Manag J 30:61–80
Meyer KE, Skak A (2002) Networks, serendipity and SME entry into Eastern Europe. Eur Manag J 20:179–188
Miller CC, Cardinal LB, Glick WH (1997) Retrospective reports in organizational research: a re-examination of recent evidence. Acad Manag J 40:189–204
Nakos G, Brouthers KD (2002) Entry mode choice of SMEs in central and Eastern Europe. Entrepr Theory Pract 27:47–63
Narula R, Dunning JH (2000) Industrial development, globalization and multinational enterprises: new realities for developing countries. Oxford Dev Stud 28:141–167
North DC (1990) Institutions, institutional change and economic performance. Cambridge University Press, Cambridge
Norton EC, Wang H, Ai C (2004) Computing interaction effects and standard errors in logit and probit models. Stata J 4:154–167
Oppenheim AN (1992) Questionnaire design, interviewing and attitude measurement. Pinter, London
Oviatt BM, McDougall PP (1994) Toward a theory of international new ventures. J Int Bus Stud 25:45–64
Pan Y, Tse D (2000) The hierarchical model of market entry modes. J Int Bus Stud 31:535–554

Pedersen T, Petersen B (2004) Learning about foreign markets: are entrant firms exposed to a „shock effect"? J Int Market 12:103–123

Peng MW (2000) Business strategies in transition economies. Sage, Thousand Oaks

Peng MW (2002) Towards an institution-based view of business strategy. Asia Pac J Manag 19:251–267

Podsakoff PM, MacKenzie SB, Lee JY, Podsakoff NP (2003) Common method biases in behavioral research: a critical review of the literature and recommended remedies. J Appl Psychol 88:879–903

Powers EA (2005) Interpreting logit regressions with interaction terms: an application to the management turnover literature. J Corp Financ 11:504–522

Ruzzier M, Antoncic B, Hisrich R, Konecnik M (2007) Human capital and SME internationalization: a structural equation modelling study. Can J Adm Sci 24:15–29

Sapienza HJ, Autio E, George G, Zahra SA (2006) A capabilities perspective on the effects of early internationalization on firm survival and growth. Acad Manag Rev 31:914–933

Schwens C, Eiche J, Kabst R (2011) The moderating impact of informal institutional distance and formal institutional risk on SME entry mode choice. J Manag Stud 48:330–351

Scott-Kennel J (2007) Foreign direct investment and local linkages: an empirical investigation. Manag Int Rev 47:51–77

Shaver JM (2005) Testing for mediating variables in management research: concerns, implications, and alternative strategies. J Manag 31:330–353

Slangen A, Hennart J-F (2007) Greenfield or acquisition entry: a review of the empirical foreign establishment mode literature. J Int Manag 13:403–429

Slangen A, Hennart J-F (2008) Do foreign greenfields outperform foreign acquisitions or vice versa? An institutional perspective. J Manag Stud 45:1301–1328

Slangen AHL, van Tulder RJM (2009) Cultural distance, political risk, or governance quality? Towards a more accurate conceptualization and measurement of external uncertainty in foreign entry mode research. Int Bus Rev 18:276–291

Sousa CMP, Bradley F (2008) Cultural distance and psychic distance: refinements in conceptualisation and measurement. J Mark Manag 24:467–488

Stam W, Elfring T (2008) Entrepreneurial orientation and new venture performance: the moderating role of intra- and extraindustry social capital. Acad Manag J 51:97–111

Stottinger B, Schlegelmilch BB (1998) Explaining export development through psychic distance: enlightening or elusive? Int Mark Rev 15:357–372

Tatoglu E, Demirbag M, Kaplan G (2003) Motives for retailer internationalization to Central and Eastern Europe. Emerg Mark Financ Trade 39:40–57

Van de Vijver F, Hambleton RK (1996) Translating tests: some practical guidelines. Eur Psychol 1:89–99

Whitley R (2001) Developing capitalisms: the comparative analysis of emerging business systems in the South. In: Jakobsen vG, Torp, JE (Hrsg) Understanding business systems in developing countries. Sage, New Delhi, S 25–41

Williamson OE (1985) The economic institutions of capitalism. Free Press, New York

Zejan MC (1990) New ventures or acquisitions. The choice of Swedish multinational enterprises. J Ind Econ 38:349–355

Greenfield versus acquisition: The moderating influence of perceived institutional uncertainty in the internationalization of SMEs

Abstract: Based on neo-institutionalism, the present paper examines the moderating impact of perceived institutional uncertainty on the foreign establishment mode choice (i.e. the decision between greenfield versus acquisition) of German SMEs. The empirical findings demonstrate that the extent of perceived institutional uncertainty moderates the relationship between the investment volume, market growth and the decision between greenfield and acquisition. Focusing on the perceived institutional uncertainty, the paper adheres to the fact that due to limited resources of SMEs, SME managers often cannot make their managerial decisions based on profound knowledge from prior market analysis, but they have to follow their own intuition and perception. The key contribution of this paper is hence on the link between frequently studied establishment mode choice predictors and perceived institutional uncertainty of SME managers. This focus contributes to resolving some of the inconsistencies in previous research and to emphasize SMEs which have been largely neglected in prior literature.

Keywords: Small and medium-sized enterprises (SME) · Internationalization · Perceived Institutional uncertainty · Greenfield versus acquisition

GRUNDSÄTZE UND ZIELE

Die Zeitschrift für Betriebswirtschaft (ZfB) ist eine der ältesten deutschen Fachzeitschriften der Betriebswirtschaftslehre. Sie wurde im Jahre 1924 von Fritz Schmidt begründet und von Wilhelm Kalveram, Erich Gutenberg und Horst Albach fortgeführt. Sie wird heute von 11 Universitätsprofessoren, die als **Department Editors** fungieren, herausgegeben. Dem **Editorial Board** gehören namhafte Persönlichkeiten aus Universität und Wirtschaftspraxis an. Die Fachvertreter stammen aus den USA, Japan und Europa.

Die ZfB verfolgt das Ziel, die **Forschung auf dem Gebiet der Betriebswirtschaftslehre** anzuregen sowie zur Verbreitung und Anwendung ihrer Ergebnisse beizutragen. Sie betont die Einheit des Faches; enger und einseitiger Spezialisierung in der Betriebswirtschaftslehre will sie entgegenwirken. Die Zeitschrift dient dem **Gedankenaustausch zwischen Wissenschaft und Unternehmenspraxis**. Sie will die betriebswirtschaftliche Forschung auf wichtige betriebswirtschaftliche Probleme in der Praxis aufmerksam machen und sie durch Anregungen aus der Unternehmenspraxis befruchten.

In der ZfB können auch englischsprachige Aufsätze veröffentlicht werden. Die Herausgeber begrüßen die Einreichung englischsprachiger Beiträge von deutschen und internationalen Wissenschaftlern. Durch die Zusammenfassungen in englischer Sprache sind die deutschsprachigen Aufsätze der ZfB auch internationalen Referatenorganen zugänglich. Im Journal of Economic Literature werden die Aufsätze der ZfB zum Beispiel laufend referiert.

Die Qualität der Aufsätze in der ZfB wird durch die Herausgeber und einen Kreis renommierter Gutachter gewährleistet. Das **Begutachtungsverfahren** ist doppelt verdeckt und wahrt damit die Anonymität von Autoren wie Gutachtern gemäß den international üblichen Standards. Jeder Beitrag wird von zwei Fachgutachtern beurteilt. Bei abweichenden Gutachten wird ein Drittgutachter bestellt. Die Department Editors entscheiden auf der Grundlage der Gutachten eigenverantwortlich über die Annahme und Ablehnung der von ihnen betreuten Manuskripte. Sie können Beiträge auch ohne Begutachtungsverfahren ablehnen, wenn diese formal oder inhaltlich von den Vorgaben der ZfB abweichen.

Die ZfB veröffentlicht im Einklang mit diesen Grundsätzen und Zielen:

- **Aufsätze** zu theoretischen und praktischen Fragen der Betriebswirtschaftslehre einschließlich von Arbeiten junger Wissenschaftler, denen sie ein Forum für die Diskussion und die Verbreitung ihrer Forschungsergebnisse eröffnet,
- **Ergebnisse der Diskussion** aktueller betriebswirtschaftlicher Themen zwischen Wissenschaftlern und Praktikern,
- **Berichte** über den Einsatz wissenschaftlicher Instrumente und Konzepte bei der Lösung von betriebswirtschaftlichen Problemen in der Praxis,
- **Schilderungen von Problemen** aus der Praxis zur Anregung der betriebswirtschaftlichen Forschung,
- „**State of the Art**"-Artikel, in denen Entwicklung und Stand der Betriebswirtschaftslehre eines Teilgebietes dargelegt werden.

Die ZfB informiert ihre Leser über **Neuerscheinungen** in der Betriebswirtschaftslehre und der Management Literatur durch ausführliche Rezensionen und Kurzbesprechungen.

IMPRESSUM/HINWEISE FÜR AUTOREN

Zeitschrift für Betriebswirtschaft
Journal of Business Economics
Springer Gabler | Springer Fachmedien Wiesbaden GmbH,
Abraham-Lincoln-Straße 46 | 65189 Wiesbaden,
http://www.springer-gabler.de, http://www.zfb-online.de
Amtsgericht Wiesbaden, HRB 9754, Ust-IdNr. DE8 11148419
Geschäftsführer: Dr. Ralf Birkelbach (Vors.) | Armin Gross | Albrecht F. Schirmacher
Verlagsbereichsleitung: Andreas Funk
Gesamtleitung Anzeigen und Märkte: Armin Gross
Gesamtleitung Marketing und Individual Sales: Rolf-Günther Hobbeling
Gesamtleitung Produktion: Christian Staral
Editor-in-Chief:
Professor Dr. Dr. h.c. Günter Fandel
FernUniversität in Hagen
Fakultät für Wirtschaftswissenschaft
58084 Hagen
Tel: 0 23 31/9 87-2625, Fax: 0 23 31/9 87-2575
E-Mail: ZfB@FernUni-Hagen.de
Administration Manuscript Central™
Sebastian Bartussek, Tel.: 0 23 31/9 87-2652,
Fax: 0 23 31/9 87-2575, E-Mail: Sebastian.Bartussek@FernUni-Hagen.de
Produktion: Dagmar Orth, Tel: 0 62 21-4 87-8902
E-Mail: dagmar.orth@springer.com
Kundenservice: Springer Customer Service Center GmbH, Service Gabler Verlag, Haberstr. 7, 69126 Heidelberg,
Telefon: +49 (0)6221/345-4303, Fax: +49 (0)6221/345-4229,
Montag bis Freitag 8.00 Uhr bis 18.00 Uhr,
E-Mail: gabler-service@springer.com
Produktmanagement: Kristiane Alesch
Tel.: 06 11/78 78-359, Fax: 06 11/78 78-78359,
E-Mail: Kristiane.Alesch@springer.com
Gesamtverkaufsleitung Fachmedien: Britta Dolch
Mediaberatung: Yvonne Guderjahn, Tel.: 0611/78 78-155,
Fax: 06 11/78 78-430, E-Mail: Yvonne.Guderjahn@best-ad-media.de
Anzeigendisposition: Monika Dannenberger,
Tel.: 06 11/78 78-148, Fax: 06 11/78 78-430,
E-Mail: Monika.Dannenberger@best-ad-media.de
Anzeigenpreise: Es gelten die Mediainformationen vom 1.1.2011
Bezugsmöglichkeiten: Die Zeitschrift erscheint monatlich. Das Abonnement kann jederzeit zur nächsten erreichbaren Ausgabe schriftlich mit Nennung der Kundennummer gekündigt werden. Eine schriftliche Bestätigung erfolgt nicht. Zuviel gezahlte Beträge für nicht gelieferte Ausgaben werden zurückerstattet. Jährlich können 1 bis 6 Special Issues hinzukommen. Jedes Special Issue wird den Abonnenten mit einem Nachlass von 25% des jeweiligen Ladenpreises gegen Rechnung geliefert.

Preise Abonnement Inland/Ausland*

Studenten-**/Emeritus-Abo:	98,–Euro
ausgewählte Verbände:***	195,–Euro
Privat-Abo:	229,–Euro
Lehrstuhl-Abo:	259,–Euro
Bibliotheks-/Unternehmensabo:	449,–Euro

*Versand ins Ausland: 26,–Euro / Airmail 58,–Euro
** Studienbescheinigung, *** auf Anfrage beim Verlag

Einzelheft 44,– zzgl. Versand Inland und Ausland

©Springer Gabler | Springer Fachmedien Wiesbaden

Alle Rechte vorbehalten. Kein Teil dieser Zeitschrift darf ohne schriftliche Genehmigung des Verlages vervielfältigt oder verbreitet werden. Unter dieses Verbot fällt insbesondere die gewerbliche Vervielfältigung per Kopie, die Aufnahme in elektronische Datenbanken und die Vervielfältigung auf CD-ROM und allen anderen elektronischen Datenträgern.

Satzherstellung: Crest Premedia Solutions, Pune, Indien

Gedruckt auf säurefreiem und chlorfrei gebleichtem Papier.

ISSN: 0044-2372 (Print)
ISSN: 1861-8928 (Online)

Springer Gabler ist eine Marke von Springer DE. Springer DE ist Teil der Fachverlagsgruppe Springer Science+Business Media

Hinweise für Autoren

1. Bitte beachten Sie die „Grundsätze und Ziele" der ZfB.

2. Einreichungen werden bei der ZfB ausschließlich über ein Online-Verfahren abgewickelt. Manuskripte – in deutscher oder englischer Sprache – können vom Autor unter http://mc.manuscriptcentral.com/zfb direkt in das Manuskriptverwaltungssystem hochgeladen werden. Hierbei ist insbesondere auf die Wahrung der Anonymität der zur Begutachtung eingereichten Vorlagen zu achten. Der Autor verpflichtet sich mit der Einsendung des Manuskripts unwiderruflich, das Manuskript bis zur Entscheidung über die Annahme nicht anderweitig zu veröffentlichen oder zur Veröffentlichung anzubieten. Diese Verpflichtung erlischt nicht durch Korrekturvorschläge im Begutachtungsverfahren.

3. Um die eingereichten Manuskripte in den Begutachtungsprozess geben bzw. diese im Manuskriptlauf zügig behandeln zu können, wird um Beachtung der folgenden Punkte gebeten: Gesamtlänge des Manuskriptes darf 25 DinA4 nicht überschreiten (bei ca. 3800 Zeichen pro Seite), Schriftart „Times New Roman", Schriftgröße 12, einfacher Zeilenabstand, jeweils 2,5 cm Außenrand, Angabe von Abbildungs- und Tabellenüberschriften (Abb. 1: Text; Tab. 1: Text etc.), eingebundene Objekte (insbes. Bild-, .ppt-, .xls-Dateien etc.) auch separat in Dateiform beifügen, das Hauptdokument muss in **anonymer** Form eingereicht werden, d. h. alle Autorennamen, Autoreninformationen und evtl. Danksagungen sind für die Begutachtung restlos zu streichen. Einhaltung der Gliederungssystematik: **1 Überschriftsebene 1** (12pt, fett, 2 Zeilen Abstand davor, 1 Zeile danach), *1.1 Überschriftsebene 2* (12pt, 1 Zeile Abstand davor, 1 Zeile danach), 1.1.1 Überschriftsebene 3 (12pt, kursiv, 1 Zeile Abstand davor, 1 Zeile danach), **Spitzmarke:** (12pt, fett mit Doppelpunkt zu Beginn des Absatzes, 1 Zeile Abstand davor). Harvard-Zitierweise, keine End- oder Fußnoten: Ein Autor: (vgl. Meier 2007) bzw. (Meier 2007, S. 30); Zwei Autoren: (vgl. Meier/Müller 2007) bzw. (Meier/Müller 2007, S. 30); Drei oder mehr Autoren: (vgl. Meier et al. 2007) bzw. (Meier et al. 2007, S. 30); Eventuelle Erläuterungen zu Textpassagen können weiterhin als Endnoten angehängt werden, sollten aber – soweit möglich – vermieden werden. Das Literaturverzeichnis muss in *Harvard Stil* bzw. *Basic Springer Reference Style* aufgebaut sein. Bei einer Wiedereinreichung eines Beitrags muss eine Stellungnahme zu den Gutachten beigelegt werden. Einreichung der Beitragsdatei als **Microsoft Word®-Datei** oder in einem Word®-kompatiblen Format; **kein (La)TeX. PDF-Dateien sind generell nicht geeignet und können auch nicht ins Onlinesystem Manuscript Central™ hochgeladen werden.** Der Beitrag muss in folgender Reihenfolge aufgebaut sein: Erste Seite: prägnanter Beitragstitel in deutscher bzw. in englischer Sprache (max. 80 Zeichen; bei Bedarf: Angabe eines Untertitels), dem Beitrag vorgestellte einleitende „Zusammenfassung" bzw. einleitender „Abstract" (Fließtext, max. 15 Zeilen bzw. 1100 Zeichen), deutsche „Schlüsselwörter" (max. 5 Angaben) bzw. englische Keywords (max. 5 Angaben), JEL-Klassifikation (max. 3 Angaben); Ab Seite 2: Beitragstext, falls nötig: „Anmerkungen" als Endnoten (eine Fußnoten im Text), „Literaturverzeichnis", letzte Seite: (nur bei deutschsprachigen Beiträgen) prägnanter Beitragstitel in englischer Sprache (max. 80 Zeichen; bei Bedarf: Angabe eines Untertitels), „Abstract" in englischer Sprache (Fließtext, max. 15 Zeilen bzw. 1100 Zeichen). Zusätzlich sollten sowohl die Autorenfotos (in digitaler Form, 300dpi, mind. 640×480 Pixel) als auch die Autorenangaben (Titel, Name, Institut, Lehrstuhl, Adresse, Land, ggf. Arbeitsgebiete, E-mailadresse und URL; insgesamt pro Autor max. 4 Zeilen) in separaten Dateien eingereicht werden. **Alle Kopf- und Fußzeilen sowie Seitenzahlen sind zu entfernen!**

4. Der Autor verpflichtet sich, die Korrekturfahnen innerhalb einer Woche zu lesen und die Mehrkosten für Korrekturen, die nicht vom Verlag zu vertreten sind, sowie die Kosten für die Korrektur durch einen Korrektor bei nicht terminrechter Rücksendung der Fahnenkorrektur zu übernehmen

5. Der Autor ist damit einverstanden, dass sein Beitrag außer in der Zeitschrift auch durch Lizenzvergabe in anderen Zeitschriften (auch übersetzt), durch Nachdruck in Sammelbänden (z. B. zu Jubiläen der Zeitschrift oder des Verlages oder in Themenbänden), durch längere Auszüge in Büchern des Verlages auch zu Werbezwecken, durch Vervielfältigung und Verbreitung auf CD-ROM oder anderen Datenträgern, durch Speicherung auf Datenbanken, deren Weitergabe und dem Abruf von solchen Datenbanken während der Dauer des Urheberrechtsschutzes am Beitrag im In- und Ausland vom Verlag und seinen Lizenznehmern genutzt wird.

HERAUSGEBER/EDITORIAL BOARD

Editor-in-Chief

Prof. Dr. Dr. h.c. Günter Fandel ist Universitätsprofessor und Inhaber des Lehrstuhls für Betriebswirtschaft, insbesondere Produktions- und Investitionstheorie an der FernUniversität in Hagen. Seine Hauptarbeitsgebiete sind Industriebetriebslehre, Produktionsmanagement und Hochschulmanagement.

Department Editors

Prof. Dr. Hans-Joachim Böcking ist Universitätsprofessor und Inhaber der Professur für Betriebswirtschaftslehre, insbesondere Wirtschaftsprüfung und Corporate Governance, an der Goethe-Universität Frankfurt am Main. Seine Forschungsschwerpunkte sind Wirtschaftsprüfung, Corporate Governance, nationale und internationale Rechnungslegung sowie Unternehmensbewertung.

Prof. Dr. Wolfgang Breuer ist Universitätsprofessor und Inhaber des Lehrstuhls für Betriebswirtschaftslehre, insb. Betriebliche Finanzwirtschaft, an der Rheinisch-Westfälischen Technischen Hochschule Aachen. Seine Hauptarbeitsgebiete sind Finanzierungs- und Investitionstheorie sowie Portfolio- und Risikomanagement.

Prof. Dr. Oliver Fabel ist Universitätsprofessor und Inhaber des Lehrstuhls für Personalwirtschaft mit Internationaler Schwerpunktsetzung am Institut für Betriebswirtschaftslehre der UniversitätWien. Seine Hauptarbeitsgebiete sind Personal-, Organisations- und Bildungsökonomik.

Prof. Dr. Dr. h.c. Günter Fandel, s.o.

Prof. Dr. Armin Heinzl ist Universitätsprofessor und Inhaber des Lehrstuhls für Allgemeine Betriebswirtschaftslehre und Wirtschaftsinformatik an der Universität Mannheim. Seine Hauptarbeitsgebiete sind Wirtschaftsinformatik, Organisationslehre sowie Logistik.

Prof. Dr. Harald Hruschka ist Universitätsprofessor und Inhaber des Lehrstuhls für Betriebswirtschaftslehre mit dem Schwerpunkt Marketing an der Universität Regensburg. Sein Hauptarbeitsgebiet bezieht sich auf Marktreaktionsmodelle unter Einschluss semiparametrischer und hierarchischer Bayes'scher Ansätze.

Prof. Dr. Jochen Hundsdoerfer ist Universitätsprofessor und Inhaber der Professur für Betriebswirtschaftslehre, insb. Betriebswirtschaftliche Steuerlehre, an der Freien Universität Berlin. Seine Hauptarbeitsgebiete sind Unternehmensbesteuerung und Steuerwirkungsforschung.

Prof. Dr. Dr. h.c. Hans-Ulrich Küpper ist Universitätsprofessor und Direktor des Instituts für Produktionswirtschaft und Controlling der Universität München. Seine Hauptarbeitsgebiete sind Unternehmensrechnung, Controlling und Hochschulmanagement.

Prof. Dr. Joachim Schwalbach ist Universitätsprofessor und Inhaber des Lehrstuhls für Internationales Management an der Humboldt-Universität zu Berlin.

Prof. Dr. Stefan Winter ist Universitätsprofessor und Inhaber des Lehrstuhls für Human Resource Management an der Ruhr-Universität in Bochum. Seine Hauptarbeitsgebiete sind die Analyse von Anreizstrukturen in Unternehmen, Gestaltung von Vergütungssystemen für Führungskräfte sowie die Institutionenökonomische Analyse von Personal- und Organisationsproblemen.

Prof. Dr. Peter Witt ist Universitätsprofessor und Inhaber des Lehrstuhls für Technologie- und Innovationsmanagement an der Bergischen UniversitätWuppertal. Seine Hauptarbeitsgebiete sind Innovationsmanagement, Entrepreneurship und Familienunternehmen.

Editorial Board

Prof. (em.) Dr. Dr. h.c. mult. Horst Albach (Chairman)
Prof. Alain Burlaud
Prof. Dr. Dr. Dr. h.c. Santiago Garcia Echevarria
Prof. Dr. Lars Engwall
Dr. Dieter Heuskel
Dr. Detlef Hunsdiek
Prof. Dr. Don Jacobs
Prof. Dr. Eero Kasanen
Dr. Bernd-Albrecht v. Maltzan
Prof. Dr. Koji Okubayashi
Hans Botho von Portatius
Prof. Dr. Oleg D. Prozenko
Prof. (em.) Dr. Hermann Sabel
Prof. Dr. Adolf Stepan
Dr. med. Martin Zügel

Strategien für erfolgreiches Social Media

springer-gabler.de

Hendrik Wolber
11 Irrtümer über Social Media
Was Sie über Marketing und Reputationsmanagement in sozialen Netzwerken wissen sollten
2012. 228 S. Geb. EUR 39,95
ISBN 978-3-8349-3112-2

Social Media sind mächtig, Social Media verändern die Welt! Der „Nordafrikanische Frühling" - ohne die Mobilisierung der Massen durch Facebook und Co. wäre er kaum möglich gewesen. Und wenngleich Facebook, Twitter, YouTube sowie vergleichbare Plattformen oder Communities inzwischen ein fester Bestandteil der Alltagskommunikation von Milliarden Menschen sind, herrscht in Unternehmen vielfach Konzept- und Strategielosigkeit, Aktionismus oder Abwehrhaltung gegenüber Social-Web-Initiativen und -Technologien. Der Autor möchte mit diesem Buch für Social-Web-Engagement auf beruflicher Ebene begeistern, aber vor allem aufklären und helfen. Die „11 Irrtümer über Social Media" unterstützen notwendige Entscheidungsprozesse, indem sie Nutzen und Aufwand, Chancen und Barrieren sowie Sinn und Unsinn des Themas gewinnbringend einzuschätzen helfen. Zahleiche Praxisbeispiele und Expertenbeiträge machen das Buch zu einem wertvollen Hilfsmittel.

Der Autor
Hendrik Wolber ist Marketing- und Kommunikationsexperte. Er absolvierte in der Agentur für Event-Marketing und Live Kommunikation VOK DAMS eine werbekaufmännische Ausbildung. Seitdem war er als PR- und Event-Manager in unterschiedlichen Stationen sowohl auf Agentur- als auch auf Unternehmensseite für die Konzeption und Realisation unzähliger Marketingveranstaltungen und unterschiedlicher Kommunikationsprojekte verantwortlich. Hendrik Wolber ist in der internationalen Wirtschaft ein gefragter Beraterzum Thema interne und externe Unternehmenskommunikation. Er lebt in Hamburg und ist Vorstandsmitglied der sxces Communication AG, einer weltweit agierenden Agentur für Unternehmenskommunikation.

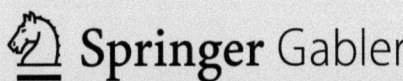

Einfach bestellen: SpringerDE-service@springer.com
Telefon +49 (0)6221/345 – 4301